Pirjo Alajoki

Frausein in Echtzeit

RUHLAND

PIRJO ALAJOKI

FRAUSEIN IN ECHTZEIT

Feminismus, christlicher Glaube und das Leben der Frau

Aus dem Finnischen von Peter Uhlmann

RUHLAND VERLAG

Bibliographische Information der Deutschen Bibliothek

Die Deutsche Bibliothek verzeichnet diese Publikation
in der Deutschen Nationalbibliographie;
detaillierte bibliographische Daten
sind im Internet über http://dnb.d-nb.de abrufbar.

Erste Auflage 2010
ISBN 978-3-88509-101-1
Copyright © Pirjo Alajoki, 2005
Copyright © für die deutsche Ausgabe Ruhland Verlag GmbH,
Frankfurt am Main 2010
Pirjo Alajoki, Frausein in Echtzeit
Feminismus, christlicher Glaube und das Leben der Frau
Titel der Originalausgabe: Naiseus vedenjakajalla
Aus dem Finnischen von Peter Uhlmann
Druck und Bindung: CPI – Ebner & Spiegel, Ulm

www.ruhland-verlag.de

INHALT

VORWORT

Früher haben sich nur wenige von uns Frauen dazu bekannt, feministisch zu sein, von den Männern ganz zu schweigen. Der Feminismus war keine allgemein anerkannte und beliebte Ideologie, sondern wurde im Prinzip negativ oder mit Vorbehalt gesehen. Doch wenn wir nach unseren Meinungen und Ansichten zur Beziehung zwischen Mann und Frau, zum Verhältnis der Frau zum Kind, zur Arbeit oder zu uns selbst gefragt werden, dann zeigen die Antworten etwas anderes. Wir haben das feministische Denkmodell sowohl in der Gesellschaft als auch in der Kirche, die mitten in ihr lebt, allmählich übernommen. Nachdem der Staatsfeminismus in Finnland immer mehr Fuß gefasst hat, ist seine kritische Beurteilung verstummt. Nicht einmal in der Kirche stellt man das feministische Denken in Frage, sondern beteiligt sich an dem Prozess der Veränderung, der die Androgynie fördert und die Widersprüche zwischen den Menschen verschärft.

Die finnische Frau hat heute in ihrer gesamten Geschichte die größten Freiheiten, sich selbst zu verwirklichen, zu studieren, einer außerhäuslichen Erwerbstätigkeit nachzugehen, in einer Ehe oder ohne Ehe zu leben, leitende Ämter zu bekleiden, zu bestimmen, wann sie Kinder bekommen will oder ob sie überhaupt Kinder haben will, und generell über ihr Leben selbst zu entscheiden. Gleichzeitig will man die traditionellen Vorstellungen vom Frausein, von der Mutterschaft, von den Pflichten und Aufgaben der Frau zum alten Eisen werfen. Die Veränderungen treffen auch uns christliche Frauen. Die Frau von heute wird in eine Form gepresst, die sich trotz aller gegenteiligen Beteuerungen als eng erweist.

Die ambitionierten Aktivitäten des Feminismus zielen darauf ab, den Gedanken der Gleichberechtigung in den Mittelpunkt der Diskussion um das Verhältnis zwischen Mann und Frau zu stellen. Beide müssen in der Familie, in der Erwerbstätigkeit und im gesellschaftlichen Wirken gleichwertig sein. Dabei wird davon ausgegangen, dass nur diejenigen gleichberechtigt sind, die gleich sind und das Gleiche tun, nicht jedoch jene, die sich voneinander unterscheiden. Übergangen wird in der Diskussion die biologische und emotionale Verschiedenartigkeit von Mann und Frau, die in fast allem zum Ausdruck kommt, was sie tun, wie sie Dinge erleben, was sie schätzen und wonach sie sich in ihrem Leben sehnen. Man darf in Bezug auf das Verhältnis zwischen Mann und Frau sogar von einem Krieg der Geschlechter sprechen, anstatt zu erkennen, dass beide einander durch ihre Verschiedenartigkeit ergänzen. Die Diskussion ist verflacht, es werden vornehmlich die Interessen und Rechte der Frauen erörtert, Inhalt, Bedeutung und Erscheinungsformen der Weiblichkeit hingegen werden kaum behandelt. Auch die Pflichten der Frau sind in den Hintergrund getreten.

Eine große Veränderung hat sich im Verhältnis der Frau zur Mutterschaft und zum Kind vollzogen. Wenn man über die Mutterschaft diskutiert, wird sie als Problem angesehen und überwiegend erörtert, wie man die Kinder so betreuen kann, dass sie die Erwerbstätigkeit und die Karriere der Mutter nicht behindern. Es wird nicht untersucht, wie eine Frau ihre Mutterschaft bestmöglich zum Wohle des Kindes bewältigen und dabei selbst reifen und innere Befriedigung finden kann. Die Mutterschaft als Berufung und Aufgabe der Frau hat ihren Wert in der Gesellschaft verloren. Die Mütter vollführen, so gut es geht, einen Balanceakt zwischen ihrer Erwerbstätigkeit und dem Haushalt und leisten dabei doppelte Arbeit, denn nach Feierabend beginnt zu Hause ihre zweite Schicht. Oft sind Schuld- und Minderwertigkeitsgefühle die Begleiter in ihrem Leben. Egal, ob sie es so oder so machen, immer wird etwas fehlen.

Die größte Veränderung im Verhältnis der Frau zur Arbeit besteht darin, dass diese zur außerhäuslichen Erwerbstätigkeit geworden ist. Die Arbeit im Haushalt und bei der Betreuung und Erziehung der Kinder hat an Wertschätzung verloren, doch andererseits verrichten die Frauen in ihrer Erwerbstätigkeit die gleichen Arbeiten wie früher zu

Hause. Statt Mutterschaft und Haushalt ist die Lohnarbeit der Wertmaßstab für die Frau geworden. Sie wird anhand von maskulinen Leistungen wie einem akademischen Grad und Titeln aus der Arbeitswelt gemessen. Mann und Frau sind sowohl im Berufsleben als auch in der Familie gleich geworden. Da beide am Erwerb des Lebensunterhalts der Familie beteiligt sind und sich die Hausarbeit gleichmäßig teilen oder es zumindest versuchen, verschwinden die besonderen Fähigkeiten und Eigenschaften von Mann und Frau, und die Androgynie nimmt zu.

Zwar hat es die Frau dem Mann nicht leicht gemacht, als sie von ihm verlangte, dass er sich ändert, aber sie hat auch sich selbst nicht geschont. Die Frau von heute studiert und bildet sich ständig weiter, sie pflegt sich und achtet auf ihre Gesundheit, sie fordert sich Superleistungen ab, analysiert sich selbst und setzt sich unaufhörlich mit den Prozessen in ihrem Leben auseinander. So ist es kein Wunder, dass viele Frauen im mittleren Alter, wenn nicht schon vorher, ausgelaugt sind. Spätestens dann fragen sie sich: Wer bin ich eigentlich? Was ist meine Identität? Was an mir ist das Besondere gerade als Frau? Und verwirkliche ich das mit meiner derzeitigen Lebensweise? Angesichts all der Herausforderungen und der zahllosen Möglichkeiten kann einer Frau das eigene Ich verloren gehen.

Das Frausein steht am Scheideweg, an dem man zwei Richtungen einschlagen kann: Entweder wird es auf traditionelle Weise verwirklicht oder nach dem feministischen Modell. Die Ergebnisse sind dabei ganz unterschiedlich. Der Feminismus hat die Frauen herausgefordert, ihre Verantwortung im Arbeitsleben wie die Männer zu tragen und in der Gesellschaft mitzuwirken. Das ist insofern gelungen, als die Frauen den Männern immer mehr gleichen, also androgyn geworden sind. Die Folgen werden im zunehmenden Wettbewerb sichtbar, im Zusammenbruch der Moral, in den wachsenden Familienproblemen, in der steigenden Zahl der Scheidungen und im egozentrischen Verfolgen der eigenen Interessen. Die traditionelle Auffassung betont das Recht der Frau, in der für ihr Geschlecht natürlichen Weise zum Wohle der ihr nahestehenden Menschen zu handeln und dabei selbst weiter zu reifen. Mann und Frau ergänzen einander auf der Grundlage der Schöpfung, und deshalb sollte es zwischen ihnen keinen Wettbewerb geben und keinen Vergleich, wer besser ist. Sie brauchen nicht das Gleiche zu tun, um gleichwertig zu sein.

Ich habe in diesem Buch das feministische Denken, seine humanistischen Wurzeln und Ziele untersucht und festgestellt, dass es nicht mit der Lebensrealität, mit der Geschichte und der Bibel übereinstimmt. Ich habe ihm den Spiegel der traditionellen Auffassung von der Frau vorgehalten, die auf dem Wort Gottes beruht. Dort findet man den Archetyp der Frau, das ursprüngliche Modell des Frauseins und sein innerstes Wesen, das Gottes Gedanken und Pläne im Hinblick auf das Frausein wiedergibt.

Ich hoffe, mein Buch, in dem diese Themen erörtert werden, lässt den Leser die Welt der Frau in unserer Zeit mit ihren Herausforderungen aus einem neuen Blickwinkel sehen. Ich habe zu Hause mit meiner Familie oft über die Thematik des Buches diskutiert und möchte ihr für die Unterstützung und Ermutigung während des Schreibprozesses und vor allem für all das danken, was ich durch sie in meinem Leben als Frau erhalten habe. Ebenso danke ich meiner Freundin Anni Kernaghan für die Hilfe und das Feedback beim Schreiben.

Tampere im April 2005

Pirjo Alajoki

1. FRAUSEIN NEU BESTIMMT

Während der letzten Jahrzehnte hat man in Finnland möglicherweise mehr über die Frau und ihre Lage diskutiert als je zuvor. In der Gesellschaft wurden Veränderungen gefordert und erreicht, die eine weitreichende Bedeutung haben. Sowohl in der Stellung von Frau und Mann als auch in der des Kindes hat sich in unserem Land im Verlauf einer Generation eine Umwälzung vollzogen, die mit einer Revolution vergleichbar ist. Unter der Führung von Wissenschaftlerinnen wurde das Frausein diskutiert und schließlich neu bestimmt, sodass es dem Zeitgeist entsprach.

Mit der Diskussion über die Geschlechter wollte man die traditionelle Auffassung vom Frausein loswerden, die als alternativloses und einengendes Muster angesehen wurde, in das eine Frau von heute nicht passt. Im Rahmen ihrer traditionellen Rolle war die Frau vornehmlich im privaten Bereich im Kreise der Familie und der Verwandtschaft tätig. Das Frausein wurde durch Mutterschaft und Erziehungsaufgaben, durch die Rolle als Ehegattin und die Arbeit zum Wohl der Familie bestimmt. Ansehen und Position der Frau richteten sich nach dem Mann, der im öffentlichen Bereich souverän handelte und dabei die Macht in der Gesellschaft in den Händen hielt. Die Frau war sowohl wirtschaftlich als auch hinsichtlich ihrer Stellung vom Mann abhängig, kümmerte sich dafür aber um den Haushalt und die Familie und erzog die Kinder. Sie wirkte zwar im Hintergrund, lenkte den Mann jedoch in die von ihr gewollte Richtung. Ihr Einfluss im privaten Bereich war beträchtlich.

Der Frau oblag es, uneigennützig ihrer Familie zu dienen. Die finnische Frau arbeitet traditionell gut und fleißig. Da die Familien viele Kinder hatten, besaß sie nicht die Möglichkeit, an vielfältigen Aktivitäten außerhalb ihres Heims teilzunehmen, wenngleich sie auch das tat. Haushaltsgeräte erleichterten erst ab den Sechzigerjahren das Leben. Eine Scheidung war etwas Beschämendes und schwer zu erhalten, deshalb kämpften sich die Ehepartner trotz aller Konflikte gemeinsam durchs Leben. Die Familie und das Eigentum hielten sie zusammen.

Die Sexualmoral folgte in der Regel dem christlichen Grundsatz, wonach das Ausleben der Sexualität in die Ehe gehört und außereheliche Beziehungen falsch und verwerflich sind. Ein außereheliches Kind war für die Frau eine Schande.

Das Frauenbild unserer Zeit sieht ganz anders aus. Die Frau von heute ist selbständig und wirtschaftlich unabhängig, sie geht einer Erwerbstätigkeit nach und überlässt ihre Kinder der Gesellschaft zur Betreuung. Daneben hat sie vielerlei Hobbys und Möglichkeiten der Teilnahme an außerhäuslichen Aktivitäten. Sie entwickelt und bildet sich ständig weiter, erkennt, was in ihrem Leben geschieht, und verarbeitet es, um als Frau zu wachsen und zu reifen. Zu Hause teilt sie sich die Arbeit im Haushalt mit dem Mann, wenn es einen gibt, oder versucht es zumindest. Es ist nicht mehr in erster Linie ihre Aufgabe, sich für den Ehemann und die Kinder aufzuopfern und ihnen selbstlos zu dienen. Stattdessen ist sie womöglich bereit, sich für ihre Erwerbstätigkeit und den Arbeitgeber aufzuopfern.

Die Sexualmoral änderte sich, als die Frauen für sich die Freiheit einforderten, ihre Sexualität außerhalb der Ehe zu verwirklichen. Die traditionelle sexuelle Enthaltsamkeit musste einer laxen Moral weichen. Damit sind Stabilität und Wertschätzung der Ehe in eine Krise geraten. Es herrscht eine Freiheit ohne Grenzen, und das führt in der Regel zum Chaos.

Im Laufe der Jahre sind in der finnischen Gesellschaft viele Berufe verschwunden, weil sie durch die Entwicklung überflüssig wurden und Alternativen sie ersetzten. Einer dieser verschwundenen Berufe ist jener der Mutter und Hausfrau als Lebensaufgabe. Heutzutage betreut nur ein kleiner Teil der Mütter die eigenen Kinder wenigstens bis zum Schulanfang selbst zu Hause, länger tun es noch weniger. Auch jene Mütter, die ihre Kinder zu Hause versorgen, planen, möglichst bald ins Berufsleben zurückzukehren.

Derzeit findet man in Finnland keine jungen Frauen, die daran denken, ein Leben lang zu Hause zu bleiben und für die Familie zu sorgen. Selbst wenn jemand vorübergehend Mutter und Hausfrau ist, sorgt das für Verwunderung, und womöglich meint die Betroffene selbst geringschätzig, sie sei »nur« Mutter und Hausfrau. Das sagt viel über die Wertschätzung für Hausarbeit und Kindererziehung. Doch wenn jemand dieselben Arbeiten gegen Bezahlung für eine andere Familie verrichtet, dann wird ihm viel mehr Achtung entgegengebracht.

Der Ausbildung und dem beruflichen Fortkommen von Mädchen und Frauen wird große Aufmerksamkeit geschenkt. Den Frauen steht der Weg offen, in fast jedem Beruf Karriere zu machen. Quoten, die Männer begünstigen, wollte man, wie in der Lehrerausbildung, abschaffen. Stattdessen wurden in der Gesellschaft Gleichberechtigungsquoten eingeführt, die Frauen den Zugang zu jenen Positionen sichern, wo Entscheidungen getroffen werden. Während einer Generation erlebten wir in Finnland erstmals eine Frau als Parlamentspräsidentin, als Ministerpräsidentin, als Verteidigungsministerin, als Präsidentin und als Oberkommandierende der Streitkräfte, von anderen Ämtern ganz abgesehen. Wir können nicht mehr davon sprechen, dass es für eine Frau wenig Alternativen gibt. Sind die Frauen heute nun zufriedener mit ihrem Leben als ihre Vorgängerinnen? Die Antwort ist anscheinend nicht eindeutig positiv.

MAN MUSS SICH DER VIELFALT VON ALTERNATIVEN STELLEN

Im Auftrag der Stadt Tampere wurde eine Untersuchung durchgeführt, in der es um die Gesundheit und die Sicherheit ihrer Bewohner sowie um die Inanspruchnahme der Leistungen des Sozial- und Gesundheitswesens durch die Bürger ging. Dabei stellte sich heraus, dass sich der Gesundheitszustand junger Frauen verschlechtert hatte und sie auch psychisch in keiner guten Verfassung waren. Es sorgte für Verwunderung, dass es einer Frauengeneration auffallend schlecht geht, von der man im Gegenteil annehmen sollte, dass es ihr ausgezeichnet geht. Die Frauen unter fünfunddreißig gehören zu den Jahrgängen, in deren Leben der Wohlfahrtsstaat eine große Rolle spielte. Die Leistungen des Schul- und Sozialwesens haben sich seit den Siebzigerjahren enorm entwickelt. Es besteht ein umfassendes System von Beratungsstellen, die Gesundheitsfürsorge und die Ausbildung sind fast unentgeltlich, die Schulspeisung funktioniert und die Zähne werden regelmäßig untersucht. Dieser Generation wurde eine Kindertagesbetreuung und jede Menge Anregungen geboten, ihr standen Bekleidung und vielerlei Konsumgüter in Hülle und Fülle zur Verfügung.[1]

Diese Untersuchung gab den Anstoß für eine Befragung, mit der die Zeitschrift *Kotiliesi* herausfinden wollte, wie es speziell den finnischen Frauen unter fünfunddreißig geht. Aus den Antworten ergab sich das Bild einer zweigeteilten Welt: Da sind einerseits äußerst glückliche Frauen und andererseits Frauen mit Ängsten. Die Extreme liegen weit auseinander. Der Eindruck, der durch die Briefe der Frauen entsteht, überrascht, denn die Frauen sind umso unglücklicher, je höher ihre Qualifikation ist. Das Leben heute ist nicht leichter als das früherer Generationen, obwohl der materielle Wohlstand gewachsen ist. Doch die Probleme sind andere.

Am glücklichsten zeigten sich bei der Befragung jene Frauen, die viel Sinn für Humor und geringe Erwartungen haben. Das schwierigste Leben haben hingegen die Frauen gewählt, die einen Hochschulabschluss nach dem anderen schaffen, im Arbeitsleben Erfolg haben, ihre Familie anständig versorgen, in der Welt herumkommen und materiellen Wohlstand erreichen wollen. Sie identifizieren sich mit dem Modell einer Art Superfrau. Ihre Ängste sind nicht direkt proportional zu ihrem Ehrgeiz, sondern zur

---

[1]   Stenius (2002)

Fähigkeit, ständig ihr eigenes Leben zu analysieren. In den Briefen offenbarte sich ein Frauenleben, in dem es schwer ist, eine Wahl zu treffen. Man kann mit nichts zufrieden sein, wenn alles möglich ist.

Die Hälfte der befragten Frauen war mit ihrem Leben im Großen und Ganzen zufrieden. Mit einem befriedigenden Leben waren unbedingt sowohl ein Mann als auch Kinder verbunden. Wer allein lebt, kann im Prinzip zufrieden sein, doch das Fehlen eines Mannes ist schmerzhaft. Kaum eine Frau ist allein völlig glücklich. Das andere Extrem bildeten Frauen, in deren Leben vielerlei Bedrängnisse wie Krankheit, Fehlgeburten und die Sehnsucht nach einem Kind zusammengekommen waren.

Eine der Briefschreiberinnen hatte erkannt, dass diese Generation X die erste ist, die in der Sicherheit materiellen Wohlstands den Ballast verarbeiten kann, der sich im Laufe der Jahre angesammelt hat. Da sich ihre Eltern unter anderem deswegen schlecht fühlten, weil sie ihre Wurzeln durchtrennen und vom Land in die Stadt ziehen mussten, ist es nur natürlich, dass ein Schatten dessen auch auf die Kinder fällt. In der Geborgenheit materiellen Wohlstands lässt es sich gut eingestehen, dass man sich schlecht fühlt.

Mutterschaft und Kinder sind für viele Frauen die wichtigste Sache im Leben. Wenn sich die Frau früher von ihrer Familie Freiraum wünschte, um studieren, arbeiten und am gesellschaftlichen Leben teilhaben zu können, so wünscht sie sich jetzt Zeit für die Familie. Diesen Wunsch vermag das Arbeitsleben mit seinen ständig steigenden Anforderungen nicht zu erfüllen. Kinder und Familie stellen hohe Ansprüche, was eine Frau bedrängen kann. Hat sie keinen Mann und keine Kinder, ist sie beunruhigt. Sie ist es aber auch, wenn sie beides hat. Der Widerspruch ist augenfällig.

Noch trostloser wird die Lage, wenn sich Mann und Frau in ihrem Alltag kaum sehen, wenn eine enge Bindung zum Kind besteht oder die Frau durch die Betreuung des Kindes isoliert wird, wenn vor allem der Mann nicht willens ist, ein gleiches Maß an Verantwortung zu tragen, wenn es an Freiheit fehlt oder die berufliche Laufbahn zu viel verlangt oder die Anforderungen der Gesellschaft zu hoch sind. Eine Frau schrieb: »Vereinfacht gesagt haben wir gegenüber früheren Generationen bessere Chancen für eine berufliche Laufbahn ohne die oder trotz der Karriere des Mannes oder sogar auf deren Kosten. Wir haben die Möglichkeit, ohne Mann und/oder ohne Kind oder in einer der unterschiedlichen Kombinationen zu leben. Ist es diese Vielfalt der Wahlmöglichkeiten, die das Leben der Frauen so schwer macht?«

Je höher die Qualifikation der Frauen ist, umso kritischer sehen sie ihr Leben und sich selbst. Sie besitzen die Fähigkeit, alles zu zerpflücken und in Frage zu stellen. Gnadenlos beurteilen sie ihre Leistung zu Hause und im Arbeitsleben, als Freundin, als Mutter, als Partnerin, als Frau und als Mitglied der Gesellschaft. Hoch qualifizierte Frauen stoßen auf Probleme, die durch ein gutes Aussehen, durch Begabung, Ehrgeiz und verbale Stärke entstehen. Sie stellen im Berufsleben sowohl für Männer als auch für Frauen eine Bedrohung dar.

Dagegen können sich die Frauen, die an ihr Leben keine sehr hohen Anforderungen stellen, über das freuen, was sie bekommen oder erreicht haben. Am zufriedensten sind mit ihrem Leben anscheinend – selbst wenn sie wirtschaftliche Sorgen haben – die Ehefrauen freier Unternehmer, die als Hausfrau daheim sind. Der Mann ist zufrieden, weil er keine Verantwortung für den Haushalt tragen muss und sich in aller Ruhe auf seine Arbeit konzentrieren kann. Die Frau hat ohne all die Probleme, die entstehen, wenn Familie und Beruf in Einklang gebracht werden müssen, Freude an ihrem Alltag. Zufrieden sind auch jene Frauen, die in einer festen Partnerschaft leben und eine anspruchsvolle Arbeit, aber keine Kinder haben.

Verdruss bereitet das Bemühen, Arbeit und Familie in Einklang zu bringen, und die Gründe dafür finden sich nicht immer am Arbeitsplatz. Die Netze, die Familien auffingen und Sicherheit gaben, sind verschwunden. Es gibt keine Omas oder andere Verwandte, die Hilfe leisten, wenn diese gebraucht wird. Mehrere Frauen schrieben, dass sie sich nach einem Leben wie früher in der Agrargesellschaft sehnen, in der auf demselben Hof viele Generationen gemeinsam lebten und Verantwortung für die Familie und das Einkommen, für die Nachkommen und die Sippe trugen. Eine Frau meinte, ihre Eltern befänden sich noch wie Teenager in einer Krise, in der sie erst lernten, sich selbst zu erkennen und auf ihre innere Stimme zu hören. Wie sollen sie aber dann als Großeltern agieren, wenn sie doch in ihrem geistigen Wachstum und in ihrer Rolle als Eltern auf halbem Weg stehen geblieben sind? Vielleicht sahen die Frauen gerade aus diesem Grund der Rückkehr ins Berufsleben nach dem Mutterschaftsurlaub mit Schrecken entgegen. Oder es handelt sich um die ersten Schlüsselkinder, die nun Mutter geworden sind und ihre Kindheit als derart hart empfanden, dass sie das ihren eigenen Kindern ersparen wollen.

Arbeitslosigkeit oder befristete Arbeitsverhältnisse, Stress, Geldmangel, der Widerspruch zwischen den Werten und der Wertschätzung und die Perspektivlosigkeit waren wesentliche Gründe für die Ängste. Wenn die Frauen mit irgend etwas wirklich unzufrieden sind, dann mit ihrer Arbeit. Früher gab sie Sicherheit, Einkommen und die Chance, sich zu entwickeln. Eine mächtige Gewerkschaftsbewegung stärkte der Frau den Rücken. Die Arbeit gab auch Frauen ohne Familie die Möglichkeit, sich an eine Gemeinschaft zu binden. Die Arbeitswelt heute mit ihren befristeten Beschäftigungsverhältnissen bietet diese Sicherheit nicht.

Das Leben dieser Frauen unter fünfunddreißig dreht sich um den Mann, das Kind, die Arbeit und um sie selbst. Schwierigkeiten gibt es, wenn es darum geht, Arbeit und Familie in Einklang zu bringen, immer höhere Ziele in der Ausbildung und der Karriere anzustreben und ein selbständiges, vom Mann unabhängiges Leben zu führen. Das ist alles genau das, wofür sich der Feminismus in den letzten Jahrzehnten intensiv eingesetzt hat. Anscheinend verschaffen aber die traditionellen Rollen der Geschlechter sowohl dem Mann als auch der Frau weiterhin Befriedigung und Freude.

DIE PERSPEKTIVE
DER SECHZIGERJAHRE

Vom Alter her gehöre ich zur Generation der Mütter jener Frauen unter fünfunddreißig, mein Blick reicht also etwas weiter zurück. Meine Jugend und die erste Zeit als Erwachsene habe ich in den Sechzigerjahren erlebt, die für ihren rebellischen Geist und die Aufgabe traditioneller Werte bekannt geworden sind. Meine Generation stellte sowohl in Finnland als auch in vielen anderen Ländern die grundlegenden Werte in Frage, das Fundament, auf dem die Gesellschaft von den vorhergehenden Generationen errichtet worden war. Das feministische Denken und Handeln wurde unter den die junge Intelligenz repräsentierenden Frauen mit Begeisterung aufgenommen. Allerdings nicht von allen, denn in erster Linie zog es jene an, die linksgerichtet waren.

Ich studierte Geschichte an der Universität Tampere, die dafür bekannt war, politisch gesehen rot zu sein. Sowohl christliche als auch linksorientierte Studenten waren dort aktiv. Als ich etwa die Hälfte meines Studiums absolviert hatte, fand ich zum Glauben, und das änderte in vielfältiger Weise die Richtung und die Werte meines Lebens. Auch vorher schon waren mir die Rhetorik der Feministinnen und ihr freisinniges Studentenleben fremd gewesen.

Wenn ich über meine Zukunft nachdachte, sah ich mich nach dem Studium eine ganz normale Laufbahn einschlagen, aber es kam alles ganz anders. Genauer gesagt habe ich nur kurze Zeit als Geschichtslehrerin gearbeitet, denn die Missionstätigkeit zog mich in ihren Bann, und auf diesem Weg befinde ich mich immer noch. Ich habe meine Ausbildung stets hoch geschätzt und mich für mein Studium begeistert, aber als ich die Missionstätigkeit und die

Laufbahn als Geschichtslehrerin gegeneinander abwägen und eine Entscheidung treffen musste, habe ich ersteres gewählt, weil es meinem Herzen näher lag. Nachdem ich geheiratet und drei Kinder zur Welt gebracht hatte, musste ich mich entweder für die Arbeit oder für die Betreuung der Kinder entscheiden, und das fiel mir nicht schwer. Ich hielt es für selbstverständlich, meine Kinder selbst zu betreuen und zu erziehen, ich empfand das als Privileg und als Pflicht. Ich wollte die Betreuung meiner Kinder nicht anderen überlassen, denn ich sah darin eine mir anvertraute und daher angenehme Aufgabe. Nachdem ich meine grundsätzliche Entscheidung getroffen hatte, habe ich der Familie stets den Vorrang vor der Arbeit gegeben.

Meine Arbeit im Dienst einer Missionsorganisation ließ sich flexibel organisieren, über Jahre habe ich sie zu Hause erledigen können. Das gab mir die Möglichkeit, mein eigener Herr zu sein – oder sollte ich sagen, meine eigene Herrin – und es so einzurichten, dass ich die Büroarbeit und die anderen Dinge neben der Kinderbetreuung und dem Haushalt schaffen konnte. Es war mir wichtig, im Alltag meiner Kinder da zu sein, wenn sie mich brauchten. Mein Mann war dienstlich oft unterwegs, und wir begleiteten ihn dann und wann auch mit der ganzen Familie auf seinen Reisen ins Ausland, bis unser ältestes Kind in die Schule kam. Ich kümmerte mich um den Haushalt und die Kinder und ebenso um die vielen Gäste, die aus dienstlichen Gründen bei uns weilten, und diese Regelung war für uns genau die richtige. Voller Dankbarkeit und Freude denke ich an jene Jahre zurück. Sie waren arbeitsreich, anspruchsvoll und manchmal auch schwer, aber äußerst wertvoll. Ich habe es nie bereut, dass ich die Laufbahn als Geschichtslehrerin gegen die Missionstätigkeit und die Betreuung und Erziehung meiner Kinder eingetauscht habe.

Mutter und Hausfrau zu sein ist für mich eine große Herausforderung gewesen. Bei dieser Aufgabe durfte ich lernen und als Mensch so reifen, wie es sonst nicht möglich gewesen wäre. Sicher bin ich alles andere als eine perfekte Mutter gewesen, aber doch meiner Meinung nach die bestmögliche für meine Kinder. Ich denke, Kinder und Mütter sind so geschaffen, dass sie zueinander passen, denn die Kinder sind ein Geschenk Gottes, und er gibt uns das, was gut für uns ist. Mein Leben als Mutter und Hausfrau wurde dadurch erleichtert, dass ich mich zu Hause wohl fühle und alle möglichen Hausarbeiten gern mache. Wenn ich mich um den Haushalt kümmere, habe ich das Gefühl, dass ich ihn im Griff habe. Und ich bin froh, weil ich sehe, was ich mit eigenen Händen schaffe, obwohl die Arbeiten sich ja täglich wiederholen. Aber so ist das Leben!

Ich war sechzehn Jahre lang den ganzen Tag zu Hause, doch mit dem Heranwachsen der Kinder konnte ich mir mehr Zeit für die andere Arbeit nehmen und später ein Magister-Studium der Psychologie absolvieren. Das hat mir nun in der Mitte des Lebens neue Möglichkeiten eröffnet, auf dem Gebiet der Ausbildung und Seelsorge sowohl in Finnland als auch im Ausland tätig zu sein. Bei dieser Arbeit ist Lebenserfahrung von großem Nutzen. Für mein Examen hatte ich als Nebenfach die Frauenforschung gewählt, mit der ich mich beschäftigen wollte, um einen Einblick in das philosophische Denken und die historische Entwicklung zu gewinnen, die das Leben der Frau von heute beeinflusst haben.

Der Glaube an Gott und der Einsatz für die Missionsarbeit weltweit in einer internationalen Organisation sind der Bezugsrahmen, in dem ich den Sinn und die Zweckdienlichkeit meines Lebens sehe. Da die Fenster zur ganzen Welt und zu dem, was Gott heute im Leben der Menschen tut, offen gewesen sind, war es auch anregend, daheim zu arbeiten und die nächste Generation zu erziehen. Diese Jahre als Mutter und Hausfrau sind meines Erachtens eine gesellschaftlich wertvolle Arbeit gewesen.

Obwohl ich im Einflussbereich der linken und feministischen Ideologie studierte und lebte, habe ich mir die Richtschnur meiner Weltanschauung aus dem christlichen Handeln und der Bibel angeeignet, die mir weiterhin das wichtigste und liebste Buch in meinem Leben ist. Als Frau interessieren mich schon immer die Angelegenheiten der

Frauen, ihr Wohlergehen und ihre Erfolge. Deshalb ist die Entwicklung, die ich in den letzten vierzig Jahren in Finnland beobachtet habe, nicht ermutigend. Eine ideologische Denkweise, die in einer kleinen radikalen Elite ihren Anfang nahm und zunächst auf heftigen Widerstand stieß, ist heute in der Gesellschaft allgemein anerkannt. Die Rhetorik der Sechzigerjahre lebt heutzutage in der Welt der Frauen und auch der Männer.

VERWIRRUNG ZWISCHEN DEN GESCHLECHTERN

In der Gesellschaft wurde, indem man vor allem die Männer für schuldig erklärte, Platz für die Frauen geschaffen. Und nun möchten manche Männer auf Kosten der Frauen Platz für sich beanspruchen. In der oben angeführten Befragung berichteten die Frauen unter fünfunddreißig, dass zu einem guten Leben unbedingt ein Mann und Kinder gehören, aber in der gesellschaftlichen Debatte kommt es schnell dazu, dass wir einen Krieg zwischen den Geschlechtern führen. Im Kampfgetümmel aber kann man eigentlich nicht glücklich und zufrieden sein.

Die Schauspielerin und Schriftstellerin Eppu Nuotio und der Wissenschaftler Tommi Hoikkala erörterten gemeinsam die Verwirrung im Verhältnis zwischen Mann und Frau. Hoikkala zeigt sich erstaunt angesichts des Verfalls der Kernfamilie, der zu der Zeit einsetzte, als die Rechte der Frauen ausgeweitet wurden. Er vermutet, dass es uns bald genauso ergehen wird wie in Schweden, wo eine alleinerziehende Mutter mit einem Kind die häufigste Familienform ist. Die Frauen wollten weg aus einer Situation, in der sie keine Wahl hatten, und sind in eine Lage geraten, in der sie keine Wahl haben. Wir haben eine Gesellschaft errichtet, die auf dem System von zwei Versorgern beruht, der Berufstätigkeit von Mann und Frau. Wenn die Familie komplett ist, hofft die Frau, dass sich der Mann an der Hausarbeit beteiligt. Doch nur in wenigen Haushalten wird eine gleichmäßige Verteilung der Arbeit erreicht. Meistens tragen die Frauen die Bürde der Hausarbeit, eines Studiums und befristeter Beschäftigungsverhältnisse und sind durch diese Belastung ausgelaugt. Die Probleme in den Partnerschaftsbeziehungen sprechen nach Auffassung von Hoikkala dafür, dass der Mann es nicht erträgt, wenn Frauen erfolgreich sind. Je mehr die Fähigkeit des Menschen, etwas zu ertragen, abnimmt, um so niedriger ist die Schwelle zur Trennung. In Finnland ist eine Scheidungskultur entstanden[2].

Eppu Nuotio fragt sich, ob irgendein Dienstleistungsgen dahintersteckt, wenn Frauen arbeiten, bis sie völlig ausgebrannt sind. Sie selbst hat eine traditionelle Familie, in der ihr Mann viel unterwegs ist und die Welt erobert und die Frau die drei Kinder und die Familie zusammenhält. Seinerzeit hatte sie die klare Entscheidung getroffen, zu Hause zu bleiben, um ihre eigenen Pläne zu verwirklichen, vor allem, um zu schreiben. Sie hielt nicht an der Vorstellung vom Leben einer »Panzerkettenfeministin« fest, sondern meint, sie sei eine sehr traditionelle Frau, und das würde ihr auch ungeheuer gefallen.

Sie erinnert sich, dass es in ihrer Kindheit kein einziges Kind aus einer geschiedenen Familie in der Klasse gab. Jetzt ist sie als Schriftstellerin oft in Schulen zu Gast und erlebte eine Klasse, in der nur ein Kind aus einer sogenannten normalen Familie kam und sich auch noch dafür schämte. Die Menschen versuchen, in ihrem Leben möglichst viele Erfahrungen zu machen. Immer schneller werden sie einer Sache überdrüssig, die Schmerzschwelle sinkt ständig, und die Fähigkeit, etwas zu ertragen, nimmt ab. In der Öffentlichkeit wird schon der Wunsch nach Restauration der Familie und nach einer ordentlichen Erziehung und einem verantwortungsvollen Wirken der Eltern laut. Die Kinder fühlen sich schlecht, weil die Erwachsenen selbst große Kinder sind.

---

[2]   Stenius (2003)

Hoikkala fragt auch, wie durch die Gleichberechtigung und den staatlichen Feminismus das Selbstbestimmungsrecht der Frauen, ihre Bürgerrechte, ihre Rolle im Arbeitsleben und alle anderen Vorteile erreicht wurden. Das geschah durch eine Regulierung der Familie und die Schaffung von unterstützenden Strukturen. Mit dieser Entwicklung haben sich die Geschlechter einander angenähert und werden sich immer ähnlicher, das heißt, sie sind androgyn. Man könnte fragen, wovon dann Zufriedenheit kommen soll, wenn nicht davon. Die Entwicklung des Wohlstands in der Gesellschaft ist eine Erfolgsgeschichte, und dennoch sind wir verwirrt und unzufrieden. Andererseits bestehen zwischen den Geschlechtern trotz ihrer Annäherung große Unterschiede, und die kommen zu Hause in den Familien zum Vorschein und führen zu Widersprüchen.

Nach Ansicht von Tommi Hoikkala möchte ein großer Teil der finnischen Männer für seine Familie ein Zuhause schaffen. Es ist die Aufgabe des Mannes, für seine Frau und seine Kinder ein Haus zu bauen, und das erwarten auch die Frauen. Zugleich wünschen sie sich von den Männern wirtschaftliche Sicherheit. Es ist schließlich Sache des Mannes, für die Familie zu sorgen, und genau in dieser Fürsorge besteht die Rolle des Mannes als Versorger, trotz aller Wünsche nach gleichem Lohn. Das gelingt heutzutage nicht immer. In der Zeitschrift *Hiidenkivi* der Finnischen Literaturgesellschaft wurde kürzlich ein Gespräch über die Stellung von Mann und Frau in der Gesellschaft veröffentlicht. Darin stellte jemand fest, dass die Lage der Frau in der Geschichte Finnlands noch nie so entwürdigend war wie derzeit.

Die Frauen sind auf vielen Gebieten an die Macht gelangt, aber diese ist patriarchalisch, unabhängig davon, wer sie ausübt. Auch die Macht führender Frauen ist maskulin, weil sie von Männlichkeit durchtränkt ist.

Die traditionellen Auffassungen der Menschen sitzen tief. Die Kritik an den herkömmlichen Rollen von Mann und Frau und die Annäherung der Geschlechter haben Verwirrung und nicht Zufriedenheit mit sich gebracht. Eine

Frau hat Wünsche und Bedürfnisse, die nur ein maskuliner Mann erfüllen kann, und umgekehrt. Wenn eine Frau versucht, eine männliche Rolle auszufüllen, dann eignet sie sich dafür schlecht, weil sie nicht dafür gemacht ist. Ein runder Klotz passt nicht in ein viereckiges Loch.

DAS WERTEFUNDAMENT DER GESELLSCHAFT ZERBRÖCKELT

Die Veränderung der Stellung der Frau und des Begriffs »Frausein« wurde von der gesellschaftlichen Entwicklung während der letzten Jahrzehnte in Finnland beeinflusst. Hier herrschte über Jahrhunderte eine Kultur, deren Grundlage eine auf christlichen Werten beruhende Gesetzgebung war. Dieses Fundament ist allmählich durch Gesetze zerstört worden, die im Widerspruch zu den Wertvorstellungen der Bibel stehen. In Psalm 11 heißt es: »Ja, sie reißen die Grundfesten um; was kann da der Gerechte ausrichten?«[3] Die Grundfesten sind das Fundament, auf dem ein Haus errichtet wird. Es muss so fest und stabil sein, dass es bei Umwälzungen nicht zusammenbricht. Was geschieht mit einem Gebäude, dessen Grundfesten umgerissen werden? Es stürzt ein und zerfällt wie ein Kartenhaus. Die Folge davon sind Chaos und Zerstörung.

In Finnland wurden Gesetze erlassen, eins nach dem anderen, die alle unsere Moralauffassungen beeinflusst und den Blick für den Unterschied zwischen richtig und falsch getrübt haben. Ihren Anfang nahm diese Entwicklung in den Sechzigerjahren, in denen wir als Nation beschlossen, dass man uns nicht vor Gotteslästerung zu schützen braucht. Das hat anscheinend alle Dämme gebrochen und den Weg freigemacht für viele Gesetze, die darauf folgten und nicht auf einer christlichen und das Leben schützenden Wertegrundlage beruhten.

---

[3] Psalm 11, 3

Das Alkoholgesetz, mit dem der freie Verkauf von Bier mit einem Alkoholgehalt unter 4,7 Prozent zugelassen wurde, war ein weiterer Meilenstein dieser Entwicklung, mit deren Folgen wir zu leben haben. Das Gesetz hat nicht nur zu einem drastischen Anstieg des Alkoholkonsums geführt, sondern auch dazu, dass immer mehr Frauen und Jugendliche Alkohol zu sich nahmen. Traditionell haben die Ehefrauen die Familie auch dann aufrechterhalten, wenn der Mann übermäßig viel Alkohol konsumierte. Doch umgekehrt funktioniert das nicht. Heute gibt es bei uns immer mehr Frauen, die unter Alkoholproblemen leiden. Das Schicksal von Kindern mit einer alkoholkranken Mutter ist ziemlich trostlos. Der niedrige Preis von Alkohol und seine leichte Zugänglichkeit korrelieren direkt mit seinem Konsum und ebenso mit seinen schädlichen Wirkungen. Eine große Anzahl von Frauen und Kindern leidet unter Schwierigkeiten, die durch Alkohol verursacht werden. Damit sind viele psychische und familiäre Probleme sowie die Gewalt auf den Straßen und in den Familien verknüpft. Fast jeden Tag sind Schäden durch Alkohol Gegenstand der Berichterstattung in den Medien.

In den Siebzigerjahren wurde das Abtreibungsgesetz verabschiedet, auf dessen Grundlage pro Jahr in Finnland durchschnittlich zehntausend Schwangerschaften abgebrochen werden. Die Feministinnen haben sich überall weltweit intensiv für die freie Abtreibung eingesetzt und sind bei der Erreichung ihres Ziels sehr erfolgreich gewesen. Das Gesetz hängt mit der Befreiung der Sexualität generell zusammen, denn verheiratete Frauen wollen seltener eine Schwangerschaft abbrechen. Es handelt sich um einen Eingriff, der nicht ohne Risiko und psychische Auswirkungen ist. Beim Schutz des ungeborenen Lebens kann man sich nicht mehr wie früher auf das Gesetz berufen. Dies ist eine Wunde in der Seele unserer Nation.

Das Gesetz zum Verbot der körperlichen Züchtigung von Kindern wurde 1984 in Kraft gesetzt. Es sollte Misshandlungen und Gewalt in der Familie verhindern, hat sein Ziel jedoch nicht erreicht. In den Bestimmungen des Gesetzes wurde nicht zwischen normaler Züchtigung und physischer und psychischer Misshandlung unterschieden. Die Bibel spricht viel von Züchtigung und gibt Anweisungen dafür. Richtschnur christlicher Erziehung ist schon immer Liebe und Disziplin gewesen. Wird die gesunde Züchtigung vernachlässigt, kann das Gewalt zur Folge haben, wenn das Kind Worten nicht gehorcht. Das Gesetz ist etwa zwanzig Jahre in Kraft, und die Gewalt in der Familie hat nicht ab-, sondern zugenommen. Gleiches gilt für die Probleme der Jugendlichen. Wenn ein Kind nicht gezüchtigt, sondern misshandelt wird, liegen die Ursachen tiefer.

Um das Familiennamengesetz wurde in den Achtzigerjahren ein heftiger Kampf geführt, der mit dem Verzicht auf das bis dahin geltende Gesetz endete, nach dem die Frau bei der Heirat in der Regel den Namen ihres Mannes oder eine Kombination aus ihrem Namen und dem ihres Mannes annahm. Das neue Gesetz ermöglichte jedwede Kombination und auch, dass der Mann den Namen seiner Frau annimmt oder beide ihren Namen behalten. Mit dem Erlass des Gesetzes wurde der Unterschied zwischen der Ehe und der nichtehelichen Lebensgemeinschaft verwischt. Gleichzeitig schwächte es jenen Zusammenhalt, den ein gemeinsamer Name der Familie verleiht. All das wurde mit dem Selbstbestimmungsrecht der Frau und der Gleichberechtigung begründet. Die Auswirkungen des Gesetzes sind vorläufig gering geblieben, denn die meisten Frauen haben wie bisher den Namen ihres Mannes angenommen. Sein Erlass war jedoch symptomatisch für den nach Autonomie strebenden Geist unserer Zeit.

Mit dem Gesetz über eingetragene gleichgeschlechtliche Partnerschaften wollte man die Partnerschaften von Schwulen und Lesben auf die gleiche Ebene heben wie Ehen und Lebensgemeinschaften. Bei den diesbezüglichen Abstimmungen und Meinungsbefragungen haben Frauen gegenüber Partnerschaften von Homosexuellen mehr Akzeptanz gezeigt als Männer. Die Gleichberechtigung war einmal mehr eine passende Begründung für den Erlass des Gesetzes. Immer mehr Menschen leben in Finnland in einer nichtehelichen Partnerschaft, und das hat in seinem Fahrwasser die Anerkennung der Homosexualität mit sich gebracht. Noch vor einigen Jahren wäre es ausgeschlossen gewesen, diese Gesetzesvorlage ins Parlament einzubringen.

Gleichzeitig ist die Stellung der Ehe und der Kernfamilie brüchig geworden, denn verschiedene familienpolitische Maßnahmen haben die Lage von Familien mit Kindern und insbesondere von Familien mit einem Verdiener geschwächt. Unser Wohlfahrtsstaat ist auf der Grundlage von zwei Verdienern aufgebaut, und deswegen haben sich die echten Alternativen für Familien mit Kindern verringert. Das Klima der öffentlichen Meinung in Finnland macht es den Frauen schwer, als Mutter und Hausfrau zu Hause zu bleiben, selbst wenn die Mütter ihre Kinder gern selbst betreuen und erziehen möchten. Die Frauen fühlen sich von der außerhäuslichen Erwerbstätigkeit angezogen, aber auch zu ihr gedrängt, und deshalb arbeiten nur wenige als Mutter und Hausfrau zu Hause.

Die Änderung des Scheidungsgesetzes im Jahr 1987 hatte großen Einfluss darauf, dass die Stellung der Kernfamilie ins Schwanken geriet. Damals wurde gänzlich auf den Begriff der Schuld und der Verantwortung verzichtet. Das Einreichen der Scheidung wurde juristisch wesentlich erleichtert, und so ist es kein Wunder, dass die Zahl der Scheidungen anstieg. Wir klettern da über den Zaun, wo er am niedrigsten ist, und je niedriger er ist, umso leichter lässt er sich überwinden. Juristisch wurde eine Scheidung einfacher, das hat sie jedoch emotional und sozial überhaupt nicht leichter gemacht. Es ist weiterhin schmerzhaft, diesen Prozess durchzumachen, und die Folgen sind ebenfalls schmerzlicher als viele es vorher ahnen konnten. Alleinerziehender zu sein, ist eine schwere Last.

Auch das Gesetz über die Ladenöffnungszeiten hat das Leben der Frauen und der Familien verschlechtert. Die Entwicklung ist in dem Sinne widersprüchlich, dass man einerseits mehr Freizeit fordert, aber andererseits bereit ist, diese dem Kommerz und all jenen Tätigkeiten zu opfern, mit denen die Unruhe der Menschen vermehrt wird. Die Öffnung der Geschäfte am Sonntag verwischt den Unterschied zwischen Werktag und Feiertag, sodass aus allem ein und derselbe Alltag wird. Wir haben uns darin den nicht-christlichen Ländern angenähert, in denen die Menschen sieben Tage in der Woche von früh bis spät arbeiten müssen. Das hat im höchsten Maße Auswirkungen auf das Leben der Frau. Gott hat nicht umsonst das Gebot erlassen, den Feiertag zu heiligen. Die strengen Sabbatvorschriften sicherten auch den Frauen die Möglichkeit der Ruhe und Erholung, weil sie an dem Tag kein Essen zubereiten durften, sondern das bereits am Vortag tun mussten. Diese Möglichkeit, zur Ruhe zu kommen, ist uns verloren gegangen, weil wir immer mit denselben Routineverrichtungen beschäftigt sind, an Werktagen wie an Feiertagen.

Das Erlassen der Gesetze war kein formaler Akt, sondern über ihren Inhalt wurde eine heftige und lang anhaltende Debatte geführt. Es gab einen starken Widerstand gegen diese Gesetze, und viele Menschen sehen weiterhin deren zerstörerische Wirkung auf unsere Gesellschaft. Widersprüchlich ist, dass sie teilweise, außer dem Gesetz über die Gotteslästerung und dem Alkoholgesetz, im Namen der Fraueninteressen durchgesetzt wurden. Doch all diese Gesetze haben besonders die Stellung der Frauen geschwächt und ihrem Leben eine Bürde auferlegt. Sie zerstören den Wert und die Bedeutung der Familie, die unsere Gesellschaft aufrechterhält, und vermehren die Unsicherheit der Frauen.

Menschen haben schon immer falsch gehandelt und werden das auch künftig tun. Doch es ist etwas anderes, wenn das, was wir als einzelne Menschen tun, in einer Gesellschaft geschieht, in der Gesetze gelten, nach denen falsche Taten verurteilt werden. Jetzt hingegen ist in Finnland gesetzlich vorgeschrieben, dass Falsches als richtig gebilligt und Richtiges als falsch bewertet werden soll. Jesaja beklagte dasselbe schon vor 2700 Jahren und warnte: »Weh denen, die Böses gut und Gutes böse nennen, die aus Finsternis Licht und aus Licht Finsternis machen, die aus sauer süß und aus süß sauer machen!«[4] Das führt zu einer allgemeinen Schwächung des Verständnisses von richtig und falsch, wodurch allmählich jene zu Schuldigen werden, die auf dem Gebiet der Moral und Ethik Gott ehren wollen. Die Menschen fangen an zu denken, dass etwas nicht gänzlich falsch sein kann, weil es so im Gesetz steht. Die Moral steuert das Erlassen von Gesetzen, und das Gesetz steuert wiederum das Verhalten der Menschen.

Wir leben in einer pluralistischen, toleranten und postmodernen Gesellschaft, die von den Wissenschaftlerinnen als Wohlfahrtsstaat der Frauen bezeichnet wird. Dem Postmodernismus zufolge hat jeder Mensch seine eigene Wahrheit und Wirklichkeit, die er so errichtet, wie er es für das Beste hält. Aus diesem Grund ist das Weltbild des postmodernen Menschen zersplittert. Pluralismus und Toleranz beinhalten selten die Anerkennung einer völlig anderen Weltanschauung. Und vollkommen sicher ist, dass eine Anschauung abgelehnt wird, deren Grundlage absolute ethische und moralische Werte bilden. Doch wenn man der Ansicht ist, dass solche Werte nicht existieren, wird sich der Mensch weiter verwirrt nach dem Sinn und Zweck des Lebens fragen. Auf Grundlagen, die sich ändern und wechseln, kann man nichts Beständiges errichten.

Viele Frauen denken über existenzielle Fragen wie diese nach: Wer bin ich als Frau, und wie soll ich mein Leben führen? Die Antworten hängen von der Informationsquelle ab, in der man sie sucht. Die beste Alternative ist es, sich an den Planer und Schöpfer des Frauseins zu wenden und ihn zu fragen. Gott schuf die Frau, sagt die Bibel. Wie und warum, das werde ich im Folgenden behandeln.

---

[4] Jesaja 5, 20

2. VON GOTT GEPLANTES FRAUSEIN

In Indien wird eine Geschichte über die Erschaffung von Mann und Frau erzählt. Als der Schöpfer den Mann erschaffen hatte, stellte er fest, dass er alle festen, gegenständlichen Stoffe aufgebraucht hatte. Es war kein stabiles, starres oder hartes Material zur Erschaffung der Frau übrig geblieben. Nach langem Überlegen nahm der Schöpfer

*   die Rundung des Mondes, die Elastizität der Weinranke und das Zittern des Grases,
*   die Schlankheit des Rohrkolbens und die Pracht der Blumenblüten,
*   die Leichtheit der Blätter und die Klarheit der Sonnenstrahlen,
*   die Tränen der Wolken und die Unbeständigkeit des Windes,
*   die Furcht des Hasen und die Eitelkeit des Pfaus,
*   die Weichheit der Papageienbrust und die Härte des Diamanten,
*   die Süße des Honigs und die Grausamkeit des Tigers,
*   das Brennen des Feuers und die Kälte des Schnees, die Geschwätzigkeit der Elster und den Gesang der Nachtigall,
*   die Arglist des Kranichs und die Treue der Wildenten.

Er mischte all diese nichtfesten Materialien, schuf daraus die Frau und brachte sie zum Mann. Eine Woche darauf kam der Mann zu ihm und sagte:

»Das menschliche Wesen, das du mir gegeben hast, macht mein Leben unglücklich. Es spricht die ganze Zeit und quält mich in unerträglicher Weise, sodass ich keine Ruhe habe. Es verlangt von mir, dass ich ihm unablässig meine Aufmerksamkeit schenke, und dabei wird meine Zeit verschwendet. Es weint wegen jeder Kleinigkeit und führt ein müßiges Leben. Ich bin gekommen, um es dir zurückzubringen, weil ich nicht mit ihm leben kann.«

Der Schöpfer sagte: »Nun gut« und nahm die Frau wieder zurück. Eine Woche darauf kam der Mann erneut zu ihm und sagte:

»Herr, mein Leben ist so leer, seit ich dir dieses Wesen zurückgab. Ich denke unablässig daran - wie es tanzte und sang, wie es mich aus dem Augenwinkel betrachtete, wie es mit mir redete und sich an meine Seite schmiegte. Es sah schön aus und fühlte sich weich an. Ich mochte sein Lachen. Gib es mir zurück.«

Der Schöpfer sagte: »Nun gut« und gab sie dem Mann. Doch drei Tage später kam der Mann wieder zurück und sagte:

»Herr, ich weiß nicht – ich kann das nicht richtig erklären, aber nach allem, was ich mit diesem Wesen erlebt habe, bin ich zu dem Schluss gekommen, dass es mir mehr Ärger als Wohlbehagen bereitet. Ich bitte dich, es wieder zurückzunehmen, denn ich kann nicht mit ihm leben!«

Der Herr antwortete: »Ohne es kannst du auch nicht leben!«, kehrte dem Mann den Rücken und wandte sich wieder seiner Arbeit zu. Verzweifelt sprach der Mann: »Was soll ich tun? Ich vermag nicht mit ihm zu leben und kann nicht ohne es leben!«[5]

Diese paradoxe Situation besteht weiter. Die Frau ist ein prächtiges Geschöpf des Herrn, aber das Zusammenleben mit dem Mann ist zuweilen problematisch. Wenn wir über Dinge nachdenken, die mit dem Frausein und dem Leben der Frau zusammenhängen, dann haben wir es mit Kernfragen des Menschseins zu tun. Wir führen unser Leben als Mensch hier auf der Erde entweder als Männer oder als Frauen. Eine Zwischenform, ein Neutrum, existiert nicht. Die Bestimmung des Frauseins und des Mannseins beruht auf dem philosophischen Bezugsrahmen, in dem wir das Leben generell betrachten.

---

[5]   Trobisch, S. 7-9

Auf den ersten Seiten der Bibel befindet sich der von Gott gegebene Augenzeugenbericht darüber, was ganz am Anfang geschah. Da kein Mensch den Moment der Entstehung des Weltalls mit seinen eigenen Augen gesehen hat, kann kein Wissenschaftler in dieser Hinsicht lückenlos und mit absoluter Sicherheit irgendetwas beweisen. Die Urteile der Wissenschaft stützen sich auf Theorie, Schätzung und Glauben. Die Bibel gibt uns Gottes Antworten auf Fragen im Zusammenhang mit der Entstehung des Weltalls und des Lebens. Darin berichtet Gott selbst, wie er den Menschen als Mann und Frau erschuf, und gibt Weisungen für das Leben. Da Gott unser Schöpfer ist, sind wir vor ihm für alles verantwortlich, was unser Leben betrifft. Von ihm erhalten wir die Antworten auf unsere grundlegenden Fragen: Hat das Leben einen wahren Sinn? Woher komme ich? Warum bin ich hier? Wohin gehe ich?

Jahrtausende lang haben wir Frauen in den unterschiedlichsten Kulturen und Kontexten gelebt, aber unser innerstes Wesen und unsere Natur sind gleich geblieben. Was Gott vor Jahrtausenden in seinem Wort über die Frau und das Frausein gesagt hat, gilt auch heute, denn es ist nicht an Kulturen, Sprachen oder andere Lebensbedingungen gebunden. Darin spricht die Stimme des Planers und Schöpfers der Frau.

Was bedeutet es, dass wir als Frau erschaffen wurden? Die Antwort auf diese Frage liefert den grundlegenden Ausgangspunkt für die Frauendiskussion. Die Schöpfungsgeschichte und der darauf folgende Sündenfall bieten uns den Bezugsrahmen für das Verhältnis der Frau zum Mann, zum Kind, zur Arbeit und zu sich selbst.

GOTT
BEREITETE DEM MENSCHEN
EIN ZUHAUSE

Vor der Erschaffung von Mann und Frau lief eine lange Kette von Ereignissen ab. Die Bibel beschreibt das auf drei verschiedenen Ebenen in den Kapiteln 1 und 2 im Ersten Buch Moses. Im ersten Vers wird die Schöpfung wie mit einem Fernrohr aus der Weite des Weltraums betrachtet. Da heißt es: »Am Anfang schuf Gott Himmel und Erde.«[6] Das gibt uns die grundlegende Antwort auf das Problem der Entstehung des Seins. Danach wird das Schöpfungsgeschehen im ersten Kapitel ein wenig näher untersucht, gleichsam mit einem leistungsfähigen Fernglas. Dort wird genauer berichtet, wie das Weltall entstand und in welcher Reihenfolge alles geschah. Im zweiten Kapitel wird das Bild schärfer eingestellt und das Ereignis der Schöpfung des Menschen wie unter dem Mikroskop eingehend betrachtet.[7]

Bevor Gott den Menschen, der die Erde bewohnen sollte, erschaffen konnte, musste er alle grundlegenden Arbeiten vollenden, damit der Mensch eine Umgebung vorfand, die es ihm ermöglichte, zu überleben. Das erforderte eine sorgfältige Planung, deren Triebkraft unermessliche Liebe und guter Wille waren. Die ganze Erde wurde für den Menschen geschaffen und wartete auf ihre Erfüllung, das Erscheinen der Krone der Schöpfung. Bevor Gott den Menschen erschuf, bereitete er ihm ein Zuhause. Genauso wird für jedes Kind, das auf die Welt kommt, ein Zuhause errichtet, und es hat Eltern, die ihre Verantwortung für das Neugeborene übernehmen. Wenn es nicht so ist, dann fehlen dem kleinen Menschensprössling die Lebensvoraussetzungen, denn er braucht ein Zuhause und die Obhut und Fürsorge, die ihm dort zuteilwerden.

---

[6]   1. Mose 1, 1
[7]   Graham Lotz, S. 38

Gott bereitete dem Menschen einen Ort, an dem er wohnen konnte, den Garten Eden. Was könnte persönlicher sein als Gott selbst beim Planen und Anpflanzen eines Gartens, der in jeder Hinsicht für die ersten Menschen ein geeignetes Zuhause sein sollte? Das lässt uns an Schönheit, Harmonie und Frieden denken. Obstbäume, Sträucher, Blumen, plätschernde Bäche, grüne Rasenteppiche, zwitschernde Vögel; all das fand sich im Garten Eden.

In der Bibel steht das Wasser oft als Symbol für den Segen. Der Strom floss nicht nur in und durch den Garten Eden, sondern er floss auch aus ihm hinaus und teilte sich in vier Hauptarme.[8] Das erste Zuhause war ein Ort des Segens, und der sollte sich überallhin verbreiten. An diesem Ort lernte der Mensch direkt von Gott, was richtig und falsch ist. Ihm wurden die Werte des Lebens gewiesen, die auf der Autorität von Gottes Wort beruhen. Adam sollte wissen, wo seine Grenzen liegen, was in Gottes Augen annehmbar und richtig war und was nicht.[9]

In der Welt von heute ist eine ganze Generation von Menschen herangewachsen, die gelernt haben, nach ihren eigenen Moralregeln zu leben, und dabei Grenzen missachten. Das Ergebnis ist eine Generation voller Ruhelosigkeit und Unsicherheit. Die moralischen Lebensnormen schränken uns nicht ein, sondern geben uns die Freiheit, in Frieden und Sicherheit zu leben. Viele Probleme sind eine Folge davon, dass die von Gott gesetzten Grenzen überschritten werden. Was würde geschehen, wenn es auf einer mehrspurigen Autobahn keine Fahrbahnkennzeichnung und keine klaren Verkehrsregeln gäbe? Die Fahrer wüssten nicht, wie sie fahren sollten, ohne einander im Weg zu sein. Das würde zu Unfällen, großem Durcheinander und einem einzigen Chaos führen. Also beklagt sich niemand über die Verkehrsregeln, weil man nur dann fahren kann, wenn sie eingehalten werden.

---

[8]   1. Mose 2, 8-14
[9]   Graham Lotz, S. 41-45

Die von Gott gegebenen Lebensregeln hingegen sind wir bereit aufzugeben, und deshalb sehen wir um uns herum Zerrissenheit und vielerlei Bedrängnis und Schmerz. Wir haben nicht dafür gesorgt, dass unsere Kinder die erforderliche moralische, geistliche, emotionale und soziale Anleitung erhalten. Wenn wir als Eltern sie ihnen nicht geben, dann entwickeln sie ihre eigenen Standards und Werte, die darauf beruhen, was sie selbst denken, wie ihnen etwas vorkommt, was ihre Freunde tun und was generell betrachtet zu funktionieren scheint. Im Laufe einer Generation haben wir gesehen, was für ein Chaos und welche Verwirrung ausgelöst werden, wenn die Jugendlichen selbst herausfinden müssen, in welche Richtung sie im Leben gehen sollen.

Der Garten Eden war nicht nur das Zuhause, sondern auch der Arbeitsplatz der ersten Menschen, an dem sie die von Gott geschaffene Natur kennenlernten und allmählich in Besitz nahmen. Über Jahrtausende war die Arbeit eng mit der häuslichen Umgebung verbunden, bis die Industrialisierung zuerst den Mann und später die Frau an einen Arbeitsplatz außerhalb ihres Heimes führte. Die Widersprüche und Probleme der Ehefrauen und Mütter von heute hängen in hohem Maße damit zusammen, wie Arbeit und die Bedürfnisse der Familie in Übereinstimmung zu bringen sind.

ALS FRAU ERSCHAFFEN

In Gottes Schöpfungswerk ist eine klare und sorgfältig geplante Ordnung sichtbar. Im Neuen Testament heißt es: »Denn Gott ist nicht ein Gott der Unordnung, sondern des Friedens.«[10] Die Reihenfolge bei der Erschaffung des Menschen, erst Adam und dann Eva, steht für die spätere

---

[10]   1. Korinther 14, 33

unabänderliche Ordnung zwischen Christus und der Gemeinde.[11] Das Verhältnis von Mann und Frau in der Ehe wird mit Christus und der Gemeinde verglichen.

Die Erschaffung der Frau aus dem Mann durch die Differenzierung ist philosophisch sehr wesentlich, weil sie bekräftigt, dass die Menschheit eins ist. Wenn es zwei getrennte Anfänge gegeben hätte, den Mann und die Frau, würde nicht eine Menschheit bestehen, sondern zwei, und Widersprüche wären von Beginn an möglich gewesen. Doch ein einheitlicher Ursprung schafft die Grundlage dafür, dass wir als Männer und Frauen voneinander abhängig sind, denn wir ergänzen einander.

Alles andere schuf Gott mit seinem Wort, doch den Menschen formte er mit seinen eigenen Händen. Wir tragen also die Handschrift des Schöpfers und seine Berührung in einer anderen Weise als die sonstige Schöpfung. Das Schöpfungswerk am sechsten Tag unterschied sich von dem der anderen Tage auch in der Hinsicht, dass Gott etwas feststellte, was nicht gut war, nämlich Adams Einsamkeit. Gab es dafür auch einen anderen Grund als das bloße Fehlen eines Gefährten derselben Gattung? Lag in Adams Maskulinität etwas, das dazu bestimmt war, die Gemeinschaft mit einem anderen Menschen zu genießen, der über die Feminität verfügte, die ganz anders war? Enthielt die Männlichkeit möglicherweise etwas, das am besten zusammen mit dem Frausein funktionierte, wenn es darum ging, die Erde zu beherrschen und sich untertan zu machen?[12]

Gott war sich dessen bewusst, dass es für den Menschen nicht gut ist, allein zu sein. Aber Adam nicht. Also pflanzte Gott dem Menschen die Sehnsucht nach einer Gattin ins Herz. Er brachte alle möglichen Tiere und Vögel zu Adam, damit der Mensch ihnen einen Namen gab. Warum hat er das vor der Erschaffung der Frau getan? Man sagt uns, dass für Adam unter all den Tieren keine geeignete Gehil-

---

[11] Epheser 5, 21-33
[12] Crabb, S. 140-141

fin gefunden wurde.[13] Kamen die Tiere paarweise zu ihm? Erkannte Adam, dass alle zu zweit erschienen, Männchen und Weibchen gemeinsam? Wunderte er sich womöglich, warum er keine Gefährtin hatte? Begriff er selbst durch diese Erfahrung, dass etwas fehlte?[14]

Nachdem Adam Stunden (Tage? Wochen? Monate?) damit verbracht hatte, die Tiere zu untersuchen und ihnen Namen zu geben, wurde ihm möglicherweise in immer stärkerem Maße bewusst, dass tief in ihm eine Sehnsucht war. Doch es fand sich niemand, der sie entgegengenommen hätte. Erst dann versetzte Gott ihn in Schlaf.[15] Als er erwachte und die Frau das erste Mal sah, stimmte er sofort einen Lobgesang an. Die ersten in der Bibel niedergeschriebenen Worte des Menschen drückten sein Entzücken über die Frau aus. Sie war auf wundersame Weise anders als die Tiere und auf ebenso unbegreifliche Weise Adam ähnlich und doch ganz anders, sie war bestens geeignet, die Berührung des Mannes und seine Annäherung entgegenzunehmen. Das Schöpfungswerk Gottes hatte einen prächtigen Abschluss gefunden.

Als der erste Mann die Frau erblickte, war er voller Entzücken, und das ist auch bei den Männern der späteren Generationen nicht weniger geworden. Zu allen Zeiten haben sie von ihrem Entzücken über die Frau geschrieben, gesungen, gedichtet und gesprochen. Die Liebe hat die Männer dazu gebracht, für sie die erstaunlichsten Taten zu vollbringen, und der Liebeskummer hat manchmal ein tragisches Ende genommen. Die Frau hat dem Mann immer wohlgetan, und das ist auch weiterhin so. Sie vermag seine Bedürfnisse so zu befriedigen, wie es niemand anders kann. Die Polarität zwischen Mann und Frau sorgt für eine positive Spannung zwischen ihnen.

Die Frau wurde erst erschaffen, als alles für sie vorbereitet war. Auf sie warteten ein Zuhause in einem grünen Garten

---

[13]   1. Mose 2, 20
[14]   Ortlund, S. 100
[15]   Crabb (1991), S. 141

und ein Mann, der bereit war, durch die Ehe eine Bindung mit ihr einzugehen und ihr Liebe und Fürsorge entgegenzubringen. Eva brauchte nicht einmal zu überlegen, ob dieser oder jener Mann für sie der richtige wäre, denn Gott hatte für sie genau den Partner ausgewählt, der zu ihr passte. Was wird Eva wohl gedacht haben, als sie solch eine bedingungslose Bewunderung und so einen freudigen Empfang erlebte? Man hatte auf sie gewartet, sie herbeigesehnt und gesucht, und nun war sie so wunderbar, wie es sich der Mann nicht hatte vorstellen können. Die Frau krönte alles und war Adam ein ebenbürtiger Partner.

Weder der Mann noch die Frau sahen, wie der andere von Gott erschaffen wurde. Eva, weil sie bei der Erschaffung Adams noch nicht existierte, und Adam, weil Gott ihn für die Zeit der Erschaffung Evas in Schlaf versetzte. Gott fragte beide nicht, was für einen Partner sie wollten, sondern er bestimmte und plante das selbst. Das Endergebnis war vollkommen, und Gott war mit seinem Schöpfungswerk zufrieden und ruhte danach aus. Das bestätigt auch die Geschichte, denn die Frau ist in den Augen des Mannes immer schön, genauso der Mann in den Augen der Frau. Ihre Gleichberechtigung beruht letztlich auf dem Schöpfungswerk.

Als Gott die Erschaffung der Frau plante, sagte er: »Es ist nicht gut, dass der Mensch allein sei; ich will ihm eine Gehilfin machen, die um ihn sei.«[16] Die Frauen von heute stolpern manchmal über diesen Vers und denken, es sei zweitrangig und weniger wichtig, Gehilfin zu sein. Das praktische Leben und die Geschichte zeigen, dass die Frau dem Mann eine unersetzliche Gehilfin ist. Allein wäre er auf der Erde nicht zurechtgekommen. Ohne Frau gäbe es keine Familie und keine Kontinuität der Menschheit. Ein einsamer Mann ist verlassen und verloren und kommt schlechter zurecht als eine Frau, die allein ist. Sie schlüpft anscheinend leicht in die Rolle der Helferin, sowohl in der Familie als auch in der Gesellschaft, weil sie dafür geschaffen ist.

---

[16] 1. Mose 2, 18

Gott übertrug beiden Geschlechtern die Aufgabe, die Erde zu beherrschen. Die Frau ist in dieser Hinsicht dem Mann gegenüber nicht minderwertig und der Mann nicht bedeutender als die Frau. Das Neue Testament bestätigt den Grundsatz der Gleichwertigkeit, wenn gesagt wird, dass beide Miterben der Gnade des Lebens sind.[17] Auch Paulus, der gelegentlich wegen einer negativen Einstellung gegenüber den Frauen kritisiert wird, sagt eindeutig, »Hier ist nicht Jude noch Grieche, hier ist nicht Sklave noch Freier, hier ist nicht *Mann noch Frau*; denn ihr seid allesamt einer in Christus Jesus«[18] (Hervorhebung durch die Autorin). Als Menschen sind wir vor Gott gleichberechtigt, aber dennoch nach unserem Geschlecht unterschiedlich.

Diese auf der Erschaffung durch Gott beruhende Gleichwertigkeit will man heute wegen des anderen grundlegenden Aspekts, der Verschiedenartigkeit von Mann und Frau, nicht verstehen. Die Forderungen der Frauen nach Gleichberechtigung zielen vor allem darauf ab, zu erreichen, dass sie die gleichen Rechte und Chancen auf eine außerhäusliche Tätigkeit wie die Männer haben und dass die Männer so handeln wie die Frauen. Sie sollen also denken, fühlen und erleben wie die Frauen und ihnen Raum geben, sich selbst zu verwirklichen, wie sie es für richtig halten. Die Versuche zur Gleichmacherei von Mann und Frau funktionieren schlecht, weil sie im Widerspruch zur Schöpfungsordnung stehen. Ein androgyner Mann oder eine androgyne Frau sind nicht so, wie man uns einst erschaffen hat.

---

[17]   1. Petrus 3, 7
[18]   Galather 3, 28

DIE UNTERHALTUNG,
DIE DAS LEBEN VON MANN
UND FRAU ÄNDERTE

Im Garten Eden wurde eine Unterhaltung geführt, die das Leben des Mannes und der Frau sowie aller nach ihnen kommenden Generationen veränderte. Als Eva im Garten war, begegnete sie unversehens der Verführung.[19] Unser Widersacher ist kein Gentleman, er greift gerade in dem Augenblick an, in dem wir am schwächsten sind. Es geschieht oft dann, wenn wir glauben, stark und in Sicherheit zu sein.

Die Schlange führte Eva auf vier Arten in Versuchung: Sie erreichte, dass Eva an Gottes Wort zweifelte, sie weckte in Eva Unzufriedenheit mit Gottes Willen, sie ließ Eva Gottes Güte leugnen und sie verführte Eva dazu, den Ungehorsam gegenüber Gott zu wählen.[20] Eva befand sich im Zustand der Unschuld und empfing die Güte und Fürsorge Gottes in einer vollkommenen Umgebung. Sie war, was das Gebot Gottes anging, nicht unwissend, wie ihre Antwort an die Schlange beweist. Hingegen schien sie unwissend zu sein, was die Falschheit der Schlange und die Frage betraf, wie man mit ihr hätte umgehen müssen, und so ergab sie sich und ließ sich täuschen. Eva glaubte offensichtlich der Schlange und begann die Wirklichkeit so zu sehen, wie der Versucher sie darstellte.

Der in Gestalt der Schlange erscheinende Teufel hingegen wusste, schlau und geschickt wie er war, ganz genau, mit welchen Mitteln er es schaffen würde, dass der Mensch der Verführung erlag. Im Laufe der Jahrtausende wurden immer wieder die gleichen Mittel angewendet, und sie sind auch unserer Zeit nicht fremd. Der bekannte Theologe und Philosoph Francis Schaeffer erörterte diese Frage 1984 in seinem Buch *The Great Evangelical Disaster* (dt. *Die große Anpassung*, 1988), das sein letztes sein

---

[19] 1. Mose 3
[20] Graham Lotz, S. 68-75

sollte.[21] Darin beschreibt er, dass die Fragen der Ehe, der Familie, der Sexualethik, des Feminismus, der Homosexualität und der Scheidung eng miteinander zusammenhängen und Kernfragen der menschlichen Existenz darstellen. In diesen Dingen hat sich die Kirche der Welt angepasst. Der Zeitgeist in der sie umgebenden Gesellschaft konnte die Ansichten der Kirche beeinflussen und in eine andere Richtung lenken, als es die Bibel lehrt. Schaeffer stellte fest, wie die Anpassung vor sich geht.

Dieser Prozess beginnt damit, dass in der Gesellschaft ein Thema wie die Frauenproblematik oder die Sexualethik aufgeworfen und die traditionelle, auf der Lehre der Bibel beruhende Anschauung in Frage gestellt wird. In der Öffentlichkeit, vor allem in den Medien, wird eine Diskussion darüber geführt und dadurch erreicht, dass sich die Meinung der Menschen ändert. Danach verlagert sich die Erörterung in die Kirche, wo man die Lehre der Bibel auf der Grundlage dessen, was in der Gesellschaft gesagt wird, in Frage stellt. In der Kirche wird eine heftige Debatte geführt, in der sich für die neue Auffassung Verfechter finden, die sich darauf stützen, dass man die Bibel anders liest, die theologischen Ansichten zu den Themen überprüft und die neuesten wissenschaftlichen Untersuchungen einbezieht. Im Ergebnis einer langen Diskussion erscheint die neue Ansicht allmählich annehmbar, und Schritt für Schritt wird daraus eine Norm und ein Gesetz gemacht, gegen welche nicht verstoßen werden darf.

Während dieses Prozesses wird die Lehre der Bibel der in der Gesellschaft jeweils herrschenden Anschauung untergeordnet. Der biblische Standpunkt ist schon in dem Moment abhanden gekommen, in dem auf der Grundlage der allgemein übernommenen neuen Werte über das Thema diskutiert wird. Das ist die falsche Richtung. Die Gesellschaft ändert die Kirche und nicht die Kirche die Gesellschaft, weil die auf der Wahrheit der Bibel beruhenden Werte nicht als erneuernde Kraft in Erscheinung treten können.

---

[21] Schaeffer (1998), S. 153 ff.

Die Diskussion in der Kirche über die Stellung der Frau, über Ehe, Familie, Scheidung und Homosexualität ist während der letzten Jahrzehnte diesem Schema gefolgt. Wir leben in einer postmodernen Welt, in der die feministische und liberale Denkweise starken Einfluss haben. Als Christen sollten wir uns jedoch nicht »dieser Welt gleichstellen«, sondern uns nach dem Wort der Bibel »ändern durch Erneuerung unseres Sinnes«.[22]

ZWEIFEL
AN GOTTES WORT

Im Garten Eden säte die Schlange in Evas Herz Zweifel an der Autorität der Worte Gottes mit der Frage: »Sollte Gott gesagt haben: Ihr sollt nicht essen von allen Bäumen im Garten?« Sie verfälschte das Wort, denn Gott hatte dem Menschen nur geboten, nicht vom Baum der Erkenntnis des Guten und Bösen zu essen. Die Früchte aller anderen Bäume durfte er frei genießen.

In unserer Zeit betreffen die Zweifel an der Autorität von Gottes Wort unter anderem das, was ich weiter oben angeführt habe: die Ehe und ihre Ordnung, die Familie, die Sexualmoral und die Stellung der Frau sowohl in der Gesellschaft als auch in der Kirche. Es wird in Frage gestellt, dass Gottes Wort so zu verstehen und anzunehmen ist, wie es geschrieben steht. Das zeigt sich beispielsweise darin, dass im Unterricht zu Themen geschwiegen wird, bei denen man stillschweigend die liberalen Anschauungen der Gesellschaft übernommen hat. Wenn sie nicht übernommen wurden, so hat man doch den Gedanken aufgegeben, den Werten der Bibel gemäß auf sie Einfluss zu nehmen.

Der postmoderne Mensch leugnet die absolute Wahrheit. Man kann sagen, dass bei uns jeder seine eigene Interpretation der Bibel hat, und alle Interpretationen sind gleich richtig. Die Bibel ist ja letztendlich nicht so schwarz-weiß,

---

[22] Römer. 12, 2

wie es manchmal den Anschein hat. Nach all diesen heutigen Gedankengängen wirkt ein Mensch, der an die Bibel glaubt und sie ernst nimmt, unwissend und naiv.

Unzufriedenheit mit seinem Willen

Die Schlange erreichte, dass Eva an Gottes Wort zweifelte und ihre ganze Aufmerksamkeit auf das Einzige richtete, was ihr verboten war. Billy Grahams Tochter Anne Graham Lotz vermutet, dass der Baum der Erkenntnis nicht sonderlich von den anderen Bäumen im Paradies abwich. Er hatte möglicherweise eine etwas andere Form, die Frucht schmeckte vielleicht anders, die Blüten waren eventuell anders gefärbt, aber ähnliche Bäume könnte es viele in dem Garten gegeben haben. Er unterschied sich von den anderen Bäumen insofern, als Gott ihn benutzte, um Adams und Evas Gehorsam gegenüber seinem Wort und ihre Unterwerfung unter seinen Willen auf die Probe zu stellen.[23]

Es ist auch heute leicht, mit Gottes Willen unzufrieden zu sein. Wir können uns im Kopf mit Dingen beschäftigen, die wir unbedingt haben wollen, und sie sogar mit Gottes Willen begründen. Im Grunde handelt es sich jedoch um eine verbotene Frucht wie den Ehegatten oder das Haus eines anderen oder seinen Posten im Betrieb. Eva wurde unzufrieden mit Gottes Willen, als die Schlange erreichte, dass Eva sich auf die eine verbotene Sache konzentrierte. Das beherrschte ihr Denken gänzlich, und die Versuchung wurde immer intensiver, da Eva sie duldete, indem sie sich in das Gespräch mit dem Teufel einließ. Als Eva der Schlange antwortete, sagte sie nicht genau das, was Gott gesprochen hatte, sondern fügte ihre eigenen Worte hinzu. Das Grundproblem war, dass Eva überhaupt etwas sagte,

---

[23] Graham Lotz, S. 70-72

denn das führte sie immer tiefer in den Sumpf. In der Bibel werden wir aufgefordert, vor der Versuchung zu fliehen und nicht, mit dem Versucher über sie zu sprechen.[24]

Heutzutage ist das Problem vieler Frauen die Unzufriedenheit, und das, obwohl wir die Möglichkeit haben, Dinge zu tun, von denen die Frauengenerationen vor uns nicht einmal träumten. Zufriedenheit und Dankbarkeit scheinen sich umso weiter von uns zu entfernen, je mehr wir uns selbst verwirklichen und in der Gesellschaft neue Bereiche für die Frauen erobern können.

DIE VERLEUGNUNG VON GOTTES GÜTE

Der amerikanische Psychologe Larry Crabb hat festgestellt, dass wir als Christen oft denken, Gottes Güte sei eingeschränkt, und aus diesem Grund müssten wir sie selbst vervollständigen. Dann vertrauen wir uns selbst mehr als Gott.[25] Die Schlange ließ Eva denken, dass Gott ihr etwas vorenthielt, ohne das ihr Leben nicht ausgefüllt gewesen wäre. Anstatt sich darauf zu konzentrieren, an all das Gute zu denken, das sie in so verschwenderischer Fülle umgab, richtete sich ihre ganze Aufmerksamkeit auf das einzige Verbot. Eva redete nicht nur über die Möglichkeit, Gott nicht zu gehorchen, sondern sie dachte auch daran. Ihr letzter Gedanke, bevor sie in die Frucht biss, bestand darin, sich vorzustellen, wie sie durch deren Verspeisen in den Augen ihres Ehemannes und später der anderen Menschen tüchtig und wichtig wirken würde, denn sie wäre ihnen überlegen.[26]

Die Versuchung wird umso intensiver, je länger wir sie dulden. Je mehr wir unsere Fähigkeit, eine Versuchung zu ertragen, durch unser Erleben ausloten, umso mehr ver-

---

[24] 1. Mose 39, 12; Mattäus 5, 29-30; 2. Timotheus 2, 22
[25] Crabb (2000), S. 89
[26] Graham Lotz, S. 72-73

einnahmt diese Versuchung unser Denken, und dann dauert es nicht mehr lange, bis wir die Hand ausstrecken, um zu berühren, wonach wir streben. Zu dem Zeitpunkt gibt es kaum noch eine Umkehr.

Der Kern der Diskussion über die Frau scheint der Gedanke zu sein, dass die Männer uns Frauen daran gehindert haben, uns selbst zu verwirklichen, weil wir an die Betreuung der Kinder und den Haushalt gebunden sind. Man hat uns etwas Gutes vorenthalten, ohne das unser Leben öde und sinnlos ist. Erst wenn wir frei sind von den Einschränkungen, die uns die Biologie auferlegt, können wir ein ausgefülltes Leben führen. Gleichzeitig wollen wir aber einen Mann und Kinder.

UNGEHORSAM GEGENÜBER GOTT

Nachdem Eva an Gottes Wort, an seinem Willen und seiner Güte gegenüber dem Menschen zu zweifeln begonnen hatte, tat sie den letzten Schritt, biss in die Frucht und gab sie auch ihrem Mann, der bei ihr war.[27] Eva wurde durch List verführt, Adam jedoch nicht.[28] Er zweifelte nicht an Gottes Wort und vermutete auch nicht, dass Gott dem Menschen die Möglichkeit zu einem reicheren Leben vorenthalten würde. Aber da seine Frau gegen Gottes Gesetz verstieß, vertraute er vielleicht nicht darauf, dass Gottes Güte, wie er sie kannte, ausreichte, das durch Eva verursachte Durcheinander zu klären. Adam hatte keine Erfahrungen mit Gottes vergebendem Wesen, weil das bis dahin nicht gebraucht worden war. Statt auf die Unendlichkeit von Gottes Güte zu vertrauen, die darauf wartete, in Erscheinung zu treten, löste er sein Problem, indem er sich

---

[27] 1. Mose 3, 6
[28] 2. Korinther 11, 3; 1. Timotheus 2, 14

seiner Frau beim Sündenfall anschloss. Eva zweifelte an Gottes Güte, Adam daran, dass Gottes Güte ausreichte und Gnade die Sünde überwinden könnte.[29]

Das größte Problem von beiden bestand darin, dass sie sich nicht auf Gott konzentrierten und sich nicht an das hielten, was er dazu gesagt hatte. Evas Urteilsvermögen wurde geschwächt, als sie sich von den falschen Versprechungen der Schlange blenden ließ. Adams Urteilskraft versagte, als er seiner Frau folgte. Er entschied sich dafür, auf Eva zu hören, statt auf Gott, und wurde seiner Verantwortung als Mann nicht gerecht.

Die Probleme von Mann und Frau in unserer Zeit rühren zum Teil daher, dass weniger Menschen als früher denken, die Bibel habe uns etwas über unser alltägliches Leben, unsere menschlichen Beziehungen und generell über den Sinn allen Seins zu sagen. Ihre Lehren wurden unwirksam gemacht, indem man viele dieser Themen als etwas aussonderte, das lediglich Bestandteil der Kultur der biblischen Zeit war. Zugleich sind uns die absoluten Werte verloren gegangen, mit denen wir in Frieden miteinander leben könnten.

DIE FOLGEN
DES SÜNDENFALLS

Die Schlange erwähnte nie, welche Folgen der Sündenfall für Eva haben würde. Auch heute benennt man diese Folgen nicht. Weder das psychische Trauma, das eine Abtreibung nach sich zieht, noch das unangenehme Gefühl nach außerehelichem Sex. Man verschweigt, wie schlecht man sich nach einer Diffamierung fühlt, die durch Neid verursacht wird. Oder wie bedrückend die Schuldgefühle sind, wenn man seine Familie vernachlässigt. Eine Sünde hat ausnahmslos schwerwiegende Folgen.

Der Satan sagte Eva, ihre Augen würden aufgetan, und sie werde sein wie Gott und wissen, was gut und böse ist. In

---

[29] Crabb (2000), S. 85

gewissem Sinne hatte er Recht, denn so geschah es, aber auf groteske Weise. Sie wusste, was gut ist, aber auch, dass sie davon getrennt war. Ebenso wusste sie, was böse ist, aber auch, dass sie davon durchdrungen war. Sie wusste, was gut und böse ist, erkannte es jedoch auf eine Weise, die Gott niemals für sie vorgesehen hatte – durch ihre eigene Erfahrung. Sie schämte sich sehr.[30]

Nach dem Sündenfall bemerkten beide, dass sie nackt waren, und versteckten sich deswegen. Sie hatten das Empfinden, dass etwas über sie gekommen war, das man nicht billigen konnte. Der ganze gute und schöne Plan war ruiniert. Aber was genau war nun verdorben und hässlich? Als sie nackt vor Gott standen, kam von ihrer sexuellen Identität als Mann und Frau etwas zum Vorschein, das sie auf beängstigende Weise verwirrte. Ihre Sündhaftigkeit reichte bis in das Innerste ihres Wesens. Wenn wir im Grunde als Menschen Männer und Frauen mit einer sexuellen Identität sind, die uns voneinander unterscheidet, dann wurden Adams Maskulinität und Evas Feminität in tiefreichender Weise verdorben.[31] Als Gott das Ehepaar suchte, das sich versteckt hatte, sprach er zunächst Adam an. Warum? War das eine zufällige Wahl? Oder hielt Gott ihn in anderer Weise für verantwortlich, weil er ein Mann war? Paulus sagt im Neuen Testament, dass die Sünde durch Adam in die Welt kam und nicht durch Eva, obwohl diese als erste der Versuchung erlag und beide die Sünde als Individuen begingen.[32] Er spricht auch von Christus als letztem Adam.[33] Verweist das nicht auf einen Unterschied zwischen Mann und Frau, der über das Physische hinausgeht?[34]

---

30 Graham Lotz, S. 75
31 Crabb (1991), S. 141-142
32 Römer 5, 12-21
33 1. Korinther 15, 22 und 45
34 Ortlund, S. 107-108

Das Verhältnis
der Frau
zum Mann und zum Kind

Das Verhältnis der Frau zum Mann änderte sich schlag-
artig. Als Eva in Versuchung geführt wurde, hatte sie eine
Entscheidung getroffen, deren Folge erdrückende Schuld,
Scham und Angst war. Als sie vor dem Mann stand, sah
sie, dass sich alles verändert hatte. Mit ihrer Entscheidung hatte sie den Mann in dieselben Schwierigkeiten
gebracht, in die sie selbst geraten war. Adams Schande
war noch tiefer, denn er hätte als Ehemann seine Frau vor
dem überraschenden Angriff schützen müssen. Wo war
seine männliche Kraft gewesen, zur Versuchung nein zu
sagen, als seiner Frau die Kraft fehlte? In ihrer Nacktheit
schämten sie sich sowohl vor sich selbst als auch voreinan-
der, aber das war nichts im Vergleich zu jener Scham, die
sie vor Gott empfanden. Die Feigenblätter konnten diese
Scham nicht verdecken, die so tief war.[35]

Als Gott den Mann rief, tat er das nicht, um zu erfahren,
wo sie sich aufhielten, denn er wusste nur zu gut, wo die
beiden Menschen sich befanden. Er wollte, dass sie ihre Tat
gestanden, damit die Situation bereinigt und das gestörte
Verhältnis zu Gott wiederhergestellt werden konnte. Doch
statt ihre Sünde und ihre Schuld einzugestehen, verschlimmerten beide die Lage nur, als sie ihre Taten nachträglich
rationalisierten und behaupteten, Opfer der Handlungen
eines anderen zu sein. Adam beschuldigte Gott, weil der
ihm eine Ehefrau gegeben hatte, die ihn zum Sündenfall
führte, und Eva beschuldigte die Schlange, die sie getäuscht
hatte. Dabei handelte es sich zwar in beiden Fällen partiell
um die Wahrheit, doch Adam und Eva weigerten sich, die
volle Verantwortung für ihre Taten zu übernehmen.

Das gleiche Problem zeigt sich in der Diskussion über die
Frau, in der jeder die Schuld überall sucht, nur nicht bei
sich selbst. Das ganze männliche Geschlecht wird kollek-

---

[35]   Graham Lotz, S. 75-78

tiv für schuldig erklärt, die Frauen zu unterdrücken und zu unterwerfen. Das Grundproblem im Verhältnis zwischen Mann und Frau ist die Sünde, die in beiden wohnt.

Die Sünde hatte für beide Geschlechter unterschiedliche Folgen. Diese betrafen bei der Frau ihr Verhältnis zum Mann und zur Familie und beim Mann die Arbeit und den Acker. Sie verteilten sich auf die für das jeweilige Geschlecht charakteristischen Dinge. Zu dem, was die größte Freude und Befriedigung bringen sollte, kamen nun als zusätzliches Element Leid und Mühsal. Eva und nach ihr alle Frauengenerationen haben ihre Kinder unter Schmerzen entbunden und auf ihre Erziehung viel Mühe verwendet. Die Eva bei ihrer Erschaffung verliehene Aufgabe der Mutterschaft bereitet der Frau Freude und innere Befriedigung und hilft ihr, als Mensch zu wachsen. Als Folge des Sündenfalls muss sie dabei auch Ängste, Schmerzen und Kummer erleiden. Zwar ist es richtig, dass wir mit der Schwangerschaft und Geburt zusammenhängende Schmerzen und Mühen lindern und erleichtern, doch das beseitigt das Grundproblem nicht.

Das von vollkommener Liebe, Anerkennung und Bewunderung erfüllte Verhältnis zum Mann änderte sich ebenso. Das Leiden, der Konflikt und die Unterwerfung unter den Mann kamen nun hinzu, als Gott sprach: »Und dein Verlangen soll nach deinem Mann sein, aber er soll dein Herr sein«.[36] Anne Graham Lotz erörtert, ob dies bedeute, dass die Frauen eine starke Tendenz zum Kontrollieren, Manipulieren und Herrschen haben sollten, aber in der Gesellschaft und in der Familie in eine untergeordnete Stellung gegenüber dem Mann gerieten.[37] Dort, wo der christliche Glaube in der Gesellschaft Einfluss hat, ist die Stellung der Frau bedeutend besser als in den nicht-christlichen Ländern. Nach der Schöpfungsordnung Gottes ist es Aufgabe des Mannes, Oberhaupt und Verantwortungsträger der Familie zu sein, was etwas anderes ist als eine Vorherr-

---

[36] 1. Mose 3, 16
[37] Graham Lotz, S. 81

schaft des Mannes gegenüber der Frau. Der Feminismus macht zwischen beidem keinen Unterschied und attackiert deshalb jegliche Führungsrolle des Mannes.

Die Begrenztheit des Menschen stellte sich beim Sündenfall heraus. Gott wollte uns damals wie heute sagen, dass all unsere Schmerzen und Bedrängnis uns daran erinnern sollen, dass wir die ersehnte endgültige Befriedigung in dieser Zeit nicht erhalten werden. Das irdische Leben ist nicht das Einzige, was für uns vorgesehen ist. Unsere Schmerzen, unsere Mühen und unsere Begrenztheit weisen hin zu Gott, zur Ewigkeit und Transzendenz. Dort wird die endgültige Erfüllung von allem sein.[38]

Adam verstand das offensichtlich, denn er wandte sich nicht verbittert und verzweifelt von Gott ab. Er vertraute auf das von Gott gegebene Versprechen der Erlösung und der Zukunft. Ein Beweis seines Vertrauens war, dass er sich seiner Frau zuwandte und ihr einen neuen Namen gab, Eva, was »Mutter aller Lebenden« bedeutet. Im Augenblick der tiefsten Erschütterung zeigte sich ein Hoffnungsschimmer: Das Leben geht weiter, und wenn die Zeit gekommen ist, wird durch die Frau der Erlöser geboren, der den Kopf der Schlange zerschmettert. Gott wandte sich nicht von ihnen ab und überließ sie nicht ihrem Schicksal. Während der gesamten Geschichte der Menschheit hat die Hoffnung auf unsere Zukunft in der nächsten Generation gelegen, die uns inspiriert, ermutigt und tröstet. Das Leben auf der Erde ist durch die Frau weitergegangen, sie bringt die nächste Generation zur Welt, umsorgt und erzieht sie.

Eva, die als Frau die erste in allem war, musste ihr Zuhause im Garten Eden verlassen, ohne jemals wieder zurückkehren zu können. Wie viele Frauen gibt es, die heute in die gleiche Situation geraten, manchmal ist es ihre eigene Entscheidung, manchmal die anderer? Das Leben des Menschen ist nicht leicht gewesen, seit sich die Tore des Paradieses hinter ihm schlossen. Wie oft hat Eva wohl in

---

[38] Ortlund, S. 110

dunkler Nacht geseufzt und gedacht: »Wenn das doch nie geschehen wäre…«? Wie viele Frauen nach ihr haben seufzend dasselbe gedacht?

Aus der Schöpfungsgeschichte geht hervor, dass Mann und Frau auf unterschiedliche Weise, aus unterschiedlichem Material und zu unterschiedlichen Zeiten erschaffen wurden, jedoch so, dass sie einander ergänzten. Sie passten perfekt zueinander, sowohl physisch als auch psychisch, und deswegen gab es zwischen ihnen keine Konkurrenz. Sie sollten gemeinsam in der Welt herrschen, jeder von beiden hatte aber sein Spezialgebiet, das in ihrer biologischen, physischen und psychischen Verschiedenartigkeit begründet war. Die Geschichte vom Sündenfall zeigt, wie beide in unterschiedlicher Weise und aus unterschiedlichen Gründen, getrennt und zusammen in Sünde fielen. Danach war nichts mehr so wie vorher.

Menschsein hier in der Zeit bedeutet, als Mann und als Frau zu leben, gleichberechtigt und durch Maskulinität und Feminität einander ergänzend. Daran hat sich nichts geändert.

3. DER REICHTUM DER GESCHLECHTER

Emil Brunner sagt: »Unsere Sexualität reicht bis in die tiefste metaphysische Ebene unserer Persönlichkeit. Demzufolge sind die physischen Unterschiede zwischen Mann und Frau ein Sinnbild der psychischen und geistlichen Unterschiede, deren Grundlage unser innerstes Wesen ist.«[39]

Die Untersuchung der auf dem Geschlecht beruhenden Unterschiede findet oft ein widersprüchliches Echo, vor allem dann, wenn mit ihnen die unterschiedlichen Rollen und Aufgaben von Mann und Frau zu Hause, in der Gemeinde und im Arbeitsleben begründet werden.[40] In der heutigen Gesellschaft wird die Art der Männer zu leben und zu handeln als Ziel gesetzt, und schon allein die Feststellung, dass Frauen anders sind, ist wie ein Vorwurf gegen die Frauen.[41] Dies resultiert aus der feministischen Denkweise.

Die Diskussion über die Unterschiede zwischen den Geschlechtern weckt Gefühle und ruft sowohl Kritik als auch Skepsis hervor. Sie bewirkt, dass wir auf der Hut und in der Defensive sind, und erzeugt eine Spannung, die das Thema beherrscht. Sie berührt etwas in unserer gesamten Persönlichkeit, das sehr tief in uns liegt. Könnte man denn auch etwas anderes erwarten, wenn die Unterschiede so tiefgehend und grundlegend sind und wenn unser ganzes Menschsein auf dem Mann- und Frausein beruht? Der jüdische Rabbi Elai, der etwa 150 n. Chr. lebte, verpflichtete die Männer, täglich drei Lobpreisungen auszusprechen. Darin priesen sie den Herrn dafür, dass sie nicht als Nicht-Jude, nicht als Sklave und nicht als Frau geboren worden waren.[42] Das wird als Auffassung von einer Minderwertigkeit der Frau im Vergleich zum Mann interpretiert, aber

---

[39] Crabb (1991), S. 151
[40] ebd., S. 151
[41] Keltikangas-Järvinen, S. 66
[42] Räsänen, S. 9

55

kann man darin nicht genauso gut den echten Stolz des Mannes auf sein Geschlecht, seine Nationalität und seine Freiheit als Staatsbürger sehen und seine Dankbarkeit für all das? Genauso gut könnte ich Gott dafür danken, dass ich Finnin bin und nicht als Mann erschaffen wurde, weil es meiner Meinung nach schön ist, eine Frau zu sein.

In der Zeit der christlichen Einheitskultur waren die Rollen von Mann und Frau eindeutig unterschiedlich. Auf das alltägliche Leben wurden die Lehren der Bibel in Bezug auf richtig und falsch, auf Wahrheit und Lüge angewendet. Keines der beiden Geschlechter brauchte seine Identität als Mann oder Frau zu suchen und darüber nachzudenken, weil die Unterschiede eindeutig waren. Es gab die Arbeit der Männer und die der Frauen, durch die man sowohl der Familie, der Kirche als auch der Gesellschaft diente. Das bedeutete keineswegs ein problemloses und leichtes Leben, sondern nur, dass Maskulinität und Feminität klarer in ihren Grenzen erkennbar waren als heute. Die Arbeitsteilung beruhte auf biologischen, physischen und psychischen Unterschieden. Das praktische Leben spiegelte die auf einer tieferen Ebene liegende metaphysische Verschiedenartigkeit wider.

So ist das in der Geschichte der Menschheit jahrtausendelang gewesen, bis vor ein paar Jahrzehnten feministische Wissenschaftlerinnen feststellten, dies sei nicht gut, und eine weltweite Unterdrückung der Frauen durch die Männer thematisierten. Es begann eine intensive Beeinflussung der Meinungsbildung, mit deren Folgen wir nun leben.

Der Feminismus hat die Frau als Mensch eingehend untersucht, aber über das Frausein hat er nicht viel nachgedacht, und am allerwenigsten über Weiblichkeit. Die Frauenbewegung will auch die Begriffe »Männlichkeit« und »Maskulinität« streichen, denn diese sind ihrer Meinung nach reine Biologie. Wir sollen uns auf die Klärung der Frage konzentrieren, was wir als »Personen« sind. Zu einem wichtigen Thema ist der Kampf zwischen den Geschlechtern um Macht, Autorität und Geld geworden. Die Diskussion um die Bedeutung und den Inhalt des Geschlechts hat man dabei vergessen. Weiblichkeit wird als etwas Irrelevantes abgelehnt. Der Feminismus behandelt die Rollen von Mann und Frau, als wären sie auswechselbare und ersetzbare Maschinenteile. Erfüllung und Sinn des Menschenlebens werden auf die politischen Ziele der Gleichberechtigung und der Rechte der Frau reduziert.[43]

Einen völlig anderen Ausgangspunkt bringt der Psychologe Larry Crabb in die Geschlechterdiskussion ein. Er geht von der Schöpfung aus. Seiner Ansicht nach beginnt das Verständnis von Maskulinität und Feminität damit, dass wir lernen, die Bedürfnisse des anderen zu erkennen, um sie nach unseren Fähigkeiten befriedigen zu können. Es beginnt nicht damit, dass wir versuchen, erst uns selbst kennenzulernen. Wenn wir uns darauf konzentrieren, die Bedürfnisse anderer zu befriedigen, statt uns eingehend mit uns selbst zu beschäftigen, treten die wertvollsten, wahrhaftigsten und wesentlichsten Züge der menschlichen Existenz hervor.[44]

Dieselbe, oberflächlich betrachtet widersprüchlich wirkende Lebensregel erscheint in den Worten Jesu: »Wer sein Leben findet, der wird's verlieren; und wer sein Leben verliert um meinetwillen, der wird's finden«[45] Darin liegt eine tiefe Wahrheit. Eine Frau, die ihre Suche nach dem eigenen Glück und der eigenen Befriedigung beiseite lässt und stattdessen an die Bedürfnisse ihres Mannes und ihrer Kinder denkt, stellt fest, dass sie sich selbst verwirklicht hat, und dies besser als gedacht.[46] Ebenso wird der Mann, der seiner Frau und seinen Kindern den Vorrang gibt und nicht seinen eigenen Vorteil und seine Befriedigung sucht, mit der Zeit bemerken, dass er die richtige Entscheidung getroffen hat. Wir ernten, was wir säen.

Deswegen entwickeln und zeigen sich echte Maskulinität und Feminität nur dann, wenn wir uns darauf kon-

---

[43] Elliott, S. 394-97

[44] Crabb (1991), S. 155

[45] Mattäus 10, 39

[46] Schaeffer, E. (1990), S. 91-92

zentrieren, an die Bedürfnisse der anderen zu denken. Der Reichtum der Erschaffung von zwei Geschlechtern besteht darin, dass beide fähig sind, dem anderen das zu geben, was ihm fehlt, und es zu ergänzen, sodass Mann und Frau gemeinsam ein Ganzes bilden. Darauf beruht die Anziehungskraft zwischen den Geschlechtern. In der Ehe bedeutet dies das physische Einswerden, und auch die Gesellschaft funktioniert nach demselben Prinzip der gegenseitigen Ergänzung.

Gott schuf uns sowohl für unsere Beziehung zu ihm als auch für die menschlichen Beziehungen. Wir erfahren in ihnen den tiefsten Sinn und die größte Freude des Lebens. Aus diesem Grund kommt Larry Crabb zu dem Schluss, dass die Maskulinität in ihrer ausgeprägtesten Form in diesen Beziehungen zum Ausdruck kommt. Durch sie erlebt der Mann das Gefühl, sich zu vervollkommnen, und das löst tiefe Befriedigung in ihm aus. Der Mann ist geschaffen, die Welt zu erobern, sein Revier, seine Selbständigkeit und Autonomie zu verteidigen und aktiv zu handeln, um etwas Bedeutendes zu erreichen. Er ist extrovertierter und zielstrebiger als die Frau, wenngleich Unterschiede zu finden sind. Gleichzeitig bedeutet Maskulinität Empfindsamkeit gegenüber anderen Menschen, was dazu führt, dass er sich für sie aufopfert und für sie arbeitet. Der Mann ist dann männlich, wenn er im Leben Dinge anstreben kann, die wichtig sind und eine Herausforderung bedeuten. Der Macho oder der Softie stellen beide keinen wirklich maskulinen Mann dar.[47] Das männliche Hormon Testosteron bewirkt Aktivität und Initiative und bereitet für den Angriff vor. Kraft und Macht sind maskuline Eigenschaften. Deshalb sind die Männer dazu geschaffen, zu führen.

---

[47] Crabb (1991), S. 157-160

DAS WESEN
DES FRAUSEINS

Mit der Frau kann man drei Wörter verbinden, die das Wesen des Frauseins beschreiben: Kind, Zuhause und menschliche Beziehungen. »Mann – Kind«, »Mann – Zuhause« und »Mann – menschliche Beziehungen« passen als Wortpaar nicht so recht zueinander, obwohl sie auch zusammenhängen. »Frau – Kind«, »Frau – Zuhause« und »Frau – menschliche Beziehungen« hingegen haben schon immer eng zueinander gehört. Das Frausein zeigt sich am besten in den Eigenschaften, die in Verbindung mit einem Kind, mit dem Zuhause und generell mit menschlichen Beziehungen gebraucht werden, also dann, wenn die Frau sich nach außen orientiert, um die Bedürfnisse anderer zu erfüllen.

Mutterschaft

Jeder Mensch nach Adam und Eva wurde durch eine Frau geboren, auch unser Erlöser Jesus Christus. Wenn auch nicht jede Frau Mutter wird, so ist sie doch auf Grund ihrer Biologie potenziell Gebärerin von Kindern. Das unterscheidet die Frau vom Mann, und diesen Unterschied kann man in keiner Weise ändern. Eine Mutter kann nicht Vater sein und ein Vater nicht Mutter, aber gemeinsam bilden sie ein neues Ganzes, sie sind Eltern. Ohne die gibt es keine Kinder und keine Kontinuität im Leben.

Viele Stürme haben in den letzten Jahrzehnten an der Mutterschaft gezerrt, denn sie war heftigen Angriffen von Seiten des Feminismus ausgesetzt. Die Frauen von heute empfinden teilweise aus diesem Grund die Verwirklichung der Mutterschaft als problematisch. Die Anforderungen sind gewaltig gestiegen, sodass die Mutterschaft fast von den vielen anderen Zielen und Herausforderungen verdrängt wird. Die Menschen streben nach Erfüllung, Glück, Gleichberechtigung, Freiheit und Ruhe in ihrem Leben. In unserer Zeit sucht der Mensch nach dem, was er selbst für gut hält, und Verantwortungsgefühl, Treue, Aufopferung, Verlässlichkeit und Beständigkeit bleiben dabei manchmal links liegen. Doch all das wird gebraucht, um stabile menschliche Beziehungen zu schaffen und zu erhalten, und genau das geschieht in der Familie und im Kontakt mit den Kindern.

Gott schuf die Frau bis ins Detail genau dafür, dass sie ein Kind neun Monate lang unter ihrem Herzen tragen und danach versorgen und erziehen kann, bis es reif genug ist, in die Welt zu ziehen. Es geht nicht nur um Biologie, sondern auch um die psychische Struktur, die anders ist als beim Mann. Wir Frauen sind sensibel für die Bedürfnisse unserer Kinder, wir spüren sie und können sie erfüllen. In der Regel wollen wir unsere Kinder betreuen und haben Schuldgefühle, wenn wir es nicht tun.

Das Leben der Frau ist sehr physisch, denn sie erlebt vieles im eigenen Körper. Das Zeichen dafür, dass sie zur Frau gereift ist, die Menstruation, bereitet ihr viele Jahrzehnte lang Schmerzen und Schwierigkeiten, genau wie deren Ende in den Wechseljahren. Die weiblichen Hormone Östrogen, Progesteron, Prolaktin und Oxytocin haben physische, emotionale und psychologische Auswirkungen. Das führt zu starken Stimmungsschwankungen, abhängig davon, in welcher Phase des Menstruationszyklus man sich befindet. Ebenso gibt es Schwankungen in der Aktivität. Die häufigere Niedergeschlagenheit der Frau wie auch ihre besondere Sensibilität beruhen teilweise auf hormonellen Faktoren. All diese Hormone stehen damit im Zusammenhang, dass die Frau potenziell Kinder gebärt, stillt und versorgt. Das System ist äußerst empfindlich und subtil und beeinflusst die gesamte Persönlichkeit der Frau.

Auf diesem Gebiet haben sich die größtmöglichen Umwälzungen seit Jahrtausenden ereignet. Das Leben der Frau wird von Medikamenten beeinflusst, erst mit den Verhütungspillen und dann mit der Hormonbehandlung in den Wechseljahren. Die Familiengröße hat sich mit der Entwicklung der Verhütungsmethoden beträchtlich verringert. Schon allein das hat viele Einschränkungen für die Teilnahme der Frauen an außerhäuslichen Aktivitäten beseitigt. Die Kehrseite der Medaille ist, dass die Einnahme von Medikamenten über viele Jahrzehnte gesundheitliche Risiken in sich birgt.

Die Mutterschaft ist für uns Frauen ungeheuer wichtig. Sie ist Teil unserer Identität. Auch wenn eine Frau keine eigenen Kinder hat, kann sie auf unterschiedliche Weise mit Kindern zu tun haben: als Lehrerin, Krankenschwester, Ärztin, Sozialarbeiterin, Betreuerin usw. Mit dem Muttersein sind viele Freuden, tiefe Befriedigung und das Gefühl verbunden, ein sinnerfülltes Leben zu führen, aber andererseits auch Schmerz, Trauer und Ängste ohnegleichen und das Gefühl, den Anforderungen nicht ganz gerecht zu werden. Es gibt die Sorgen und den Kummer um die eigenen Kinder. Die Erziehungsarbeit erfordert Geduld, Ausdauer und eine aufopferungsvolle Haltung. Es gibt Enttäuschungen und Verluste, die schwer zu überwinden sind. Es gibt den Schmerz der Kinderlosigkeit, wenn man trotz aller Wünsche keine Kinder bekommen kann. Und inmitten von all dem gibt es noch etwas: Man wächst als Frau, lernt Neues, gewinnt an Reife und erlangt die innere Gewissheit, dass die Aufgabe einer Mutter bedeutungsvoll und unersetzlich ist. Für einen Großteil der Menschen in aller Welt dürfte das Wort Mutter das schönste und inhaltsreichste Wort in ihrem Leben sein.

DAS ZUHAUSE

Ein Zuhause ist viel mehr als nur die vier Wände. Es ist nicht irgendeine Wohnung, sondern es trägt die Handschrift seiner Bewohner und besonders der Frau. Manchmal wird es Bude genannt wie von einer jungen Frau, die sagte, sie hätte sich keine Mühe gegeben, daraus ihr eigenes Zuhause zu machen, und das empfand sie nun als problematisch. Ein junger Mann hingegen denkt, dass sich eine Bude erst mit einer Frau in ein Zuhause verwandelt. Mann und Frau gründen zusammen ein Zuhause, nicht der

Mann allein. Beim gemeinsamen Spiel ahmen kleine Mädchen die Erwachsenen nach und üben die Abläufe in einer Familie und in einem Haushalt, und dieses Spiel zeigt, wo ihr Herz von Anfang an liegt. Das Zuhause sagt viel über die Frau, denn sie hat ein weitreichendes Mitspracherecht, wenn es darum geht, wie sie es einrichten und gestalten will und in was für einem Zuhause sie überhaupt wohnen möchte. Der Spruch »My home is my castle« verweist darauf, dass es sich um einen privaten Bereich handelt, in dem andere ohne meine Erlaubnis nichts zu suchen haben. Der Schutz des Hausfriedens ist auch in der finnischen Verfassung garantiert.

Eine Frau gestaltet ihr Zuhause mit zahlreichen Details, denn sie hat ein Auge für das Schöne. Das spiegelt etwas von ihrer Persönlichkeit, von ihren Neigungen und Werten und von ihrer Haltung zu ihrem Heim und zu den Menschen wider, die dort wohnen. Für meine Mutter war es ein äußerst wichtiger Ort. Bis zu ihrem Tod mit fast neunzig Jahren hat sie es auf verschiedene Weise eingerichtet, gepflegt und verschönert. Diese Werte und Einstellungen hat sie an mich weitergegeben, und ich gebe sie an meine Kinder weiter.

In den Sprichwörtern heißt es: »Die Weisheit der Frauen baut ihr Haus«[48], womit wohl vor allem das Zuhause gemeint ist. Das stellt für uns Frauen eine Herausforderung dar. Es ist nicht nur ein Arbeitsplatz, wo sauber gemacht, Essen zubereitet, das Geschirr gespült, Wäsche gewaschen und gebügelt wird, sondern es ist auch ein Ort, an dem Wissen und Können weitergegeben werden. Grundlegende Lebensanschauungen lernt man dort, ob sie nun gut oder schlecht sind, und sie tragen uns wie Stützpfeiler ein ganzes Leben lang. Im Zuhause wird in diesem Sinne Macht ausgeübt, was vornehmlich Einflussnahme bedeutet, und das ist das ureigene Gebiet der Frau.

Das Zuhause ist der einzige Ort, wo wir genau das sein können, was wir sind. Dort zeigen sich unsere guten, aber

---

[48] Sprichwörter 14, 1

auch unsere schlechten Seiten. Mit dem Zuhause sind unsere engsten menschlichen Beziehungen verbunden, und dadurch wird die Arbeit, die dort zu leisten ist, sinnvoll und zweckmäßig. In dem Musical *Der Fiedler auf dem Dach* fragt Tevje seine Frau, ob sie ihn liebt. Die Gattin zählt alle möglichen Dinge auf, die sie für ihren Mann tut: Essen kochen, Wäsche waschen, Hemden bügeln und Saubermachen. Tevje genügt das nicht, er fragt noch einmal nach, ob seine Frau ihn liebt. Er wollte aus dem Munde der Gattin die Worte der Liebe hören, während die Frau dachte, dass dies in ihren Taten für den Mann zu sehen sei. Ohne Liebe und Zuneigung wird die Hausarbeit langweilig und stumpfsinnig. Das mag bei manchen Frauen das Grundproblem sein, wenn sie die Hausarbeit satt haben.

Der Geist, der in der Wohnung herrscht, spiegelt die Einstellung der Frau zu ihrem Heim wider. Ihre Zufriedenheit oder Unzufriedenheit, ihre Freude oder Verbitterung, ihre Bereitschaft, anderen zu dienen, oder ihre Selbstsucht, ihre Kraft oder Erschöpftheit schaffen die grundlegende Atmosphäre im Zuhause. Auf diese haben auch die anderen Familienmitglieder Einfluss, doch es ist die Frau, die ein Gespür für die Stimmung der anderen hat und zwischen ihnen ausgleichend wirken kann. Zwar beteiligen sich die Männer heutzutage mehr an der Hausarbeit als in früheren Generationen, dennoch liegt die Verantwortung für die Aufgaben im Haushalt auf den Schultern der Frau.

Das Zuhause ist heute vor allem zum Treffpunkt der Familienmitglieder geworden, weil sowohl die Eltern als auch die Kinder den größten Teil des Tages anderswo verbringen. Dennoch richten sich auf das Zuhause Erwartungen und Wünsche, und es ist ein wichtiger Ort für die Frau.

Das persönliche Verhältnis der Frau zu ihrem Heim zeigt sich ebenso darin, dass sie es auch anderswo sichtbar werden lässt. Bei Veranstaltungen der Gemeinde sorgt sie für Gemütlichkeit, indem sie die Räume ansprechend schmückt und die Menschen, die dorthin kommen, bedient. Am Arbeitsplatz bemüht sich die Frau, ihre Umgebung den Möglichkeiten entsprechend angenehm zu gestalten. Räume, in denen überwiegend Frauen beschäftigt sind, sehen anders aus als jene, in denen vor allem Männer arbeiten.

MENSCHLICHE BEZIEHUNGEN

Die Hauptthese der Wissenschaftlerin Carol Gilligan besagt, dass Frauen das Leben auf andere Weise angehen als Männer. Sie hat Frauen interviewt, die beruflich sehr erfolgreich sind, und stellt dazu fest:

»Als ich die Frauen bat, sich selbst zu beschreiben, schloss jede von ihnen menschliche Beziehungen mit ein. Sie beschrieben ihre Identität als werdende Mutter, als Ehefrau, als adoptiertes Kind oder als ehemalige Geliebte, also in Beziehung zu einer anderen Person. Diese hoch qualifizierten und in ihrer Karriere erfolgreichen Frauen erwähnen ihre akademischen oder beruflichen Errungenschaften nicht einmal, wenn sie über sich sprechen. Sie vermuten sogar, dass ihre berufliche Tätigkeit ihre Selbsterkenntnis gefährdet… Die Identität wird im Verhältnis zu anderen definiert.«[49]

Gilligan konstatiert weiter, dass Männer sich mehr als gesonderte Individuen sehen, die etwas erreichen, und nicht als Personen, deren Identität sich im Verhältnis zu anderen Menschen zeigt. Statt der Beziehung zu anderen beansprucht die individuelle Leistung die ganze Aufmerksamkeit des Mannes. Somit scheint nach Larry Crabb der Gedanke, etwas Gesondertes zu sein, etwas zu erreichen und in etwas einzutreten, mehr im maskulinen Wesen verwurzelt zu sein, wohingegen das Gebundensein, die Zuneigung und die Verlockung zu einer engen Bindung mehr zur femininen Identität gehören. Der Mann konzentriert sich darauf, dass er in die Welt hinaus geht, um dort etwas Bedeutendes zu erreichen, während es für die Frau

---

[49] Gilligan, S. 159-160

wichtiger ist, sich auch dann in ein Netz menschlicher Beziehungen zu begeben, wenn sie am außerhäuslichen Arbeitsleben teilnimmt.[50]

Die gleiche Beobachtung machte Kaija Maria Junkkari in ihrer Erläuterung des Lebenszyklus der Frau. Sie stellte fest, dass man in vergleichenden Kulturuntersuchungen die Eigenschaften erkennen kann, die eindeutig für Frauen charakteristisch sind. »Mit den Worten Hilkka Pietiläs, der langjährigen Generalsekretärin der finnischen Gesellschaft für die Vereinten Nationen, sind dies

- das starke Bedürfnis, die Familie, das Zuhause, die Sippe und sogar die Gemeinschaft zusammenzuhalten, als Menschen bewahrt zu werden und Dinge so zusammenzuführen, dass ein Ganzes entsteht

- das Bedürfnis zu pflegen, zu betreuen, zu erziehen und zu lieben, was sich in den Spielen kleiner Mädchen genauso zeigt wie darin, dass Frauen beharrlich eine Arbeit auf dem Gebiet von Pflege und Betreuung sowie von Unterricht und Erziehung anstreben.«[51]

Für Frauen sind menschliche Beziehungen in der Regel wichtiger als die eigene Karriere. Wenn sie über die Wendepunkte des Lebens nachdenken, finden sie Freundschafts- und Liebesbeziehungen, das Verhältnis zu Arbeitskollegen, Krankheit oder Tod der Eltern. In Kaija Maria Junkkaris Untersuchung umriss eine hoch qualifizierte, unverheiratete Frau, die bei internationalen Aufgaben ihre Kompetenz nachgewiesen hatte, die Wendepunkte ihres Lebens fast ausschließlich mit menschlichen Beziehungen. Selbst die Bedeutung ihrer vielfältigen Reisen hing für sie vor allem mit den menschlichen Kontakten zusammen, die sie dabei knüpfte, und nicht so sehr mit der Entwicklung ihrer Karriere. Später erwähnte diese Frau, dass es auch eine andere Möglichkeit der Beschreibung ihres Lebens gebe, die darin bestehe, sich auf die bedeutendsten Leistungen in ihrer

---

[50] Crabb (1991), S.161-162
[51] Junkkari, S. 11-18

Laufbahn zu konzentrieren, »aber das ist nicht so wichtig«. Als sich Kaija Maria Junkkari die Lebensgeschichten der Frauen anhörte, fiel ihr als Kontrast ein amerikanischer Mann ein, der in einem Bericht über die Wendepunkte seines Lebens von seinen verschiedenen Universitätsstudien und Arbeitsplätzen redete und gänzlich zu erwähnen »vergaß«, dass er in der Zeit auch geheiratet hatte und Vater von drei Kindern geworden war!

Andererseits kommt Kaija Maria Junkkari zu dem Schluss, dass man menschliche Beziehungen und Karriere nicht als Konkurrenten ansehen muss, denn Frauen wählen gern die Bereiche der Pflege und Betreuung. Gute menschliche Kontakte sind für sie bei jeder Arbeit wichtig, sogar wichtiger als das Gehalt und die Aufstiegsmöglichkeiten. Frauen definieren Erfolg anders als Männer: Zu einem erfolgreichen Leben gehören bei ihnen als wesentlicher Bestandteil intakte menschliche Beziehungen.

Es gibt auch Frauen, die hoch qualifiziert und in ihrer Karriere erfolgreich sind und sich nicht mit ihren Mitschwestern identifizieren wollen, die im Bereich der Pflege und Betreuung arbeiten. Womöglich ärgern sie sich über Frauen, die anscheinend mit ihrem normalen Leben als Betreuer anderer zufrieden sind. Indem sie deren traditionelle Welt gering schätzen, übernehmen sie, ohne es zu bemerken, eine andere Auffassung von der Frau und vom Frausein und beteiligen sich, ohne sich dessen bewusst zu sein, an ihrer eigenen Unterbewertung. Wenn eine Frau das Frausein und die Frauenkultur gering schätzt, verachtet sie zugleich sich selbst, denn sie ist ein Teil dieser Kultur, auch wenn sie sich als »anders« empfindet. Das kann sie dazu treiben, nach Vollkommenheit zu streben, wobei sie in allem, in Ausbildung und Karriere, in Ehe und Familie und im Aussehen größten Erfolg haben muss. Eine solche Frau hat die Verbindung zu ihrem innersten Wesen verloren, das nach Einheit und Harmonie verlangt.

Wenn sich eine Frau in ihrem eigenen Geschlecht nicht wohl fühlt, gerät sie in die Falle der »Superfrau«. Laut Kaija Maria Junkkari verdeckt ein solcher »Frauenmachismo« genau wie der »Machismo« der Männer Gefühle des Selbsthasses, der Schwäche und der Ohnmacht. Geringschätzung und Verachtung führen zu einem Riss in der Psyche der Frau, dem man spätestens im mittleren Alter Beachtung schenken sollte, damit die Frau sich über ihr Frausein freuen und es genießen kann. Wir sagen von der finnischen Frau, dass sie als Unternehmerin stark und beharrlich ist und als Beschäftigte hart arbeitet. Doch ist eine derartige Stärke der einzige Weg für eine Frau, ihr Leben zu meistern, während sie es zugleich gleichsam einengt?

In der gegenwärtigen Diskussion, die vom Feminismus angestoßen und in Gang gehalten wird, geht es um die Geringschätzung und Verachtung des traditionellen Frauseins. Man idealisiert die Frau, die aus eigener Kraft zurechtkommt und deren Wert von ihren Leistungen und Errungenschaften auf dem Arbeitsmarkt bestimmt wird. Innerlich passt das nicht zu ihrer Natur als Frau, die sich im Leben nach weiblichen Werten und nach Wegen sehnt, diese zu verwirklichen. Andererseits beginnt man die positive Bedeutung des Frauseins für die ganze Gesellschaft zu sehen. Viele der von der Frau vertretenen Werte und ihre Erfahrungen bei der Pflege menschlicher Beziehungen sind genau das, was im heutigen Management gebraucht wird.

Dass sich Frauen auf die menschlichen Beziehungen konzentrieren, ist sowohl ihre Kraftquelle und Stärke als auch ihr Problem und ihre Schwäche. Ihre Stärke ist es, wenn in ihrer Umgebung funktionierende und herzliche menschliche Beziehungen bestehen, in denen sie Liebe geben und erhalten können. Zum Problem wird es, wenn eine Frau Fakten und menschlichen Beziehungen nicht voneinander trennen kann und sich unnötigerweise in deren Analyse verstrickt. Als Meisterin auf dem Gebiet der menschlichen Beziehungen neigt die Frau dazu, alles auf der Grundlage ihrer eigenen Erfahrungen zu betrachten, und das schadet manchmal. Menschliche Beziehungen können auch eine

Fessel sein und das Reifen der Frau behindern, wenn sie sich auf eine Beziehung einlässt, die ungesund ist und ihr die Luft nimmt.

VERSCHIEDENARTIGKEIT, DIE SICH ERGÄNZT

Eine junge Frau, eine professionelle Hochseeseglerin, sagte kürzlich: »Kein Mann ist ein besserer Segler als ich, nur weil er ein Mann ist«.[52] Auf solche Kommentare stößt man dann und wann. Manchmal wird gesagt, eine Frau müsse doppelt so gut sein wie ein Mann, um ein Ziel zu erreichen oder eine bestimmte Position zu bekommen. Ein andermal heißt es, eine Frau sei ein »toller Kerl«, wenn sie sich in einer Aufgabe hervorgetan hat. Vor einiger Zeit hieß es, in der Regierung sei die einzige Person, die sich als Mann erwiesen habe, eine Ministerin. Dies geschah, als die wirtschaftliche Lage des Staates kompliziert war und jene Frau als Finanzministerin versuchte, Verantwortung auch für andere zu übernehmen. Wenn demnach eine Frau gut zurechtkommt und Erfolg hat, handelt sie wie ein Mann. Beide Geschlechter sind jedoch derart unterschiedlich, dass es absurd ist, so zu denken.

Im Sport wetteifern Männer und Frauen nicht miteinander, sondern beide Geschlechter haben ihre eigenen Meisterschaften, weil den Frauen die Muskelkraft der Männer fehlt und es andererseits Sportarten gibt, in denen die Weiblichkeit besonders schön und gekonnt zur Geltung kommt. Diese Tatsache wird anerkannt, aber auf vielen anderen Gebieten des Lebens haben die Frauen begonnen, mit den Männern zu konkurrieren. Oft scheint die Frau den Mann im Unterbewusstsein für besser zu halten als sich selbst, auch wenn es keine Gründe dafür gibt. Auf dieser Basis entsteht ihr Wunsch, dem Mann zu beweisen, dass sie genauso gut, kompetent, geschickt oder intelligent

---

[52] Verschiedenartigkeit, die sich ergänzt. *Aamulehti* vom 21. Mai 2004

ist wie er. Es gibt Frauen, die intelligenter, begabter und ehrgeiziger sind als manche Männer und umgekehrt. Als Menschen sind uns die vielfältigsten Fähigkeiten und Eigenschaften gegeben, mit denen wir einander dienen können, ohne miteinander zu wetteifern, wer besser ist.

Der Schöpfungsplan Gottes bestand darin, dass wir uns gegenseitig ergänzen, und nicht, dass wir miteinander konkurrieren. Unsere Verschiedenartigkeit als Männer und Frauen sollte uns Anlass zu Dank und Erleichterung sein. Als Frau bin ich erleichtert, dass ich mich nicht für Dinge zu interessieren brauche und verantwortlich fühlen muss, die mir nicht gut gelingen. Dagegen bin ich zufrieden, wenn ich etwas tun darf, für das ich mich geeignet fühle und bei dem ich mein Frausein verwirklichen kann. Manchmal sagt mein Mann zu mir, dass ich genau wie eine Frau handle oder reagiere, worauf ich antworte, dass dies ja nur natürlich sei, weil es seltsam wäre, wenn ich wie ein Mann handeln würde!

Ungefähr die Hälfte der Weltbevölkerung sind Männer, die andere Frauen. Auf wundersame Weise ist das Gleichgewicht erhalten geblieben. Wenn das Verhältnis zu sehr in eine Richtung kippt, hat das vielerlei Probleme zur Folge, denn keines der beiden Geschlechter kann das andere ersetzen. Wir sind voneinander abhängig.

Dass wir Frauen ein besonderes Geschick haben, die Persönlichkeit zu berücksichtigen und menschliche Beziehungen zu pflegen, ist dazu bestimmt, den Mann, der die gleichen Fähigkeiten nicht besitzt, zu bereichern und ihm zu helfen. Intuition und Einsicht des weiblichen Geschlechts bewahren vor vielen Schwierigkeiten. Genauso nötig sind die natürliche Sensibilität der Frau und ihre Empathie, denn sie balancieren die geradlinigere und steifere Art des Mannes aus, mit der er sich Menschen nähert.

Männer und Frauen interessieren sich für unterschiedliche Dinge. Dies ist hilfreich, denn so gelangen sie zu einem besseren und ausgeglicheneren Endergebnis, als wenn beide ihr Augenmerk auf dieselben Dinge richten würden. Wenn sich ein Paar mit Kaufabsichten ein Eigenheim anschaut, dann ist es gut, dass der Mann wahrscheinlich die technischen Einzelheiten und die Funktionalität des Hauses prüft und klärt. Dagegen lässt er möglicherweise außer Acht, wie die Küche oder die Waschräume beschaffen sind oder wie leicht das Wohnzimmer einzurichten ist oder ob es genügend Platz für Schränke und ausreichend Aufbewahrungsmöglichkeiten gibt. Das Auge der Frau achtet auf andere Dinge, und beide Blickwinkel sind gleich wichtig und notwendig.

DIE UNTERSCHIEDLICHEN BEDÜRFNISSE VON MANN UND FRAU

Die positive Spannung zwischen Mann und Frau entsteht zum Teil dadurch, dass beide unterschiedliche Bedürfnisse haben, die nur das andere Geschlecht befriedigen kann. Genau ineinander passende Gegenstücke sind eben Gegenstände, die sich an den richtigen Stellen voneinander unterscheiden. Erst zusammen bilden sie ein Ganzes. Genauso vertreten Mann und Frau zusammen die Menschheit.

Am deutlichsten kommen die unterschiedlichen Bedürfnisse von Mann und Frau in der Ehe zum Ausdruck. Wenn wir einen Partner suchen und heiraten, haben wir voneinander abweichende Erwartungen. Bei vielen Männern ist der Wunsch nach Ordnung in ihrem Leben der Grund dafür, dass sie heiraten. Durch die Ehefrau, Kinder und ein Zuhause bekommen sie eine grundlegende Sicherheit in ihrem Leben. Die Ehe ist schon als Institution an sich wichtig, denn sie verleiht dem Mann einen guten Status und bietet eine stabile Basis für alle anderen Aktivitäten im Arbeitsleben, bei Hobbys und im gesellschaftlichen Wirken. Sie ist als äußere Form und Struktur, die das Leben gliedert, nützlich. Männer sind bereit, auch eine unzulängliche Ehe aufrechtzuerhalten.[53] Generell sehen Männer die Qualität ihrer Partnerbeziehung besser und sind anscheinend mit ihr zufriedener als Frauen. Bei beiden Geschlechtern beeinflussen dieselben Faktoren wie Liebe und Freundschaft die Zufriedenheit mit der Partnerschaft.[54]

Frauen hingegen verbinden die eheliche Beziehung öfter und stärker als Männer mit Liebe. Sie sehnen sich nach Zärtlichkeit, Nähe und einem Gefühlsklima voller Wärme. Frauen haben ein empfindlicheres Gespür für die emotionale Atmosphäre einer Ehe und beobachten und bewerten den Zustand der Beziehung. Sie erwarten bedeutend öfter als Männer ein emotional befriedigendes und funktionierendes Zusammenleben, und aus diesem Grund sind sie auch schneller unzufrieden mit ihrer Beziehung. Wenn das Gefühl zwischen der Frau und dem Mann verflogen ist oder wenn sich das emotionale Klima der Beziehung abkühlt, empfinden Frauen dies als Rückschlag und Enttäuschung. Da die Schwelle zum Einreichen und Erlangen der Scheidung niedriger geworden ist, sind sie nicht bereit, sich mit weniger zufrieden zu geben und ihre eigenen Hoffnungen zu begraben. »Heutzutage halten die Frauen lieber an ihren Träumen fest als an ihren Ehen. Für viele bewahrheitet sich der Gedanke Hectors: Der größte aller Träume ist es, lieben zu dürfen – und sei es einen Traum.«[55]

Die Erwartungen und Bedürfnisse der Frauen und Männer des 21. Jahrhunderts in Bezug auf die Ehe treffen in überraschender Weise den Kern der Lehre des Paulus. Seitdem sind zwar zweitausend Jahre vergangen, aber sie scheint nicht überholt zu sein. Er fordert die Frauen auf, sich ihren Männern unterzuordnen wie dem Herrn. Denn der Mann ist das Haupt der Frau, wie auch Christus das Haupt der Gemeinde ist.[56] Hier findet sich die vom Mann ersehnte Ordnung im Leben, und damit verbunden ist ein anderes großes maskulines Bedürfnis: die Achtung. Wenn

---

53 Määttä, S. 29-31
54 Suomalainen, S., Kokkonen, M. & Pulkkinen, L.
55 Määttä, S. 29-31
56 Epheser 5, 21-33

71

die Ehefrau den Mann nicht achtet, sondern ihn und seine Fähigkeit, sich sowohl um seine Familie als auch um seine Arbeit zu kümmern, kritisiert, unterschätzt und in Abrede stellt, dann nagt das am Selbstbewusstsein des Mannes und beeinträchtigt sein Leben. Aus diesem Grund forderte Paulus die Ehefrau auf, ihren Mann zu achten. Das gelingt uns Frauen nicht immer automatisch, sondern das muss man lernen. Nicht nur in der Ehe, sondern auch ganz allgemein sehnt sich der Mann danach, dass ihn die Frau als maskulinen Mann achtet und schätzt.

Sich dem Ehemann unterzuordnen, ist für uns finnische Frauen, die wir die Gleichberechtigung verinnerlicht haben, ein rotes Tuch. In der theologischen Literatur wird der betreffende Vers aus vielen unterschiedlichen Blickwinkeln untersucht, um eine Interpretation zu finden, auf deren Grundlage man sagen könnte, dass er etwas anderes bedeutet. Den Schlüssel zum Verständnis und zur richtigen Einordnung findet man sowohl im vorhergehenden Vers als auch im Schlussteil des betreffenden Verses: »Ordnet euch einander unter *in der Furcht Christi.* ... Aber wie nun die Gemeinde *sich Christus unterordnet,* so sollen sich auch die Frauen ihren Männern unterordnen in allen Dingen« (Hervorhebung von der Autorin).[57]

Es geht nicht darum, dass der Mann das Leben seiner Frau dominieren oder sie diktatorisch überrollen dürfte oder dass die Gattin ein gefügiger Fußabtreter wäre, ohne eigenen Willen, ohne eigene Meinungen und Hoffnungen. Die Führungsrolle ist eine dienende Aufgabe, bei der ein Ehemann die Verantwortung für das Wohlergehen seiner Familie trägt. Frau und Mann müssen aufeinander hören, die Bedürfnisse und Anschauungen des anderen berücksichtigen, aber vor allem müssen sie auf Gott hören und sich seinem Willen unterwerfen, der gut für beide ist. Miteinander zu reden und gemeinsam dafür zu beten, kann zu einem Ergebnis führen, mit dem beide zufrieden sind.

---

[57] ebd. 5, 21 und 24

In jedem funktionierenden Team oder in jeder funktionierenden Mannschaft muss es einen Führer geben, der verantwortlich ist. In Bezug auf die Ordnung der Familie hat es Gott als richtig angesehen, dem Mann die Verantwortung für das Führen zu übertragen. Auf die Probe gestellt wird das in Konfliktsituationen, in denen man keine Einigung erzielt und auf irgendeine Weise entscheiden muss. Das heutige Gleichberechtigungsdenken in den Familien nach dem Prinzip »zwei Führer« oder »gar kein Führer« macht es schwierig, Entscheidungen zu treffen. Die Frauen fühlen sich frustriert und unsicher, wenn es in der Familie kein Oberhaupt gibt, das führt. Ehefrauen befinden sich hier in einer widersprüchlichen Situation: Einerseits wollen wir die Dinge kontrollieren, und wenn wir das tun, empfinden wir die Verantwortung als zu schwer. Andererseits sehnen wir uns in unserem tiefsten Inneren nach einem starken und verlässlichen Mann, der fähig ist, Entscheidungen zu treffen und die Verantwortung auch dann zu tragen, wenn es schwierig ist. Ein starker maskuliner Mann wirkt faszinierend und anziehend, aber auch beunruhigend, weil man ihn nicht kontrollieren kann. Wenn die Ehefrau ihrem Mann nicht den Freiraum gibt, zu führen, handelt er mangelhaft und nicht nach seinen maskulinen Bedürfnissen und Fähigkeiten. Die Frau ihrerseits trägt dann eine unnötige Last, die nicht für sie bestimmt ist.

Wenn es für eine Frau nicht selbstverständlich und leicht ist, den Mann zu achten und sich seiner Führung unterzuordnen, so ist es auch für den Mann nicht ganz einfach, die Bedürfnisse der Ehefrau zu befriedigen. Paulus sagt klar und eindeutig, dass der Mann seine Frau lieben soll. Bei den Erwartungen und Bedürfnissen der Frauen von heute steht die Liebe in der Ehe an erster Stelle. Der ersten Frau, Eva, wurde die bedingungslose Liebe und Bewunderung Adams zuteil. Dieses Bedürfnis ist in uns Frauen eingepflanzt.

Paulus meint mit Liebe nicht das rosarote romantische Gefühl, das uns in Filmen und anderen Erzeugnissen der Unterhaltungsindustrie angeboten wird. Der Mann soll seine

Frau genauso lieben wie Christus die Gemeinde. Es war eine sich selbst verleugnende und aufopfernde Liebe, die alles für den tat, dem sie galt. Außerdem sagt Paulus, es sei so, wie seinen eigenen Leib zu lieben. Wie sollen wir das verwirklichen? Indem wir auf einem Nagelbrett liegen, statt im Bett zu schlafen? Indem wir auf Essen, Trinken, Kleider, Körperhygiene usw. verzichten? Niemand tut das, sondern jeder kümmert sich um seinen Körper, ernährt und pflegt sich so, dass er lange in einem möglichst guten Zustand und gesund bleibt. Auf dieselbe Weise sollte sich der Mann um die emotionalen, physischen und geistlichen Bedürfnisse seiner Frau kümmern.

Wenn die Frau ihren Ehegatten achtet und schätzt und ihn die Verantwortung für die Familie tragen lässt, dann geht es dem Mann gut. Wenn der Mann seine Frau liebt und ihre Bedürfnisse insbesondere auf emotionaler Ebene befriedigt, sodass sie sich geachtet fühlt und ihre Stellung als Frau gesichert sieht, dann blüht die Ehefrau auf. Keiner von beiden kann Forderungen stellen und sagen: Ich mache dies nicht, denn du machst das ja auch nicht. Jeder ist für sein eigenes Verhalten und seine Einstellung verantwortlich. Das Gebot zu lieben gilt auch dann, wenn die Frau nicht sonderlich liebenswert ist, und das Gebot zu achten auch dann, wenn der Mann nicht sonderlich schätzenswert ist. Goethe hat gesagt:»Behandle die Menschen so, als wären sie, was sie sein sollten, und du hilfst ihnen zu werden, was sie sein können.« Indem wir unseren Ehepartner akzeptieren und Erbarmen mit ihm haben, helfen wir ihm, sich zu ändern und als Mensch zu wachsen. Forderungen und das Drängen auf Veränderung hingegen wecken das Gefühl, der Sache nicht gewachsen zu sein, und Widerstand gegen Veränderung.

Wenn die Frau ihren Mann achtet, schätzt sie auch sich selbst, denn sie ist eins mit dem Mann. Eine Frau, die sich selbst als Frau wahrhaftig schätzt, weiß, dass sie sich nichts nimmt, wenn sie den Mann achtet, im Gegenteil, es stärkt ihr Gefühl, Frau zu sein, und hilft ihr, es zu genießen.

In Amerika und in gewissem Maße auch in Finnland sorgte Laura Doyles *Buch Einfach schlau sein, einfach Frau sein* für Aufsehen und eine heftige Diskussion. Es handelt sich dabei um einen säkularen Ehe-Führer für Frauen. Seine Hauptbotschaft besteht darin, Ehefrauen anzuspornen, auf das ständige Kontrollieren und Überwachen zu verzichten, ihren Mann zu achten und ihm die Möglichkeit zu geben, all ihre Bedürfnisse zu befriedigen. Die Autorin berichtet offen und praxisorientiert, wie sie die Schlüssel für eine funktionierende Ehe in den Grundsätzen der Anpassung fand. Sie bekennt sich dazu, im Arbeitsleben Feministin zu sein, aber sie stellte fest, dass dieselbe Verfahrensweise in der Ehe nicht funktionierte. Laura Doyle wurden die Augen geöffnet, als sie das Buch *Männer sind vom Mars. Frauen von der Venus* gelesen hatte, demzufolge Männer und Frauen wirklich unterschiedlich sind – psychisch, emotional und in ihren Wünschen. Das verschaffte Laura Doyle große Erleichterung, denn jahrelang hatte sie zusammen mit vielen anderen Frauen versucht, fest daran zu glauben, das Männer und Frauen trotz deutlicher physischer Unterschiede gleich sind. Der innere Widerspruch und die Tatsache, dass die Beziehung nicht funktionierte, rüttelten sie wach und ließen sie den Tatsachen ins Auge sehen.[58]

In der Bibel gibt es Beispiele sowohl für Liebe und Achtung in der Ehe als auch für deren Fehlen. In der Beziehung von Abraham und Sara waren beide Elemente vorhanden. Sie liebten einander offensichtlich auch noch im hohen Alter, obwohl sie kinderlos geblieben waren. Das hätte ihre Beziehung untergraben können, oder Abraham hätte eine andere Ehefrau nehmen können, um ein Kind zu bekommen. Schließlich gab Sara selbst ihrem Mann Hagar als Nebenfrau, und das führte zu vielen Widersprüchen in ihrer Familie. Sara achtete ihren Mann und ordnete sich seinem Willen auch dann unter, als er sie in Ägypten und in Gerar in eine schwierige Lage brachte. Dort führte man sie an den Hof des Herrschers, weil Abraham nicht gewagt hatte zu sagen, dass die schöne Frau seine Ehefrau sei. Bei-

---

[58] Doyle, S. 162-163

de Male griff Gott in den Lauf der Dinge ein und schützte Sara, sodass sie nicht entehrt wurde. Als Abraham eine schlechte und misslungene Entscheidung traf, wachte Gott über die Rechte und die Stellung der Frau.[59]

Auch die Ehe von Rebekka und Isaak war von Anfang an eine Liebesbeziehung. Später jedoch achtete die Frau ihren Mann nicht mehr und ordnete sich seiner Führung in der Familie nicht unter, sondern plante hinter seinem Rücken eine Intrige, durch die Jakob den Segen seines Vaters erhielt. Die Folgen waren für alle Beteiligten schwerwiegend, nicht zuletzt für Rebekka selbst, die ihren Lieblingssohn und dessen Familie in jenen Tagen nicht mehr sah.[60]

Das Grundbedürfnis, geachtet und geliebt zu werden, zeigt sich generell in der Gesellschaft. Auch heute, in einer Zeit des starken Engagements der Frauen, überlassen sie oft die Führungsaufgabe den Männern, und die Durchschnittsfrau ist zufrieden, wenn sie ihre Arbeit ohne diese Verantwortung verrichten kann. In Bereichen, in denen überwiegend Frauen arbeiten, sieht man in Führungspositionen Männer, und das liegt nicht immer daran, dass die Frauen in ihrer Karriere nicht aufsteigen können. Oft wollen sie es gar nicht. Frauen sehnen sich danach, dass man sie schätzt und achtet und dass man ihnen Aufmerksamkeit und Höflichkeit entgegenbringt. Damit zeigen die Männer ihre Wertschätzung für die Verschiedenartigkeit der Frau.

---

[59] 1. Mose 12, 10-20; 20, 1-18; 1. Petrus 3, 6
[60] 1. Mose 27

4. FRAUSEIN IN VERSCHIEDENEN KULTUREN

Wir finnischen Frauen sind in der Regel stolz auf unsere Gesellschaft und die Errungenschaften, die wir in unserem Leben erreicht haben. Verglichen mit vielen Ländern haben wir eine privilegierte Stellung. Die Kulturen unterscheiden sich voneinander. Aber gibt es zwischen uns Frauen letztlich mehr Gemeinsamkeiten als Unterschiede?

FRAUSEIN IN DEN KULTUREN UNSERER ZEIT

Wir messen Menschen oft mit unseren Maßstäben, ohne die historischen und kulturellen Faktoren in einem fremden Land zu verstehen. Die Menschen schätzen meist ihr eigenes Volk und ihre Kultur und sehnen sich dorthin zurück, wenn sie beispielsweise zum Flüchtlingsdasein gezwungen werden, und sie kehren zurück, sobald das möglich ist. Sie haben gelernt, in ihrem Land zu leben und sehen ihre Probleme nicht im gleichen Licht wie Außenstehende. Die Frauen aus Entwicklungsländern sind möglicherweise erstaunt, dass ihre Schwestern mitten im Wohlstand der westlichen Länder unter gleichartigen Problemen leiden wie sie. Eine afghanische Frau, die über zwanzig Jahre im Schatten des Krieges gelebt hat, war überrascht, dass es in Finnland viele Depressionen gibt, dass man Selbstmord begeht, unter Alkoholproblemen und Gewalt in der Familie leidet. Sie hatte angenommen, dass im Frieden die Angelegenheiten der Frauen in jeder Hinsicht in Ordnung seien.

Seit über dreißig Jahren arbeite ich in einer internationalen Missionsorganisation und habe in dieser Zeit zahllose Männer und Frauen aus der ganzen Welt kennengelernt und mit ihnen zusammengearbeitet. Ich habe Dutzende westliche Länder und Länder der Dritten Welt besucht und konnte den Alltag der Menschen erleben. Ich habe Männer und Frauen sowohl aus westlichen Ländern als auch aus Entwicklungsländern ausgebildet und dabei dasselbe Lehrmaterial verwendet. In diesem Zusammenhang habe ich festgestellt, dass wir unabhängig von unserer Kultur mit gleichartigen Schwierigkeiten zu kämpfen haben. Die Kultur gibt uns nur den Bezugsrahmen, in dem wir Probleme lösen, aber die Grundfragen sind dieselben.

Die Frauen, denen ich begegnet bin, haben Familie, Zuhause und enge menschliche Beziehungen miteinander verknüpft. In Ehen und menschlichen Beziehungen gibt es im Osten wie im Westen Probleme: Hass, Verbitterung, Neid, Groll, Vernachlässigung und Verleumdung. Aber ebenso erleben wir Liebe, Fürsorge, echte Anteilnahme und ein tiefes Zusammengehörigkeitsgefühl.

Starke Frauen findet man in allen Kulturen, und Finnland ist in dieser Hinsicht nicht so eine Ausnahme, wie wir möglicherweise denken. In manchen Ländern der Dritten Welt haben die Frauen als Ehefrauen und Mütter sogar eine stärkere und geachtetere Stellung als bei uns im Westen. Die Frauen sehen sich nicht so unterdrückt, wie wir denken, denn sie haben ihre eigenen Mittel, Einfluss zu nehmen und ihre Ziele zu erreichen. Sie schätzen ihre Kultur und möchten nicht mit uns tauschen.

Der Ehemann, die Kinder und die ganze Verwandtschaft sind für die Frauen, unabhängig von ihrer Kultur, äußerst wichtig, wie ich weiter oben auf der Grundlage einer internationalen Untersuchung gezeigt habe. Wir Frauen aus den westlichen Ländern könnten von der Hingabe unserer Mitschwestern aus der Dritten Welt, mit der sie der Familie und daneben auch Gästen dienen, manches lernen. Gastfreundschaft ist für sie eine Ehrensache, und ein Gast darf sich bei ihnen immer willkommen fühlen. Eine Haltung, die den Mensch in den Mittelpunkt stellt, ist ihnen wichtiger, als die Sache im Mittelpunkt zu sehen. Im Grunde genommen sind sowohl die Frauen als auch die Männer in vielen Ländern der Welt mit ihrer traditionellen Rolle zufrieden.

Man findet allerdings auch Unterschiede zwischen West und Ost, wie ich kürzlich auf dem Rückweg von einer Dienstreise nach Afghanistan und Pakistan feststellte. Auf dem Londoner Flughafen Heathrow wurde mir plötzlich der Kontrast zwischen den asiatischen und westlichen Frauen deutlich. In Asien sind sie in ihrer Kleidung, ihrem Wesen und Verhalten äußerst fraulich. Obwohl sie oft vom Scheitel bis zur Sohle verhüllt sind, verdeckt das doch ihre Feminität nicht. Ihre dienende und freundliche Haltung gegenüber anderen Menschen ist augenfällig. Als ich auf dem Flughafen die Kleidung, das Wesen und Verhalten der Frauen aus westlichen Ländern beobachtete, bemerkte ich, wie androgyn sie im Vergleich mit ihren Schwestern aus der Dritten Welt geworden sind. Vor ein paar Jahrzehnten waren die Unterschiede nicht so groß.

In einer Untersuchung, die in England durchgeführt wurde, fragte man verwundert, wohin die Kurven der Frauen verschwunden sind. In den Fünfzigerjahren hatten die Frauen wie Elisabeth Taylor mit ihrer schmalen Taille noch die Form einer Sanduhr. Doch die Konfektionsindustrie musste für ihre Kleidermodelle neue Maße einführen, weil die Figur der Frau gleichförmiger wurde. Taillenumfang und Gewicht haben zugenommen. Dieselbe Beobachtung habe ich bei Gymnastikstunden mit Frauen unterschiedlichen Alters gemacht. Das Frausein hat auch physisch seine Form geändert.

FRAUSEIN
IN DEN KULTUREN
DER BIBEL

Die Bibel bietet einen zusätzlichen Blickwinkel auf die Kultur. Die in ihr beschriebene Geschichte umfasst einen Zeitraum von etwa 4000 Jahren. Der enthält vielerlei Kulturen, die voneinander abwichen. Heute beruft man sich darauf, dass die Stellung der Frau in der Bibel an die Kultur jener Zeit gebunden sei und es darin keine allgemein gültigen Grundsätze gebe, die wir befolgen müssten. Für diese Behauptung findet sich keine stichhaltige Begründung. Die Gesellschaft war zu Noahs Zeit so verdorben, dass Gott es für richtig hielt, sie vom Erdboden zu tilgen und mit der Familie Noahs ganz neu anzufangen. Die Zeit der Richter, die etwa 300 Jahre dauerte, war auch moralisch und kulturell verkommen. Das Volk verwarf wiederholt das von Gott gegebene Gesetz, und jeder tat das, was er für richtig hielt. Das erinnert an unsere postmoderne Zeit. Kriege, Unruhen, die Unterdrückung durch fremde Völker und das Eingreifen Gottes als Erbarmer und Helfer wechselten sich ab. In diese Epoche fällt das Wirken Deboras als Richterin und Führerin des Volkes. In der Zeit der Könige wechselten die Kulturen wieder, Höhepunkt waren Glanz und Blüte der Ära Salomos. In der vom Neuen Testament beschriebenen Zeit stand Palästina unter der Herrschaft der römischen Kaiser, und die Stellung der Frau war sehr frei.

Die Frauen, deren Leben in der Bibel beschrieben wird, lebten somit in verschiedenen Gesellschaften, und man kann nicht sagen, dass es sich um eine einzige Kultur handelte. In dieser Zeitperspektive ist ein Abschnitt von vierzig bis fünfzig Jahren äußerst kurz, verglichen mit der gesamten Menschheitsgeschichte.

Die Bibel berichtet von Frauen zumeist in ihrer Rolle als Ehegattin und Mutter, aber auch als Akteurin in verschiedenen Zusammenhängen. Unter ihnen finden wir Mütter, die zu Hause ihre Kinder betreuten, Witwen und auch Frauen, die einer Arbeit nachgingen und sich selbst ernährten. Es finden sich auch einige Frauen in führender Position, aber sie sind eher die Ausnahme als die Regel, wie auch sonst im Leben. Nur wenige sind Führerinnen, der überwiegende Teil der Frauen ist in seiner Arbeit anderen untergeordnet. In den Kulturen der Bibelzeit waren die meisten Führer Männer, und das trifft auch in unserer Zeit zu. Der Anteil der Frauen an den Parlamentsabgeordneten sowie an den Personen in Führungspositionen von Industrie und Verwaltung beträgt weltweit 14 Prozent. Von den Ministern auf der Welt sind 4 Prozent Frauen.[61]

Eine der wiederkehrenden Thesen des Feminismus ist die Unterdrückung der Frauen als Untergebene des Mannes. Daraus entsteht der Gedanke, dass die Frauen Opfer des Handelns der Männer sind. In der Bibel wird von einigen Frauen berichtet, die nicht auf alle sie betreffenden Dinge Einfluss nehmen konnten, denn andere trafen die Entscheidungen für sie. Einige von ihnen mussten deswegen leiden, und man könnte denken, dass sie sich als Opfer sahen. Sie hätten ihre Taten oder ihr Handeln damit begründen können, dass ihre Probleme von anderen verursacht wurden. Man könnte auch denken, dass sie ein wenig entwickeltes Selbstbewusstsein hatten und als Menschen schwach und unterdrückt waren. Doch ein derartiges Bild zeichnet die Bibel von ihnen nicht. Eher werden die Frauen als starke, wichtige und einflussreiche Persönlichkeiten geschildert, die als Ehegattin wie auch als Mutter und Arbeiterin geschätzt werden. Ein Sündenbock-Denken, wonach die Frauen die Identität als Opfer angenommen hätten, in welcher Situation auch immer sie lebten, ist darin nicht zu sehen.

Abigajils Weisheit und gesundes Selbstvertrauen

Eine der starken Frauen der Bibel ist Abigajil, über die im 25. Kapitel des Ersten Buches Samuel berichtet wird. Von ihr heißt es, dass sie klug und schön war, also geradezu eine Idealfrau. Wer von uns möchte nicht begabt und intelligent sein und dazu auch noch ein attraktives Äußeres haben. Sie war mit einem Mann namens Nabal verheiratet, der das absolute Gegenteil seiner Frau war, mürrisch und grobschlächtig. Offensichtlich sprach er laut und in barschem Ton, und sein Verhalten gegenüber seiner Frau und den Knechten ließ viel zu wünschen übrig. Er war ein

---

[61]   Ulkoasiainministeriö, S. 5, 17

Mann, dem wir Frauen sicherlich am liebsten aus dem Weg gehen würden. Möglicherweise hatte er Alkoholprobleme, weil er große Feste veranstaltete, bei denen mit Getränken nicht gespart wurde und der Hausherr sich so betrank, dass er nicht mehr bei Sinnen war. Das wirft die Frage auf, wie es zu einer Ehe kommen konnte, in der beide so gar nicht zusammenpassten. Es gab nicht das geringste Anzeichen von gegenseitiger Liebe, Wärme und Ausgeglichenheit. Wahrscheinlich hatte man Abigajil mit Nabal verheiratet, wie es damals üblich war, und sie selbst hatte dabei wohl nicht viel zu sagen gehabt. Der Mann war sehr reich und in dieser Hinsicht möglicherweise ein Wunsch-Schwiegersohn. Die Ehe war nicht ausgewogen. Das findet man auch heute in Finnland, obwohl bei uns der Ehebund ein Bund der Liebe ist und kein arrangierter.

Nabal hatte sich zum Scheren seiner Schafe in eine Gegend begeben, in der David mit sechshundert seiner Männer auf der Flucht vor dem wahnhaften König Saul unterwegs war. David schickte zehn seiner Männer zu Nabal, sie sollten ihn um etwas zu essen bitten. Er hatte die Hirten des Mannes oft beschützt und erwartete nun von ihm, freundlich aufgenommen zu werden. Doch Nabal verhielt sich so, wie es sein Name sagt – Nabal bedeutet Dummkopf – , er beschimpfte Davids Boten spöttisch und sarkastisch und schickte sie mit leeren Händen davon. Er verletzte Davids Ehre und vergalt ihm Gutes mit Bösem. David entschloss sich, zweihundert Mann als Wache bei seinem Gepäck zurückzulassen und zog mit vierhundert Mann gegen Nabal. Dabei schwor er, dass keiner von dessen Leuten am nächsten Morgen noch am Leben sein würde.

Einer der Diener Nabals hatte Abigajil von der drohenden Gefahr und vom erbärmlichen Verhalten ihres Mannes berichtet. Sie verschwendete keine Zeit, sondern traf sofort Vorkehrungen für eine Begegnung mit David. Sie belud Esel mit Essen, schickte ihre Diener mit den Waren voraus und folgte ihnen. Ihrem Mann teilte sie nicht mit, was sie vorhatte. Sie begegnete David gerade noch rechtzeitig, erwies ihm die gebotene Ehre und nahm die Verantwortung für das Geschehene auf sich, indem sie sagte, sie habe von der Bitte der Boten Davids nichts gewusst. Abigajil bat ihn, Nabals Worte auf sich beruhen zu lassen und lieber sie anzuhören. Sie wandte sich an ihn mit den Worten, Gott habe ihn daran gehindert, mit eigenen Händen Rache zu üben und unnötig Blut zu vergießen. Abigajil sagte voraus, wie es Nabal ergehen würde, und bot die mitgebrachten Speisen als Geschenk an. Sie versicherte, Gott werde sich um David kümmern, und betonte, wie wichtig es für seine künftige Königswürde sei, dass er sich nicht eigenhändig für erlittenes Unrecht rächte.

David hörte Abigajil zu und pries Gott dafür, dass er sie geschickt hatte, um Blutvergießen und Rache zu verhindern. Er versprach, Nabal in Ruhe zu lassen und aus der Gegend wegzuziehen. Abigajil kehrte nach Hause zurück, wo ihr Mann ein großes Gelage feierte. Er war guter Laune und stark betrunken. Seine Frau sagte kein Wort zu ihm, bis zum Morgengrauen, als sein Rausch verflogen war. Dann berichtete Abigajil ihm alles, was sich am Vortag zugetragen hatte, und als Nabal das hörte, erstarrte sein Herz, und er war wie versteinert. Vielleicht erlitt er einen Schlaganfall. Gott strafte ihn, und etwa zehn Tage später starb er. Als David vom plötzlichen Tod des Mannes hörte, dankte er wiederum Gott dafür, dass er ihn daran gehindert hatte, falsch zu handeln. Später sandte er einen Mann und bat Abigajil durch ihn, seine Frau zu werden.

An Abigajils Handeln sieht man, was für ein gesundes Selbstbewusstsein sie hatte und wie selbständig ihre Stellung als Hausfrau und Ehefrau war. Sie fragte niemanden um Erlaubnis für ihr Vorhaben und fühlte sich verantwortlich, Dinge zu tun, zu denen ihr Mann nicht bereit war, weil sie verstand, in welch großer Gefahr sich die Familie und die Knechte befanden. Sie war bereit, ein Risiko einzugehen, und besaß das feste Vertrauen, dass sie im Stande war, David zu beeinflussen und eine Bluttat zu verhindern. Sie vertraute darauf, dass Gott ihr die richtigen Worte und die rechte Art eingeben würde, sich David zu nähern, der im Land sehr bekannt war. Sie machte sich Sorgen um die

Ehre des Mannes und um seine Zukunft als König. Auf natürliche Weise setzte sie ihre femininen Mittel der Einflussnahme ein: ihre Weichheit und Demut, gute Taten, Gastfreundschaft, überzeugende Worte und Achtung.

In Bezug auf ihren Mann verhielt sie sich genauso klug, denn sie begriff, dass es sich nicht lohnte, mit ihm zu reden, solange er betrunken war. Sie wartete geduldig bis zum Morgen. Ein großes Gelage wäre ohnehin nicht der geeignete Zeitpunkt und Ort gewesen, über Dinge zu reden, die zu Konflikten führten. Mit ihrem Handeln rettete Abigajil ihre Familie und ihre Knechte vor der sicheren Vernichtung. Zudem bewahrte sie David davor, sich mit eigener Hand zu rächen, was für sein späteres Wirken als König schädlich gewesen wäre. Den Höhepunkt fand ihr Handeln gewissermaßen in Gottes Urteil über Nabal. Und sie selbst bekam einen neuen Status als Ehefrau Davids.

Der Bericht zeigt, dass Abigajil in einer schwierigen Ehe nicht den Mut verlor und sich nicht als Opfer des Handelns ihres Ehemannes empfand. Sie trug ihre eigene Verantwortung und handelte in einer Gefahrensituation selbständig. Grundlage ihres Handelns war ihr Vertrauen auf Gottes Hilfe, der sie nicht im Stich ließ. Darauf beruhte ihr gesundes Selbstvertrauen. Abigajil ist wegen ihres Glaubens und des Einsatzes ihrer weiblichen Fähigkeiten in die Geschichte eingegangen.

In unserer Zeit werden schwierige Konflikte und Probleme einer Ehe immer öfter mit der Scheidung gelöst. Nicht immer sind die Untauglichkeit des Mannes oder erhebliche Schwierigkeiten in der Ehe der Grund dafür. Eine Frau kann beschließen, ihren Mann zu verlassen, weil der nicht im selben Tempo wie sie »gereift« ist. Sie fühlt sich möglicherweise dem Mann überlegen, weil sie die Dinge ihres Lebens in einer Weise verarbeitet und klärt, die der Mann nicht versteht. Heutzutage sagt man: »Wir haben uns auseinander entwickelt«. Unter Umständen beachtet die Frau dabei nicht, dass es zum Wachsen und Reifen gehört, den Mann zu lieben, zu verstehen und sich seiner, so wie er ist, zu erbarmen. Der Mann leistet garantiert Widerstand gegen Veränderungen, wenn die Frau ihn drängt und von ihm verlangt, die Probleme zu verarbeiten oder sich in anderer Weise zu ändern. Dagegen führt der Einsatz weiblicher Mittel zu einem besseren Ergebnis. Abigajil bewies ihre Klugheit und Reife damit, dass sie sich ihrem Mann gegenüber nicht überlegen fühlte, obwohl er nichts taugte. Die Frau vertraute auf Gott und gab ihren Mann in Gottes Hand.

DIE ETHIK DER EHE IN DER BIBLISCHEN KULTUR UND IN UNSERER ZEIT

In der öffentlichen Diskussion beruft man sich immer wieder darauf, dass die Ehe- und Moralethik der Bibel in unserer Zeit nicht zutreffend sei, weil sie an die Kultur ihrer Zeit gebunden sei. Man müsse sie dem Zeitgeist entsprechend neu interpretieren. Wenn Menschen das so sagen, verwerfen sie ja ihre eigene Anschauung, die an ihre Zeit gebunden ist und mit künftigen Generationen verschwinden wird.

Vor einiger Zeit habe ich bei Einkehrtagen internationaler Mitarbeiter in der Türkei unterrichtet. Dadurch war es mir möglich, die Ruinen der nahe gelegenen Stadt Ephesus zu besuchen. Das ist ein interessanter Ort, weil mit ihm die Aktivitäten des Paulus in der Apostelgeschichte verbunden sind und weil es eine der sieben Gemeinden in der Offenbarung des Johannes ist, an die der wiederauferstandene Jesus seine Worte richtete. Schon an den Ruinen sah man, dass es sich um eine große und wohlhabende Stadt handelte. Die Straßen bestanden aus Marmor, und überall fanden sich schöne Skulpturen. In der Stadt gab es eine riesige Bibliothek, die der Stolz ihrer Zeit war, und große Amphitheater, von denen das größte 25.000 Zuschauer fasste. Während der Zeit des Paulus war die Stadt ein einflussreiches Handelszentrum und Hauptstadt der Provinz

Asien mit etwa 300.000 Einwohnern.[62] Im Ergebnis seines Wirkens entstand dort eine starke religiöse Bewegung, die schließlich zu einem großen Aufruhr im Amphitheater von Ephesus führte, als die Männer der Stadt wegen der Aktivitäten des Paulus in Wut gerieten. Die meisten Anwesenden wussten nicht einmal, warum man sich im Theater versammelt hatte. Etwa zwei Stunden riefen sie dort einstimmig: »Groß ist die Diana der Epheser!«[63] Sie verteidigten vehement ihre eigene Göttin und ihre Kultur, für die der christliche Glaube eine Bedrohung darstellte.

Die Diana der Epheser war eine Göttin der das Leben erhaltenden Naturkraft, des Geschlechtstriebs und der Fruchtbarkeit. Der Oberkörper der Götterbilder, die man von ihr angefertigt hatte, ist mit zahllosen Brüsten bedeckt, und am unteren Teil befinden sich verschiedene Tierbilder. Zum Diana-Kult gehörte die Tempelprostitution. Die Kultzeremonien wurden von Priestern ausgeführt, die Eunuchen waren, aber es gab dort auch Priesterinnen. Der Diana-Tempel war architektonisch der Höhepunkt seiner Epoche und wird als eines der Sieben Weltwunder angesehen. Archäologische Ausgrabungen haben gezeigt, dass er viermal so groß war wie der Athener Parthenon. Es wurden kleine Modelle des Tempels angefertigt, die aus Silber, Marmor, Holz oder Lehm waren. Ihre Herstellung war eine bedeutende Einnahmequelle für einen großen Teil der Bevölkerung von Ephesus.[64]

Unsere Führerin berichtete, wie moralisch verkommen das Leben der Epheser war. Die Männer hatten gemeinsame Ehefrauen, und auf die Straße aus Marmor waren Wegweiser gezeichnet, die anzeigten, wo sich das nächste Bordell befand. Das Weinanbaugebiet außerhalb der Stadt beförderte die Trunksucht. Bacchus und Venus wurden enthusiastisch verehrt. Die Prosperität der Stadt Ephesus, ihr Wohlstand, der Kommerz, der Verfall der Ehe und die lose Moral erinnern an unsere Zeit.

---

[62] Iso raamatun sanakirja (Großes Bibelwörterbuch) 1, S. 224
[63] Apostelgeschichte 19, 23-40
[64] Iso raamatun sanakirja 1, S. 125-126

In dieser Stadt verkündete Paulus das Evangelium, und von hier wurde es in der ganzen Provinz Asien verbreitet.[65] Die Handwerker, die Modelle des Diana-Tempels herstellten, bemerkten, dass die Ausbreitung des christlichen Glaubens ihr Gewerbe bedrohte. Der Aufruhr im Amphitheater, den sie entfachten, war ein Beweis, dass die christliche Missionsarbeit Wirkung zeigte.[66] Gottes Wort hatte das Leben der Menschen beeinflusst und stark verändert. Genau dieser Gemeinde schrieb Paulus seinen Brief, in dem er die hohe eheliche Ethik betonte.[67] Wenn er seine Ehelehre einer Gemeinde, die mitten in der Kultur von Ephesus lebte, verkünden konnte, ohne ihren hohen Anspruch in Abrede zu stellen, obwohl die öffentliche Moral genauso verkommen war wie im heutigen Finnland, wie können wir dann behaupten, dass diese Lehre nicht mehr zutreffend wäre?

Eine andere Beobachtung im Hinblick auf das Aufeinandertreffen der biblischen mit der heutigen Kultur machte ich in Pakistan, wohin man mich mit meinem Mann eingeladen hatte. Man hatte uns gebeten, Unterricht über die Ehe zu erteilen. Schon im Voraus hatte ich diese Konstellation als interessanten Treffpunkt der Kulturen gesehen, an dem die asiatische, die westliche und die biblische Kultur vertreten sind. In einer Vorlesung sprach ich über die Einsetzungsworte der Ehe: »Darum wird ein Mann seinen Vater und seine Mutter verlassen und seiner Frau anhangen, und sie werden sein ein Fleisch.«[68] Ich vermutete, dass die ersten Worte des Verses eine Diskussion auslösen würden, und so kam es dann auch.

In Pakistan ist es üblich, dass ein junger Mann, der heiratet, mit seinen Eltern zusammen im selben Haus wohnen bleibt, während seine Ehefrau zu ihm zieht. Zwei oder drei Brüder können zusammen mit den Eltern unter einem Dach leben. Jedes der Ehepaare hat ein eigenes Zimmer,

---

[65] Apostelgeschichte 19, 8-10
[66] ebd. 19, 23-41
[67] Epheser 5
[68] 1. Mose 2, 24

und die anderen Räume werden gemeinsam genutzt. Die Familie im engeren Sinne und die Verwandtschaft garantieren die soziale Sicherheit, während sich in Finnland die Gesellschaft darum kümmert. Meine pakistanischen Zuhörer konnten den Gedanken nicht akzeptieren, dass der Mann auf seine Eltern verzichten sollte, denn dieses gemeinschaftliche Wohnen gehört zu ihrer Kultur und ist eine gute und richtige Art, die Dinge zu handhaben. Jemand vermutete, auf der Grundlage eines Verses könne man keinen allgemeinen Grundsatz aufstellen, aber er wusste nicht, dass Jesus dieselbe Sache in den Evangelien bestätigt, ebenso wie Paulus in seiner Ehelehre im Epheser-Brief.[69]

Der Gedanke, auf die Eltern zu verzichten, machte den Pakistanern aufgrund ihrer Kultur Schwierigkeiten. Aus demselben Grund bereitet er uns Finnen keine Probleme. Ich stellte fest, dass wir dennoch hier wie dort dieselbe Bibel haben. Das Thema Ehe wurde für mich noch auf eine andere Weise kulturell beleuchtet. Die Pakistani hatten keine Schwierigkeiten, den biblischen Grundsatz vom Mann als Oberhaupt der Familie und von der Unterordnung der Ehefrau unter den Mann anzuerkennen.[70] Sie sagten, dass Pakistan eine von Männern beherrschte Gesellschaft sei. In Finnland hingegen führt es zu Kritik und Widerstand sogar unter Christen, wenn man diese Stelle vorbringt. Die Sache wird wiederum mit der Kultur und dem Zeitgeist begründet.

Wenn wir die Fragen der Moral und der ehelichen Ethik nur auf der Basis der Kultur und nur entsprechend dem jeweiligen Zeitgeist entscheiden, befinden wir uns auf einer nicht tragfähigen Basis. Dann werden in Pakistan bestimmte Stellen aus der Bibel herausgerissen und in Finnland andere, die nicht zur regionalen Kultur passen. Stattdessen sollte erforscht werden, wie die allgemeinen Grundsätze der ehelichen Ethik der Bibel in der pakistani-

---

[69] 1 Mose 2, 24; Mattäus 19, 4-6; Markus 10, 6-9; Epheser 5, 31

[70] Epheser 5, 22-24

schen und finnischen Kultur angewendet werden müssten. Das von Paulus verkündete Evangelium und die daraus resultierenden Änderung des Lebens wichen genauso von der herrschenden Kultur ab wie in unserer vom Christentum entfremdeten Zeit. Die Grundsätze der Bibel sind universal, aber ihre Anwendung regional. Paulus forderte die Kultur seiner Zeit heraus, indem er Gottes Wort und ein darauf bezogenes Lebensmodell verkündete.

Weder die postmoderne Frau noch der Mann scheinen von ihren Grundbedürfnissen her anders zu sein als unsere Vorväter und –mütter. Die sie umgebende Kultur und Gesellschaft haben sich verändert, aber das in uns eingepflanzte Mannsein und Frausein existieren genauso real wie vor Jahrtausenden. Diese Anschauungen wurden vom Feminismus mit seinen neuen Gedanken herausgefordert.

5. DER FEMINISMUS FORDERT DAS TRADITIONELLE FRAUSEIN HERAUS

In einer Rundfunksendung diskutierten einige Frauen mittleren Alters über die Errungenschaften des Feminismus in Finnland. Sie fassten die Bestrebungen der Frauenbewegung zusammen, deren Ziele die Unabhängigkeit vom Mann und die Gleichberechtigung mit ihm waren. Die Idee begeisterte insbesondere große Jahrgänge, die in den Sechziger- und Siebzigerjahren junge Erwachsene waren, das heißt meine Generation. In Bezug auf die Unabhängigkeit waren die wirtschaftlichen Faktoren am wichtigsten. Die Frauen mussten ausreichende Einkünfte für sich und ihre Kinder erhalten. Gleichzeitig brauchten sie ein eigenes Konto und die volle Verantwortung für ihr Geld. Damit sollte erreicht werden, dass man die Scheidung leichter einreichen konnte. Gleichberechtigung bedeutete für die Frau eine eigene Arbeit und ein eigenes Einkommen, sodass der Mann nicht allein für die Versorgung der Familie verantwortlich war. »Gleiche Arbeit – gleicher Lohn« sind weiterhin ein unerreichtes Ziel.

Die Frauen erinnerten sich in der Sendung daran, dass die großen Jahrgänge damals jung heirateten und Kinder bekamen. Dann ließ sich ein Teil von ihnen scheiden und heiratete wieder oder lebte in einer nichtehelichen Gemeinschaft, die in den Siebzigerjahren mit der sexuellen Befreiung Verbreitung fand. Die nächste Generation heiratete nicht in demselben Maße, und die darauffolgende Generation heiratet erst mit fast 30 und bekommt spät Kinder. Die Frauen in der Diskussionsrunde stellten fest, dass wir in einer Zeit des Individualismus und Egozentrismus leben, in der das Motto der Menschen lautet: »Ich will alles sofort und pfeif auf die anderen.«

Jesus sagt: »An ihren Früchten sollt ihr sie erkennen.«[71] So wie jeder Baum die für ihn charakteristischen Früchte trägt,

---

71 Matthäus 7, 15-20

so erreicht jede philosophische und politische Strömung die Ergebnisse, die für sie charakteristisch sind. Politische Richtungen, die aus den falschen Quellen schöpfen, können keine positiven Veränderungen bewirken. Sie stehen auf tönernen Füßen, die über kurz oder lang zusammenbrechen. Der Feminismus übt überall in der Welt seit mehreren Jahrzehnten aktiv Einfluss aus, sodass seine Früchte allmählich sichtbar werden.

DIE FRAU
KOMMT AUF IHRE KOSTEN

In Finnland und in den anderen westlichen Ländern hat man aktiv die Gleichberechtigung zwischen den Geschlechtern angestrebt. Im internationalen Vergleich gelten die nordischen Länder in dieser Hinsicht als Musterbeispiele der Entwicklung. Dieses Geschlechter- und Sozialpolitikmodell ist zugleich ein Beleg für die schwache Stellung des Mannes als Versorger, denn die Lohnarbeit der Frauen ist zur normalen Praxis geworden, die einer allgemein anerkannten Ideologie entspricht.[72] Diese Situation hat sich als Ergebnis des zielstrebigen ideologischen und gesellschaftspolitischen Wirkens eingestellt, das in den Sechzigerjahren begann.

Im September 1966 wurde in Finnland ein Komitee eingesetzt, das Fragen zwischen den Geschlechtern erörtern und dazu gesellschaftspolitische Vorschläge erarbeiten sollte. Der vorgelegte Bericht des Komitees enthält vier Hauptpunkte: 1) die Individualisierung der Frauen und ihre Entwicklung hin zur Selbstversorgerin, die Normalisierung ihrer Lohnarbeit sowie die Erwerbstätigkeit als Voraussetzung der Emanzipation, 2) die Befreiung der Sexualität der Frau und die Geburtenkontrolle, 3) die gesellschaftliche Aktivität der Frau und 4) eine neue Rolle der Männer.

---

[72] Julkunen, S. 179

In der Folge entwickelte sich das finnische Frauenbild im Umbruch der Sechziger- und Siebzigerjahre zweigeteilt: Die moderne Frau wurde auf der Grundlage der wirtschaftlichen Selbständigkeit, der Erwerbstätigkeit und des Berufs definiert, die traditionelle Frau hingegen in ihrer Rolle als Mutter und Hausfrau und in ihrer wirtschaftlichen Unselbständigkeit.[73]

Mit deutlichen Worten verwarf das Komitee die grundlegende Struktur der Industriegesellschaft, für die die Stellung des Mannes als Versorger der Familie wesentlich war. Das Individuum wurde fortan als wirtschaftlich selbständig bestimmt. Das wichtigste gesellschaftspolitische Ziel bestand in der Gleichberechtigung von Mann und Frau bei der Bestreitung ihres Lebensunterhalts. Früher wurde die Erwerbstätigkeit der Ehefrauen und Mütter als soziales Problem definiert, doch jetzt wurde daraus ein Recht der Frauen und die Grundlage ihrer Selbständigkeit. Die Arbeitsteilung zwischen den Geschlechtern im Haushalt musste gebrochen werden, doch zusätzlich sollten die Menschen möglichst weitgehend von Arbeiten im Haushalt befreit werden. Aus diesem Grund war es zweckmäßig, diese Arbeiten zu mechanisieren, zu rationalisieren und möglichst vieles zu verlagern und gemeinschaftlich auszuführen. Da man den Frauen die Möglichkeit geben wollte, in ihrem Leben Familie, Kinder und Beruf zu vereinen (die Chance, sich entweder für das eine oder das andere zu entscheiden, wollte man nicht gewähren), bestand eine Voraussetzung dafür in den neuen Möglichkeiten der Geburtenkontrolle.

Die Wissenschaftlerin Raija Julkunen charakterisiert den Geschlechtervertrag als Gleichheitsvertrag, der mit dem in Schweden verglichen werden kann. Der Geschlechterkonflikt wurde als Widerspruch zwischen dem Traditionellen und dem Modernen dargestellt und die Modernisierung des Geschlechtervertrags als gemeinsame Aufgabe von Männern und Frauen. Mit diesem Gleichmachen sollte das gesonderte Tätigsein der Frauen beendet und eine sprach-

---

[73] ebd., S. 190-91

liche Geschlechtsneutralität erreicht werden. So wurden beispielsweise die Mädchen- und Knabenschulen aufgegeben und in der Sprache auf Substantive mit den Endungen »–tar« und »–tär« verzichtet, die ausdrücken, dass es sich um eine weibliche Person handelt, wie im Fall von »kirjailijatar« (Schriftstellerin) oder »näyttelijätär« (Schauspielerin).

Die Gleichberechtigungsbewegung der Sechzigerjahre vertrat die Auffassung, dass die Emanzipation mit einer bloßen Änderung der Haltung nicht verwirklicht werden konnte, vielmehr musste sie in die gesellschaftlichen Institutionen wie in die Arbeitsmarktpolitik, das Schulwesen, das soziale Sicherungssystem usw. getragen werden. Allmählich wurde der Ausbau der sich als Normalität durchsetzenden Erwerbstätigkeit von Ehefrauen und Müttern von den Wohlstandsdienstleistungen abhängig. Zugleich förderte er diese. Neben dem Dienstleistungsstaat lockte der Aufbau einer einkommensabhängigen sozialen Sicherung viele Frauen auf den Arbeitsmarkt. Sie mussten eine Erwerbstätigkeit aufnehmen, um die vom Wohlfahrtsstaat gebotenen Möglichkeiten nutzen und ihren Anteil an der über die Grundsicherung hinausgehenden Krankenversicherung, am Mutterschaftsgeld, an der Rente, an den Kindertagesbetreuungsplätzen usw. erhalten zu können.[74] Die Sechzigerjahre hinterließen eine die Gleichheit der Geschlechter betonende Ideologie, deren Maßstab das Recht der Frauen auf Erwerbstätigkeit wurde.[75]

Das Problem, Arbeit und Familie in Einklang zu bringen, betraf Frauen in anderer Weise als Männer, die schon lange außerhäuslich in ihren Berufen arbeiteten. Jetzt folgten ihnen die Frauen. In Finnland sind deutlich mehr Ehefrauen und Mütter ganztags beschäftigt als in den anderen nordischen Ländern, wo die Teilzeitarbeit mehr verbreitet ist. Egal, ob so oder so, die Arbeit der Frauen ist ein Problem. Die Wissenschaftlerin Mirja Tolkki-Nikkonen spricht vom Syndrom der Mutter als Hausfrau, weil es

---

[74] ebd., S. 193-194

[75] Anttonen, S. 212-213

problematisch ist, wenn die Mutter nicht arbeiten geht, doch es ist genauso problematisch, wenn sie arbeiten geht und damit ihre Kinder vernachlässigt. Zugleich stellt sie fest, dass weder die Männer noch die Frauen eine echte Chance besitzen, zwischen der Berufstätigkeit und dem Zuhausebleiben zu wählen. Die Lebenshaltungskosten und der Erwerb einer Wohnung machen die Wahlmöglichkeit zu einer Illusion.[76]

Nach Ansicht von Mirja Tolkki-Nikkonen bestimmt vornehmlich die Arbeit des Mannes und nicht die der Frau die Rahmen- und Lebensbedingungen einer Familie. Arbeit und Zeiteinteilung einer Mutter richten sich nicht immer nach deren Logik, sondern die Tagesroutine gliedert sich eher nach der Arbeit des Mannes und den Kindern. »Die Uhr ist das Leben der Männer, das Leben ist die Uhr der Frauen.« Arbeit und Freizeit haben außerdem für Frauen und Männer unterschiedliche Bedeutungsinhalte. Bei den Frauen kann der Bedeutungsinhalt von Arbeit als anderen überlassene Zeit und Freizeit als Zeit für sich selbst auf den Kopf gestellt werden, wenn die Zeit zu Hause gebunden ist und von den Bedürfnissen anderer diktiert wird, während die Arbeitszeit als Zeit für sich selbst empfunden wird, obwohl auch dort für andere gearbeitet wird.

Die Männer sind bei der Änderung ihrer Rolle im Haushalt langsamer als die Frauen bei der Erweiterung ihrer Handlungsmöglichkeiten im Arbeitsleben. Erwerbstätige Frauen mit Familie erledigen sowohl in Finnland als auch in anderen Ländern immer noch den überwiegenden Teil der Hausarbeit. Am häufigsten beteiligen sich die Männer dann an der Arbeit im Haushalt, wenn der Gehaltsunterschied der Ehegatten gering ist.[77]

»Dem Mann der Hammer, der Frau die Spülbürste« – so lautete die Überschrift eines Artikels in der Zeitung *Aamulehti*, in dem das von Väestöliitto (einer regierungsunabhängigen Organisation, die sich für Familien einsetzt

---

[76] Tolkki-Nikkonen, S. 42, 48-49
[77] Kauppinen-Toropainen, K. & Kandolin, I., S. 313-314

und in den Bereichen Bildung, Gesundheitserziehung, Sexualberatung u.ä. forscht und berät) veröffentlichte zweite Familienbarometer analysiert wurde.[78] Die Wissenschaftlerin Veera Reuna stellte eine Untersuchung an, bei der die Auffassungen der 30– bis 45–Jährigen über die Pflichten in der Familie und die Arbeitsteilung zwischen den Ehegatten erfasst wurden. Im Prinzip teilen sich Männer und Frauen die Verantwortung, aber in der Praxis sind nach Auffassung beider Geschlechter bestimmte Arbeiten mehr die Sache des einen oder des anderen. Dies ließ Veera Reuna zu der Überlegung gelangen, ob denn der Gleichberechtigungsgedanke eine bloße Illusion sei, denn der überwiegende Teil der Menschen wolle zwar gleichberechtigt sein, in der Praxis aber sei es nicht so. Ein anderer Anlass zur Verwunderung war, dass auch die Frauen den Unterhalt der Familie und die Berufstätigkeit als Aufgabe des Mannes betonen und den Lohn der Frau als zusätzliches Einkommen ansehen.

Von den Pflichten, die mit der Familie zusammenhängen, lagen das Wäschewaschen, Saubermachen und Essenzubereiten überwiegend in der Verantwortung der Frauen, ebenso die Lebensmitteleinkäufe, an denen sich der Mann in gewissem Maße beteiligte. Bei der Bezahlung von Rechnungen hingegen herrschte Gleichwertigkeit, denn das erledigten beide fast in gleichem Maße. Der Kontakt zu den Verwandten war Sache der Frauen, aber Reparaturen im Haushalt oblagen fast zu 80 Prozent den Männern. Die Zufriedenheit mit der Verteilung der Pflichten war äußerst hoch, denn von den Männern waren 90 Prozent zufrieden oder fast zufrieden und von den Frauen etwa 80 Prozent. Die gleichmäßige Verteilung der Hausarbeit wurde nicht als so wichtig angesehen wie die gegenseitige Achtung zwischen den Ehegatten und genügend Zeit für die Familie. Kinderlose akademische Frauen aus der Hauptstadtregion befürworteten die Gleichberechtigung am stärksten.

Auf der Grundlage dieser Untersuchungen sieht es so aus, als würden das gesellschaftswissenschaftliche Theoreti-

---

[78] Pirttijoki

sieren, die Erörterungen und politischen Entscheidungen zu dem Thema auf einer ganz anderen Ebene ablaufen als das Alltagsleben der Menschen. Die Rollen und Modelle der wechselseitigen Wirkung haben sich nicht so stark verändert wie die äußeren Strukturen der Gesellschaft. Frauen und Männer haben traditionelle Rollenmuster und Auffassungen von der Arbeitsteilung zwischen ihnen sowohl zu Hause als auch bei der Erwerbstätigkeit, aber mit Hilfe politischer und anderer Maßnahmen der Gesellschaft versuchen sie nach außen hin das Leben eines modernen Menschen zu führen. Mit der Gesetzgebung wollte man in Finnland die neue Linie konsequent unterstützen und keine Möglichkeit der Wahl einer anderen Richtung gewähren. Wenn das jemand doch tut, dann wird es wirtschaftlich und aufgrund der fehlenden gesellschaftlichen Wertschätzung schwierig.

Die Mutterschaft, die als besonderes Merkmal zum Wesen der Frau gehört, wurde zum Problem gemacht, das in der sexuellen Befreiung der Frau und der Lösung der Schwierigkeiten bei der Tagesbetreuung der Kinder Gestalt annimmt. Die Kinderbetreuung und die Verantwortung für die Erziehung übertrug man nach dem Modell der ehemaligen DDR von der Familie auf die Gesellschaft. Das Leben der Frau wurde vornehmlich auf die Wertschätzung und innere Befriedigung durch die Lohnarbeit reduziert. Es ist wohl kein Wunder, dass Eltern in ihrer Verantwortung für die Erziehung nun oft ratlos dastehen und bei Problemen, die frühere Generationen aus eigener Kraft gelöst haben, die Hilfe von Experten brauchen.

FEMINISTINNEN, DIE DEN WEG BEREITETEN

Der Feminismus ist eine weltweite Bewegung, deren früheste Wurzeln sich im Jahr 1700 finden, als das erste Dokument über die nicht gleichberechtigte Stellung der Frauen veröffentlicht wurde: *Some Reflections Upon Marriage* (dt.

Einige Überlegungen über die Ehe). In klar organisierter Form betrat der Feminismus um 1840 in Großbritannien und in den Vereinigten Staaten die politische Arena. Damals stellten die Suffragetten dem Parlament unter anderem zu den Eigentumsrechten von Ehefrauen Forderungen. 1930-50 verengte sich die Bewegung zum »Wohlstandsfeminismus«, wobei die Frauen für Familienvergünstigungen und rechtliche Ansprüche kämpften. In den Sechzigerjahren trat die militante Befreiungsbewegung der Frauen auf, und später teilte sich der Feminismus in viele verschiedene Richtungen. Es entstanden marxistische, sozialistische, radikale und liberale Bewegungen, die untereinander um die richtige Orientierung stritten. Sie alle erörterten dieselben Fragen: Warum leiden die Frauen unter sozialer Nicht-Gleichberechtigung, Ausbeutung und Unterdrückung.[79]

International hängen die Frauenfrage und das Anwachsen des Feminismus mit der Geschichte der nationalen Bewegungen zusammen, die Gleichberechtigung und eine freie Regierung forderten. Der Feminismus der ersten Welle entstand in vielen Ländern auf dieselbe Weise wie die nationale Bewegung. In der Öffentlichkeit wurde die Aufmerksamkeit auf die Ausbildung und die Emanzipation der Frauen gerichtet, und innerhalb der nationalen Parteien gründeten sich Frauenorganisationen.[80] Der Feminismus der ersten Welle konzentrierte sich auf den Materialismus, auf die individuellen und kollektiven sozialen und politischen Interessen sowie das Selbstbestimmungsrecht der Frauen. Man geht davon aus, dass er mit Simone de Beauvoirs 1949 erschienenem Buch *Le Deuxième Sexe* (dt. *Das andere Geschlecht*, 1951) endete. Der darauf folgende Feminismus der zweiten Welle erhob die Forderung der moralischen Solidarität mit den Ideen der Feministinnen.

Die Feministinnen halten die Bibel für ein sexistisches Buch, das die Unterschiede zwischen den Geschlechtern

---

[79] Humm, S. 2
[80] ebd., S. 6, 11

betont. Ihrer Ansicht nach bedeutet das Modell der Frau, das die Bibel bietet, eine Unterordnung. Unterschiede in den Rollen und der Verantwortung in der Familie hält man für einen Mangel an Gleichberechtigung.[81] Dass es im Verhältnis von Mann und Frau Probleme gegeben hat und gibt, und dass manche Männer ihre Stellung missbrauchen, ist kein Grund, an sich gute und richtige Prinzipien zu verwerfen. Die Sünde bewirkt, dass der Mann diktatorisch, egozentrisch und gewalttätig werden kann, statt als verantwortungsvoller, verlässlicher und liebender Ehemann und Vater zu handeln. Der Ausgewogenheit halber muss gesagt werden, dass wir Frauen selbstsüchtig, nörglerisch, dominant, manipulierend und verbittert sein können. Vor Gott sind wir gleichberechtigt sowohl in Hinsicht auf die Sündhaftigkeit als auch auf das Bedürfnis der Erlösung.

Der Kampf der Feministinnen für die Gleichberechtigung hat seine Ursache darin, dass sie Gleichwertigkeit und Menschenwürde nicht empfinden, die aus der Bibel kommen. Sie unterscheiden nicht zwischen den biblischen Grundsätzen, dem aus der Sünde entstehenden Unrecht, dem Ausgenutztwerden im Leben der Frauen und den von Menschen geschaffenen kulturellen Sitten. Die Grundsätze für das Leben, die sich in der Bibel finden, sind unveränderlich, weil sie auf der Wahrheit beruhen. Das aus der Sünde entstehende Unrecht hingegen ist immer falsch, während die kulturellen Praktiken gut, schlecht oder überholt sein können.[82]

Es ist dem Feminismus gelungen, die öffentliche Meinung sowohl in Finnland als auch anderswo in der Welt zu beeinflussen, nachdem er erreicht hatte, dass sich die Medien für das Thema interessierten und sich aktiv für die Durchsetzung der Ziele der Bewegung einsetzten. Heutzutage werden eher selten Ansichten in Frage gestellt, zu denen man noch vor einigen Jahrzehnten allgemein eine völlig andere Meinung hatte. Die Männer wurden für schuldig

---

[81] Rogers, S. 143
[82] ebd., S. 135, 150

erklärt und in eine Front gestellt, da man uns wiederholt versichert hatte, dass die Frauen Opfer des Handelns der Männer seien.

Der Feminismus hat viele international einflussreiche Führerinnen, deren bekannteste seit den Sechzigerjahren die Amerikanerinnen Betty Friedan, Kate Millett, Germaine Greer und Gloria Steinem sind. In Europa gilt die Französin Simone de Beauvoir als führende Gestalt des Feminismus. Sie alle sprechen über die Angelegenheiten der Frauen und stellen Forderungen, die ihrer Meinung nach weltweit erfüllt werden sollten. Der heftigste Angriff richtet sich gegen die Rolle der Frau als Mutter und Hausfrau. Widersprüchlich und ironisch ist, dass von diesen fünf Galionsfiguren nur Betty Friedan verheiratet und Mutter dreier Kinder war, vom Zuhausesein jedoch frustriert war und sich später scheiden ließ. Wenn diese Frauen also über Mutterschaft und Familie reden, behandeln sie Dinge, die sie mit Ausnahme von Friedan nicht selbst erfahren haben.[83]

Kate Millett und Simone de Beauvoir waren bisexuell. Die Mythen, die Mutterschaft verehren, und die Erwartung, dass die Frauen ihre Kinder selbst betreuen, haben ihrer Ansicht nach verhindert, dass sie frei wurden. Gloria Steinem sagte, sie habe bewusst die Kinderlosigkeit gewählt, weil die Alternativen darin bestanden, entweder jemand anders, also ein Kind, zur Welt zu bringen, oder sich selbst. Ihr Name stand auf der Liste bekannter Frauen, die eine illegale Abtreibung vornehmen ließen.

Germaine Greer, die berühmteste Feministin, die sich für eine sexuelle Revolution einsetzte und das Buch *The Feminist Eunuch* schrieb, war auch kinderlos. Nach ihrer Auffassung ist die Ehe eine veraltete Institution. Sie empfand eine Abneigung gegen den Körper der Frau und vermutete, ein Leben ohne Menstruation sei besser. Später wurde sie

---

[83] Graglia, S. 13-14

zur Revisionistin, sie wechselte das Lager, kämpfte zum Ärger der anderen Feministinnen gegen die sexuelle Freizügigkeit und pries Mutterschaft und Fruchtbarkeit.

Die feministischen Forscher haben in den letzten Jahrzehnten in Finnland, anderswo in den westlichen Ländern und in der Dritten Welt das Leben von Millionen Frauen beeinflusst, ihre Identität und ihre Werte modifiziert und in eine neue Richtung geführt. Die Änderungen reichen bis in das Leben der Männer. Die ganze Gesellschaft und die Kultur unserer Zeit sind vom feministischen Denken durchdrungen. Wir haben die in der Form von Slogans dargestellten Thesen angenommen: »Du bekommst alles«, »Frauen weg vom Platz zwischen Herd, Faust und Bett«, »Qualitätszeit mit den Kindern«, »eine gläserne Decke ist der Karriere der Frau im Weg« und »privat ist politisch«. Der Feminismus hat Vorstellungen geschaffen, die nicht der Realität entsprechen, aber im Ergebnis der jahrzehntelangen Beeinflussung der Meinung haben wir unbemerkt die feministische Denkweise angenommen.

Die Gedanken jedes Theoretikers, jedes philosophischen Denkers und Forschers entstehen in dem Bezugsrahmen, den er sich angeeignet hat. Der wiederum wird von seiner eigenen Biographie beeinflusst, und zumeist versucht der Mensch so zu leben, wie er es lehrt. Deshalb ist es nützlich, den Lebenslauf zweier führender Feministinnen, von Simone de Beauvoir und Betty Friedan, zu untersuchen. Die Früchte ihrer Lehren und ihres Lebens wirken auch auf die Gedanken, Hoffnungen und Ideale von uns finnischen Frauen. Sie lebten so, wie sie es lehrten. Und was haben sie geerntet?

Simone de Beauvoir

Simone de Beauvoir (1908-86), die führende linke existenzialistische Philosophin, Schriftstellerin und Feministin, ist für die Frauen der Nachkriegsgenerationen richtungweisend gewesen. Ihre grundlegenden Anschauungen zum

Frausein und zur Stellung der Frau leben auch in Finnland. Sie gehörte zur Intelligenz ihrer Zeit und formte zusammen mit ihrem langjährigen Partner Jean-Paul Sartre (1905-80), dem französischen existenzialistischen Philosophen, die Meinungen und Werte der jungen Generation. Ihr Buch *Das andere Geschlecht*, das 1949 erschien, gehört zu den Klassikern des Feminismus, auf die weiterhin Bezug genommen wird. Ihr ehrgeiziges Ziel war es, sich ein Leben aufzubauen, das dem keines anderen Menschen glich. Sie lehnte bewusst die Normen und Werte ihrer Zeit ab und ging einen Weg, auf dem ihr unzählige Frauen gefolgt sind.

Simone de Beauvoir wuchs in einer französischen Mittelstandsfamilie auf. Die Mutter war mit den zwei Töchtern zu Hause, der Vater arbeitete als erfolgreicher Jurist. Nach dem Ersten Weltkrieg geriet der Vater beruflich in ernsthafte Schwierigkeiten, was dazu führte, dass die Familie verarmte. Simone de Beauvoir erhielt eine gute katholische Ausbildung. In der Familie herrschte in Bezug auf die religiösen Dinge ein Widerspruch, denn die Mutter war streng katholisch, der Vater nicht. Darüber wurde jedoch nicht offen gestritten, sondern man hatte sich stillschweigend geeinigt, dazu unterschiedliche Meinungen zu haben. Simone de Beauvoir selbst kehrte als junge Erwachsene dem Katholizismus und den religiösen Werten ihrer Mutter den Rücken.[84]

Mehr als die religiösen Widersprüche zermürbten die Verbitterung und Enttäuschung über die Verarmung die Familie. Beide Elternteile stammten aus wohlhabenden Familien, in denen man an eine Dienerschaft, große Häuser, eine gute Mitgift und Grundstücke auf dem Land gewöhnt war. Das soziale Leben drehte sich um die Familie und wurde von exakten Verhaltensweisen und Anstandsregeln bestimmt. Die Familie Simone de Beauvoirs lebte ein normales Leben des gehobenen Mittelstands, wie es auch in anderen europäischen Ländern üblich war, bis die Verarmung ihre Gewohnheiten änderte.

---

[84] Evans, S. 1-6

Als Simone de Beauvoir, das erste Kind der Familie, geboren wurde, war der Vater mit ihrem Geschlecht unzufrieden, denn ein Sohn hätte später beim Unterhalt der Familie geholfen, Mädchen jedoch verursachten nur Kosten, weil man für sie eine gute Aussteuer beschaffen musste. Außerdem war ihr Vater der Auffassung, dass Simone als »Frau mit dem Gehirn eines Mannes« geboren wurde. Der Vater sagte Simone, sie sei hässlich. Er wies seine beiden Töchter darauf hin, dass sie auf dem Ehemarkt nicht tauglich wären. Trotzdem war er anfangs stolz auf Simone, weil sie sich auffällig begabt zeigte. Alles, was auf Intelligenz verwies, entwickelte sich bei ihr äußerst schnell. Der Vater bewunderte seine älteste Tochter, als wäre sie sein Sohn. Simone entwickelte sich zu einem dominanten Menschen mit einem starken Selbstvertrauen.[85]

Die Einstellung des Vaters zu seiner Tochter beeinflusste Simone möglicherweise stark. Seine Bewunderung galt nämlich nicht dem kleinen Mädchen Simone, sondern spornte in ihr die maskulinen Eigenschaften an. Das Mädchen erhielt unter den anerkennenden Blicken des Vaters keine Bestätigung für ihre feminine Identität. Somit entwickelte sich in ihr schon in frühen Jahren ein kompliziertes Verhältnis zu ihrer eigenen Weiblichkeit, während ihr die maskuline Lebensstrategie fast wie von selbst gelang.

Als Simone de Beauvoir Ende der Zwanzigerjahre in Paris an der Sorbonne ihr Studium begann, ging sie auf Distanz zu den Werten ihrer Familie und insbesondere zu ihrer Mutter. Sie sah die Leere und Sinnlosigkeit im Leben der Familie, die ihr weder wirtschaftlich, noch sozial oder in irgendeiner anderen Weise etwas bieten konnte.[86] Diese Trennung wurde verstärkt, als sie Jean-Paul Sartre kennenlernte, der zur selben Zeit in Paris studierte. Er war älter als sie und hatte auf dem Gebiet der existenzi-

---

[85] Stenius (1994), S. 163-65
[86] Evans, S. 4-5

alistischen Philosophie schon Berühmtheit erlangt. Beide absolvierten ihre Abschlussprüfung gleichzeitig, denn Simone de Beauvoir war fleißiger.[87]

Die Absolventen der philosophischen Fakultät wurden auf der Grundlage der Abschlussprüfung in eine Rangliste eingeordnet, in der Sartre nur um Haaresbreite vor Simone de Beauvoir lag. Der Mann kam schon das zweite Mal zur Prüfung und war für seine Intelligenz und sein philosophisches Pathos bekannt, während die einundzwanzigjährige Simone de Beauvoir die jüngste von allen war. Die Prüfer waren der Ansicht, dass de Beauvoir akademisch an sich besser und eine herausragende Philosophin war, obwohl man den Preis Sartre gab. Ihre Werke werden für viel besser gehalten als die Sartres. Simone de Beauvoir gab sich nicht nur mit dem zweiten Platz zufrieden, sondern war ihr ganzes Leben lang davon überzeugt, dass Sartre die Nummer eins und sie die Nummer zwei sei. Simone de Beauvoir sagte, niemand habe sie je zuvor intellektuell auf irgendeinem Gebiet besiegt, und sie war sichtlich begeistert, dass sie einen unvergleichlichen Mann für sich gefunden hatte. [88] Sie war keine Ausnahme unter den Frauen, die das Bedürfnis haben, den Mann zu achten, zu schätzen und zu bewundern. Allerdings drückte sie das selbst nicht so aus und hätte auch nicht zugegeben, dass es stimmte.

Sartre und de Beauvoir waren junge Rebellen und Liebende ihrer Zeit, sie verwarfen alle Konventionen und lebten in einer offenen Beziehung. Sie heirateten nie und wohnten nicht unter derselben Adresse, aber zwischen ihnen gab es eine Beziehung, die etwa fünfzig Jahre währte. Im Licht der feministischen Meinungen Simone de Beauvoirs wirkt es widersprüchlich, dass sie in ihrem Leben mit Sartre die traditionelle weibliche Rolle der fürsorgenden Frau und Haushälterin verwirklichte. Sie kaufte Lebensmittel ein und kochte Essen, machte sauber und wusch die Wäsche. Die sexuelle Beziehung zwischen ihnen dauerte nur etwa sechzehn Jahre, danach wurde sie von Sartre in diesem Le-

---

[87] Stenius (1994), S. 168

[88] ebd., S. 168; Graglia, S. 14-15

bensbereich beiseite geschoben. Trotzdem ging die Beziehung auf intellektueller Ebene weiter. Simone de Beauvoir versorgte den Mann in den letzten zehn Jahren vor seinem Tod, in denen er schwach war und kränkelte.[89]

Am Beginn trafen Sartre und Simone de Beauvoir eine Vereinbarung über die sexuelle Freiheit, deren Bedingungen der Mann diktierte. Er wollte sich die Möglichkeit sichern, mehrere sexuelle Beziehungen zu unterhalten. Zu der Vereinbarung gehörte die völlige Freiheit, auch mit anderen Partnern zusammen zu sein. Aber gleichzeitig versprachen sie einander diesbezüglich absolute Ehrlichkeit. Simone de Beauvoir hatte anscheinend anfangs das größere Bedürfnis, nur diese eine Beziehung zu haben, aber als Sartre sie sexuell gesehen verließ, fand sie sich gewissermaßen damit ab und begann, nach anderen Partnern zu suchen. Ehrlichkeit funktionierte in dieser Frage überhaupt nicht. Sartre belog all seine Freundinnen, auch Simone de Beauvoir. Es verletzte sie tief, dass der Mann sie betrog, aber sie tolerierte es, um an dieser menschlichen Beziehung festhalten zu können, die ihr extrem wichtig war.[90]

Simone de Beauvoir wollte um jeden Preis ein anderes Leben führen als ihre Mutter, und dennoch unterwarf sie sich den gleichen Problemen, die sie in der Ehe ihrer Eltern erlebt hatte. Diese waren am Beginn ihrer Beziehung ein glückliches Ehepaar, aber unter den wirtschaftlichen Schwierigkeiten vermochte sich keiner von beiden an die verschlechterten Bedingungen anzupassen. Diese nagten an ihrer Beziehung und führten schließlich dazu, dass sich die Frau in eine noch strengere Religiosität zurückzog und der Mann von zu Hause wegblieb. In ihrer Pubertät erlebte Simone de Beauvoir oft, dass ihr Vater erst morgens nach Alkohol riechend heimkam und mit Halbwahrheiten, offenen Lügen und Ausreden erklärte, wo er seine Zeit verbracht hätte.[91]

---

[89] Evans, S. 13; Graglia, S. 15-16
[90] Evans, S. 17-18
[91] ebd., S. 5-6, 8-9

Dasselbe Muster wiederholte sich in ihrer eignen Beziehung mit Sartre, und zwar in einer noch schlimmeren Form, denn sie hatte nicht den Vorteil der durch eine Ehe gewährten offiziellen Stellung. Sie war in ihrer Beziehung mit Sartre oft unglücklich. Simone trank viel, und nachts weinte sie betrunken in Cafés. Offensichtlich sah und fühlte sie, dass Liebe ein hohes Maß an Treue verlangt. Im Leben Simone de Beauvoirs kann man beobachten, wie in engen Beziehungen zwischen Menschen so viele Bindungen, Abhängigkeiten, Erwartungen, Wünsche und auch Eifersucht entstehen, dass sexuelle Freiheit und Autonomie totale Illusion und unrealistisch sind.[92] Dieselben Glaubensvorstellungen hegen jene, die in offenen Partnerschaften leben und behaupten, damit zufrieden zu sein.

Sartre nutzte die Dienste Simone de Beauvoirs rücksichtslos aus und ließ sie über seinen Harem wachen. Er demütigte Simone, indem er eine seiner jungen Geliebten adoptierte, zu seiner Alleinerbin machte und ihr die Verantwortung für sein literarisches Werk übertrug.[93]

Yrsa Stenius, selbst Feministin, hat Simone de Beauvoirs weibliche Identität einer scharfen Analyse unterzogen. Sie glaubt, dass die Französin ein ambivalentes Verhältnis zu ihrem eigenen Frausein hatte, was sich unter anderem darin zeigte, dass sie danach strebte, ihre für eine Frau typischen Träume auf Umwegen zu verwirklichen, indem sie sich in der Welt der Männer als tauglich erwies. Sie war unsicher und hatte Angst vor der Möglichkeit, die Wertschätzung, die Liebe und das Interesse eines Mannes mit den echten weiblichen Eigenschaften ihrer Persönlichkeit zu erringen. Wo das Männliche hervortrat, fühlte sie sich sicherer. Ihre Identität war androgyn, zwiespältig und bedrückend. Simone de Beauvoir wuchs in ihrer Beziehung zu Sartre nicht zu einer erwachsenen Frau heran, weil Sartre kein erwachsener Mann sein wollte, der seine Verantwortung für eine Ehefrau getragen hätte und bereit gewesen wäre,

---

[92] Stenius (1994), S. 172-174
[93] Graglia, S. 16

Kinder zu zeugen. Im Alter übernahm Simone de Beauvoir im Verhältnis zu ihm eine Art Mutterrolle, obwohl sie nie Mutter hatte werden dürfen.[94]

Die Beziehung war nicht gleichberechtigt und nicht ausgewogen, sondern symbiotisch und insbesondere aus der Sicht von Simone de Beauvoir mehr eine Fessel. Das Intellektuelle, das ihre starke Seite war, wurde überbetont, aber es ließ keinen Raum für eine komplexe Beziehung zwischen Mann und Frau, in der auch die emotionale und die physische Seite im Gleichgewicht sind und die auf Treue und gegenseitigem Vertrauen beruht.

Simone de Beauvoir lehnte die Möglichkeit entschieden ab, Mutter zu werden. Als sie in den Sechzigerjahren für das Recht auf freien Schwangerschaftsabbruch kämpfte, gab sie zu verstehen, sie habe eine illegale Abtreibung durchführen lassen. Möglicherweise wurde ihre Entscheidung, kinderlos zu bleiben, davon beeinflusst, dass Sartre nicht Vater werden wollte und dazu auch nicht fähig war. Simone de Beauvoir konnte sich offensichtlich die Erfüllung der natürlichen mütterlichen Bedürfnisse und Wünsche mit dem Mann, den sie als Partner gewählt hatte, nicht erlauben.[95]

Als Simone de Beauvoir ihre Memoiren verfasste, lieferte sie einen Beweis dafür, dass die Früchte ihres Lebens bitter waren, denn sie beschrieb das Alter als Parodie, Verfall und sogar als Verneinung von allem Vergangenen. Sie war unzufrieden und enttäuscht und fragte sich, was für einen Nutzen es gehabt hatte, hart zu arbeiten, wenn man im Alter die Vergeblichkeit aller Mühe bemerkt und dem, was man erreicht hat, nicht den geringsten Wert beimisst. Sie hat auf ein normales Eheleben, die Geburt und Erziehung von Kindern verzichtet und dafür einen abgetriebenen Embryo und eine intellektuelle, wenn auch erfolgreiche Laufbahn gehabt, aber anscheinend erwies sich ihre Wahl als

---

[94] Stenius (1994), S. 170-171
[95] ebd., S. 180-181

schlecht und nicht zufriedenstellend.[96] Die Früchte waren sowohl für Simone de Beauvoir als auch für viele Frauen, die in ihre Fußstapfen getreten waren, sauer. Eine Freiheit ohne Grenzen wurde zur Illusion und führte zu engen Fesseln. Als Simone de Beauvoir die christlichen Grundwerte des Lebens und der menschlichen Beziehungen verließ, wurde sie selbst verlassen und ausgenutzt.

BETTY FRIEDAN

Betty Friedan (1921-2006) folgte der Linie von Simone de Beauvoir in den USA, wo sie in den Sechzigerjahren die maßgebliche Persönlichkeit des liberalen Feminismus wurde. Sie nahm als Ausgangspunkt de Beauvoirs Werk *Das andere Geschlecht* und erarbeitete auf dessen Grundlage ein praktisches Programm für die Änderung der Stellung der Frauen. Ihr 1963 veröffentlichtes Werk *The Feminine Mystique* (dt. *Der Weiblichkeitswahn*, 1966) ist weltweit durch viele Frauenhände gegangen.

Als sie das Buch schrieb, war sie eine etwa vierzigjährige Hausfrau und Mutter von drei Kindern, die in einer Vorstadt wohnte. Sie war unzufrieden mit ihrem Leben, hatte es satt und begann schließlich, als Journalistin für eine Zeitschrift Frauen zu interviewen. Auf diesem Weg fand sie das sogenannte Problem ohne Namen. Damit waren eine seltsame Erregtheit der amerikanischen Vorstadtfrauen, ein Gefühl der Unzufriedenheit, eine Sehnsucht gemeint. Etwas, wofür es keinen Namen gab. Die Zwecklosigkeit des Lebens bedrückte sie, ebenso die Frage: »War das schon alles?« Die jeden Tag wiederkehrende Routine bei der Hausarbeit und bei der Betreuung der Kinder brachten ihnen nicht die Befriedigung und Freude, die sie erwartet hatten. Mitten im materiellen Wohlstand war ihr Leben als Ehefrau und Mutter leer. Einerseits waren sie stolz auf ihren Beruf als Mutter und Hausfrau, andererseits bedrückte er sie. Betty Friedan gelangte in ihrer Analyse zu dem Er-

---

[96] Graglia, S. 16

gebnis, dass aus dem tiefsten Innern der Frau eine Stimme kam, die sagte:»Ich will etwas mehr als meinen Mann, meine Kinder und mein Heim«.[97]

Betty Friedan begann sich intensiv für die gleichen Rechte der Frauen bei der Ausbildung, in der Familie und vor dem Gesetz einzusetzen. 1966 gründete sie die Nationale Organisation der Frauen (NOW), die eine Kampagne für die Bürgerrechte der Frauen startete. Ihr Ziel waren gleiche Chancen der Frauen in Bezug auf Bildung, Gesundheitsfürsorge und Wohlstand sowie der gleiche Lohn wie Männer. Die Frauen sollten in allen Lebensbereichen die gleichen Möglichkeiten wie Männer erhalten. Friedan bemühte sich, die persönlichen Erfahrungen und Probleme der Frauen zu einer politischen Angelegenheit zu machen.[98]

Ihre Kampagne entstand aus ihrer eigenen Unzufriedenheit mit ihrer Ehe und mit dem Leben als Vorstadtfrau. Sie verglich das Zuhause mit einem komfortablen Gefängnis,[99] in dem die Mutter und Hausfrau eine endlose, monotone und unbezahlte Arbeit verrichte, die nicht die Fähigkeiten und Fertigkeiten eines Erwachsenen verlange und zum langsamen Tod auf dem Gebiet von Geist und Gemüt führe. Sie kam sich merkwürdig und einsam vor und hatte Angst vor ihren wahren Gefühlen für ihren Ehemann und ihre Kinder, für die sie, wie man annahm, doch lebte.

In dem Buch *Der Weiblichkeitswahn* attackiert Betty Friedan heftig die Rolle der Frau als Mutter und Hausfrau im Sinne einer lebenslangen Laufbahn. Ihr gibt sie die Schuld an so gut wie jeder Unzufriedenheit und jedem Missbehagen der Frauen und auch an den Problemen der Kinder. Sie bekannte, dass die Frauen, die sich der Frauenbewegung anschlossen, von ihrem Leben enttäuscht waren, die Männer beneideten und sowohl Ehe als auch Mutterschaft ablehnten. Trotzdem wurde ihrer Ansicht nach erst aus der neuen Frau ein Mensch. Dies bedeutete, sich außerhalb des

---

[97] Friedan, S. 17-30
[98] Humm, S. 181-182
[99] Friedan, S. 200

Zuhauses einen Beruf zu suchen und eine Laufbahn aufzubauen, denn dort werden alle wichtigen Entscheidungen in
der Gesellschaft getroffen. Das Zuhause war ein zweitran-
giger Ort, an dem es nichts Interessantes und keine intellektuellen Herausforderungen gab.[100]

Betty Friedan war der Ansicht, dass sich die Frau nicht
zwischen Ehe und Karriere entscheiden muss, weil es nicht
schwierig ist, sie miteinander zu verbinden. Dafür brauche man nur einen Lebensplan[101]. Die erste Phase besteht
darin, die Hausarbeit nicht als Lebensberuf anzusehen,
sondern als Arbeit, die so schnell und effektiv wie möglich erledigt werden muss, wodurch man Zeit für etwas
Bedeutenderes gewinnt. Die zweite Phase besteht in der
Erkenntnis, dass Ehe und Mutterschaft keine endgültigen
Ziele im Leben sind. Die schöpferische Arbeit (das Gebären und Erziehen von Kindern ist also keine) stellt für die
Frau wie für den Mann die einzige Art der Selbstfindung
und Selbsterkenntnis als Individuum dar. Schöpferische
Arbeiten sind beispielsweise das Komponieren von Sin-
fonien und die Weltraumforschung. Das machen freilich
auch ziemlich wenige Männer!

Nach Auffassung von Betty Friedan behauptete der Weiblichkeitswahn, eine Frau würde sich durch außerhäusliche
Arbeit von ihrem Mann und ihren Kindern abwenden.
Ebenso führten die Klagen der Männer, Frauen würden
mit ihnen konkurrieren und wie sie sein wollen, zu un-
nötigen Schuldgefühlen. Betty Friedan hob hervor, dass
mit Ehe und Mutterschaft eine gesellschaftliche Aufgabe
verbunden werden muss und die Frauen beginnen sollen,
sowohl mit den Männern als auch mit ihren Mitschwestern zu konkurrieren. Die häufige ehrenamtliche Tätigkeit
amerikanischer Frauen bekam von Betty Friedan Schelte,
denn ihrer Meinung nach betrogen sich die Frauen selbst,
weil sie für ihre Arbeit kein Geld, keine soziale Stellung,

---

[100] ebd., S. 76-77 d. fi. Ausg.
[101] ebd., S. 241

keinen Einfluss und keine Anerkennung wollten. Nur Ausbildung rettet die Frauen aus der trostlosen Situation, in
der sie sich befinden.

Betty Friedan setzte sich mit dem alten Spruch auseinander, wonach »die Frauen ein halbes Jahrhundert mit dem
Kampf um Rechte verbrachten und die nächsten hundert
Jahre damit, sich zu fragen, warum sie sie überhaupt gewollt hatten.«[102] Jetzt können wir in die Geschichte zurückschauen und feststellen, dass wir zumindest in Finnland
alles Mögliche im Bereich der Frauenemanzipation erreicht haben. Deren Früchte schmecken freilich genauso
sauer wie die im Leben der Simone de Beauvoir.

Obwohl Betty Friedan sagte, Familie und Karriere seien
leicht zu vereinbaren, wenn man seine Planung darauf
ausrichtet, hat es bei ihr selbst nicht funktioniert. Offensichtlich hatte ihre Ehe schon Risse, als sie ihr Buch *Der
Weiblichkeitswahn* schrieb, und später trennte sie sich von
ihrem Mann. Hatte ihr Lebensplan womöglich doch ver-
sagt? Ihr Kreuzzug zur Rettung der amerikanischen Frau
jedenfalls hat die Probleme ihrer Ehe nicht beseitigt und
ihr auf persönlicher Ebene kein Glück und keine Zufriedenheit gebracht. Im Gegenteil, das Ergebnis ist dasselbe,
und man kann es weltweit als Frucht des Feminismus erkennen: Die Schwächung der Stellung von Familie, Frau-
en und Kindern mit der Zunahme der Scheidungen. Nach
Betty Friedan haben viele Frauen feststellen müssen: Karriere und Familie sind nicht leicht miteinander in Einklang
zu bringen, egal welche Strategie man anwendet.

DU BEKOMMST ALLES,
OHNE AUF IRGENDETWAS
VERZICHTEN ZU MÜSSEN

Die Elite der Frauenbewegung hat den Wert des traditionellen Frauseins – die Ehe, das Gebären und Erziehen der
Kinder, den Dienst für Ehemann und Familie – in Frage

---

[102] ebd., S. 61

gestellt. Die Kompetenz dieser Gruppe, für alle Frauen zu sprechen, ist freilich nicht immer in Frage gestellt worden, obwohl die meisten von ihnen eine Ehe und die Rolle als Mutter und Hausfrau nicht einmal probiert haben. Die einzige Ausnahme unter ihnen, Betty Friedan, gelangte auf der Grundlage ihrer Erfahrungen zu dem Schluss, dass eine Ehe und die Pflichten einer Mutter nie als solche allein befriedigend sein können. Gerade diese Frauen unternahmen heftige Angriffe gegen das traditionelle Frausein und die Rolle der Frau als Mutter und Hausfrau.[103]

Die feministischen Wegbereiterinnen zogen aus den Problemen und Entscheidungen in ihrem eigenen Leben allgemeingültige Schlussfolgerungen. Unzufriedene und unreife Menschen findet man überall, aber dass man ihren Lehren folgte, hat die Probleme nur noch vervielfacht und nicht gelöst. Uns von Natur aus egozentrischen Menschen ist wiederholt versichert worden, dass wir alles gleichzeitig bekommen können, ohne auf irgendetwas zu verzichten. Das Leben der führenden Frauen des Feminismus beweist etwas anderes. Egozentrismus, Hass, Gier, Stolz, Verbitterung, Neid und Aufruhr tragen bittere Früchte. Wenn die Wurzeln in all dem liegen, kann man kein anderes Ergebnis erwarten.

Jeder von uns hat zuweilen Anlass, unzufrieden und enttäuscht zu sein. Die Dinge laufen nicht so, wie wir es hoffen, und das Schicksal spielt uns gelegentlich übel mit: Kindheitserfahrungen sind schwierig oder lückenhaft, der Ehemann ist nicht so ideal, wie man in jungen Jahren dachte, die Kinder tun Dinge, die wir als Mutter nicht akzeptieren, oder sie machen uns in anderer Weise keine Ehre, usw. Wir sehen auch unsere eigene Unzulänglichkeit und sind vom Leben frustriert. Das gilt jedoch nicht nur für die Frau, sondern ebenso für den Mann. Auch er ist in seinem Leben nicht auf Rosen gebettet. Vielmehr bestimmen harte Arbeit und der Kampf um Lebensunterhalt und ein Auskommen in einer Welt, die wegen des Sündenfalls dem Fluch unterliegt, sein Leben. Keiner von uns hat

---

[103] Graglia, S. 16

es leicht, und in der Geschichte gibt es nach dem Paradies kein goldenes Zeitalter, in dem das Leben problemlos und frei von Herausforderungen gewesen wäre.

Die nach dem Krieg geborenen großen Jahrgänge erhoben sich zu einem nie da gewesenen Aufstand gegen ihre Eltern, und es sieht so aus, als hätten immer noch nicht alle diese Phase überstanden und das Erwachsenenalter erreicht. Die Parolen des Feminismus drangen so leicht in den aufrührerischen Geist meiner Generation ein wie ein heißes Messer in Butter.

EINSEITIGE BETRACHTUNG DER GESCHICHTE

In Finnland ist das feministische Denken unter anderem das Ergebnis des Wirkens der oben beschriebenen Frauen. Sie verwarfen bewusst die traditionelle Familie und das Frausein, konzentrierten sich auf die berufliche Entwicklung und lehnten Mutterschaft entweder ganz ab oder hielten sie im Leben einer Frau für weniger bedeutend. Diese Ideologie beruht auf der einseitigen und fehlerhaften Betrachtung der Geschichte und der Tatsachen. Der Feminismus hat bei der Erreichung seiner Ziele Erfolg gehabt, nachdem er Männer und Frauen davon überzeugt hatte, dass die Arbeit einer Mutter zu Hause für ihre Familie Aufopferung darstellt und als solche eine wertlose Tätigkeit ist, für die man nicht einmal die Intelligenz und Energie einer Durchschnittsfrau braucht.[104]

Diese Auffassung hat man uns eingehämmert und dabei die Geschichte folgendermaßen interpretiert: Früher waren die Frauen nur deswegen zu Hause und haben die Kinder betreut, weil sie keine Alternativen besaßen. Unter Berufung auf diese Interpretation ist es leicht gewesen, für die Frauen Rechte in der Gesellschaft zu fordern, weil sie ihnen ja früher verweigert worden sind. Zugleich schaffte

---

[104] Graglia, S. 17-23, Friedan, S. 76-77

man es, die jüngeren Jahrgänge davon zu überzeugen, dass frühere Generationen – wenn sie die Wahl gehabt hätten – lieber eine berufliche Laufbahn eingeschlagen hätten, als zu Hause die Kinder zu erziehen.

Hier erlag man der Versuchung, die Geschichte im Licht der Gegenwart und gemäß der eigenen vorgefassten Meinung zu interpretieren, und geriet dabei auf den Holzweg. Jeder Epoche sollte man sich von deren eigenen Ausgangspunkten her nähern, dann werden die Geschehnisse in den richtigen Kontext gestellt. Was im Leben der früheren Frauengenerationen in den Augen der Frauen von heute schwierig und schwer erscheint, war damals für die Frauen selbst natürlich, sinnvoll und zweckmäßig. Wahrscheinlich würden Frauen aus der Vergangenheit nicht mit den Frauen unserer Zeit tauschen wollen, wenn sie sähen, in was für einer widersprüchlichen Lage voller Belastungen und Unsicherheit sich viele befinden. Sogar Betty Friedan gestand ein, dass die Frauen in Amerika, die Mutter und Hausfrau waren, ausdrücklich zu Hause bleiben wollten, obwohl sich ihnen auch Alternativen boten. Betty Friedan hörte nicht auf, sich darüber zu wundern. Schon vor ihrer Kampagne hatten Frauen eine Ausbildung absolviert und arbeiteten in einem Beruf, aber nach der Heirat wollten sie zu Hause bleiben und sich um die Familie kümmern. Jede Epoche hat ihre Bedrängnis und ihre Freude, und wir sollten uns nicht zum Richter über andere erheben. Stattdessen könnten wir für all die Arbeit dankbar sein, die Mütter in der Kette der Generationen zum Wohl der Menschheit geleistet haben, ohne sie zu bemitleiden, weil es ihnen an Alternativen mangelte.

Es ist eine glatte Verfälschung der Geschichte, zu behaupten, frühere Frauengenerationen hätten sich nur unter dem Zwang der Verhältnisse und in Ermangelung anderer Möglichkeiten selbst um ihre Kinder und ihren Haushalt gekümmert. Der wichtigste Faktor war die Berufung und der Wunsch der Frau, Mutter zu sein. Die Liebe zu den eigenen Kindern bewirkte, dass die Frau das Heim und die Familie in den Vordergrund stellte. Als Gott die Frau erschuf, gab er ihr sowohl die Fähigkeit als auch den Wunsch und die Empfindsamkeit, ihre Nachkommen zu betreuen und zu erziehen. Mütter haben gewusst, dass ihre Anwesenheit zu Hause für das Wohlergehen der Kinder und ihre gesunde Entwicklung erforderlich ist, nicht nur für die Kinder, sondern auch für die Mütter selbst. Die Frauen wurden zu allen Zeiten als Mutter und Ehegattin geachtet, und sie haben sich auch selbst geachtet. Ihre Arbeit wurde für die ganze Gesellschaft als wichtig angesehen und beileibe nicht als unbedeutendes Opfer.

Die Feministinnen bauten den Mythos auf, dass die Frauen die Hausarbeit widerwillig verrichteten, und es fiel ihnen selbst leicht, daran zu glauben, weil sie sich nicht hätten vorstellen können, freiwillig zu Hause zu bleiben, um die Familie zu versorgen. Der Mythos wurde als Beweis dafür verwendet, wie man den Frauen den Zugang zum Arbeitsmarkt verwehrt hatte. Gleichzeitig wurde in der Gesellschaft die Bedeutung der Hausarbeit der Frauen herabgesetzt. Für sie gibt es keine ernstzunehmende finanzielle Unterstützung, und ihr wird kein geistiger Wert beigemessen. Wenn eine Familie all die Dienstleistungen, die eine Mutter zu Hause täglich verrichtet, wie das Zubereiten der Mahlzeiten, das Saubermachen, das Wäschewaschen und die Versorgung der Kinder, bei Außenstehenden in Auftrag geben und bezahlen müsste, käme jeden Monat eine beträchtliche Summe zusammen. Der Lohn eines Durchschnittsverdieners würde nicht ausreichen, diese Dienstleistungen regelmäßig zu bezahlen. Außerdem fehlt dabei gänzlich die geistige und emotionale Seite, die man mit Geld nicht erhält.

Der Feminismus strebte nach Änderung unserer Auffassung von der traditionellen guten Mutterschaft, die bedeutet, dass eine Mutter im Alltag des Kindes präsent ist. Zum neuen Ideal wurde die gestresste Frau erhoben, die zwischen Karriere und Familie balanciert, und in Finnland wird dieses Modell durch die Staatsmacht unterstützt. Um die Berufstätigkeit der Mütter zu ermöglichen, wird durch staatliche Förderung viel Geld in Form von Tagesbetreuung für die Kinder und anderen Vergünstigungen bereitgestellt. Familien mit einem Verdiener müssen sich an der Finanzierung dieser Subventionsformen in unverhältnismäßiger Weise beteiligen und erhalten kaum eine Gegenleistung. Von einer gleichberechtigten Behandlung ist das weit entfernt.

Andererseits war der Feminismus nicht im Stande, die Auffassung der Frauen von einer guten Mutterschaft gänzlich zu ändern und sie von den widersprüchlichen Gefühlen und der Schuld zu befreien, die sie empfinden, wenn sie ihre Kinder anderen zur Betreuung überlassen. Vielen Müttern fällt es schwer, ihre Kinder in die Kindertagesstätte zu bringen. Auch eine gute Betreuung lindert nicht die Sehnsucht der Mutter und des Kindes nach gegenseitiger Nähe.

In ihrer einseitigen Betrachtung der Geschichte behaupten die Feministinnen, dass es, wenn die Frau ganz für die Familie da ist, ihrer Ehe und ihren Kindern nicht sonderlich nützt. Im Lichte der Geschichte betrachtet sieht es genau umgekehrt aus, denn während des sogenannten Patriarchats, als der Mann Familienoberhaupt war und die Verantwortung trug, hielten die Ehen bedeutend besser als in der heutigen Zeit der Ungezwungenheit der Frauen. Das lag nicht nur daran, dass eine Scheidung eine Schande und schwer zu erhalten war, sondern auch an den Bindungen in der Familie und an der Wertschätzung für die Ehe als Institution. In der Zeit der einheitlich christlich geprägten Kultur hatten die Menschen eine andere Lebenseinstellung, nach der Schwierigkeiten und Heimsuchungen ebenso zu unserem Schicksal gehören wie Selbstlosigkeit und Aufopferung.

Ehen sind wohl nie einfach. Im Gegenteil, ein Pfarrer, der viele Paare getraut hat und das Leben kennt, sagte einmal, dass Ehen entweder schwierig, noch schwieriger oder unmöglich sind. Trotzdem haben die Menschen gelernt, miteinander zu leben und gemeinsam in der zuweilen auch schweren Schule des Lebens zu reifen. Die Ecken und Kanten des Charakters schleifen sich im Laufe der Jahre ab. Die Hingabe der Frau für die Familie, der sie dient und um deren Bedürfnisse sie sich kümmert, ist von äußerster Wichtigkeit für das Gelingen der Ehe und für das Wohlergehen der Kinder. Jetzt sehen wir, wohin es führt, wenn sie fehlt. Niemand behauptet, dass ein Mensch bedeutende Resultate in seinem Beruf erreichen könnte, ohne dafür Zeit und Mühe zu investieren. Warum sollte derselbe Grundsatz nicht für die Ehe und die Familie gelten?

Der Feminismus hat Recht, wenn er feststellt, die Mutterschaft sei nicht Aufgabe aller Frauen. Das hat auch kaum jemand behauptet, denn in der Geschichte gab es immer sowohl unverheiratete als auch kinderlose Frauen. In den vergangenen Jahrhunderten stammten die Frauen mit einer Ausbildung oft aus wohlhabenden Familien (wie auch die Männer), oder sie waren Nonnen (die Männer Mönche), also kinderlos und unverheiratet. Sie wurden wegen der Arbeit geachtet, die sie sowohl für die Armen und Kranken als auch für die Kultur und die Religiosität leisteten. Genauso gibt es heutzutage Frauen, die nicht Mutter werden wollen und sich nicht dafür eignen. Außerdem halten es manche Frauen für besser, die Kinder der Betreuung durch andere zu überlassen, um beruflich Karriere zu machen oder in ihrem Leben andere Ziele anzustreben. Wenn wir die Kompetenz der Feministinnen beurteilen, für alle Frauen zu sprechen, dann sehen wir uns veranlasst festzustellen, dass sie nur diese zuletzt genannten Gruppen repräsentieren. In der Gesellschaft werden sie jedoch kritiklos als Personen anerkannt, die für alle Frauen sprechen.

Die Marginalisierung der Frau

Neben der einseitigen und falschen Interpretation der Geschichte benutzen die Feministinnen die Marginalisierung der Frauen als Stütze ihrer Argumentation. Obwohl sich die Weltbevölkerung ungefähr zur Hälfte nach den

Geschlechtern aufteilt, behauptet man, wir Frauen seien genau wie die Sklaven und die schwarzen Bürgerrechtskämpfer in Amerika Opfer und Unterdrückte. Mit dieser Begründung ist es leicht gewesen, die Männer zu Schuldigen zu erklären und für die Frauen in Ausbildung und Arbeit sowie auf den anderen Gebieten des gesellschaftlichen Lebens Vergünstigungen zu fordern.[105] Auch in Finnland hört man zuweilen, dass Frauen darauf hinweisen, obwohl es bei uns keine Sklaven und keine Schwarzen gegeben hat.

Der Feminismus behauptet, so wie Sklaverei und Apartheid durch Widerstand und harte Arbeit beseitigt werden konnten – was nicht gänzlich stimmt, denn es gibt heute in Ländern der Dritten Welt eine große Zahl von Menschen, die als Sklaven oder unter sklavenähnlichen Verhältnissen leben –, müssten auch die Frauen aus ihrer Jahrtausende währenden unterdrückten Stellung befreit werden. Der Vergleich hinkt, denn Frauen haben weltweit ganz unterschiedliche Positionen und Aufgaben, und das ist immer so gewesen. Man kann sie als Klasse weder mit den Sklaven noch mit den Schwarzen, die unter der Apartheid litten, vergleichen. Frauen haben in Gesellschaft und Familie einflussreiche Positionen gehabt, was man von den Sklaven oder den Schwarzen nicht sagen kann.

Die Feministinnen haben außerdem jene Frauen vergessen, die zu Hause und außerhalb souverän Macht ausübten. Schon im antiken Griechenland beklagte man sich über Xanthippe, die dominante und zanksüchtige Ehefrau des Sokrates. Zu allen Zeiten hat es Familien gegeben, in denen die Frau ihren Mann und ihre Kinder beherrschte und der Ehemann unterwürfig und weich war. Dann war nicht die Frau untergeordnet und unterdrückt, sondern der Mann.

In der Bibel wird von vielen einflussreichen und herrschenden Frauen berichtet. Eine solche Gestalt war die Königin Isebel, die Frau von Ahab, die zu Zeiten des Propheten Elia

---

[105] Graglia, S. 17

im nördlichen Reich Israels lebte.[106] Sie war die Tochter des Königs Sidon, der ein Götzenanbeter war und diese Praxis nach Israel brachte. Sie erwies sich als willensstarke, rücksichtslose und leidenschaftliche Frau.

Isebel hatte ihre eigene Sphäre, in der sie selbständig handelte, ohne sich darum zu kümmern, was ihr Mann dazu meinte. Sie versorgte Hunderte Propheten von Baal und Astarte und begünstigte deren Wirken. Gott strafte das Land wegen der Götzenanbetung mit einer dreijährigen Dürre. Als sich Elia zum Widerstand gegen den falschen Kult erhoben hatte und auf dem Berg Karmel mit den Götzenanbetern rang, verfolgte König Ahab die Ereignisse aus sicherer Distanz. Er tat auch nach dem kraftvollen Eingreifen Gottes keinen Handschlag, um seine Frau in die Schranken zu weisen. Sogar der Prophet Elia erschrak angesichts der Wut der willensstarken Königin. Ahab stand unter dem Einfluss Isebels und beging, von ihr angestachelt, viele Missetaten. Die Königin wurde alt, denn sie überlebte ihren Mann Ahab um vierzehn Jahre und herrschte am Hof ihrer Söhne genauso, wie sie es an der Seite ihres Mannes getan hatte.[107] Ihr Einfluss reichte über viele Generationen, denn die von ihr erzogenen Kinder und deren Nachkommen hielten sich an die Werte und Sitten ihrer Mutter.

Isebels Tochter Atalja, die Gattin Jorams wurde, des Königs von Juda, brachte die Götzenanbetung in das südliche Königreich. Sie ließ schließlich die ganze Königsfamilie umbringen und bestieg selbst den Thron für sechs Jahre. Diese Zeit wird als Schreckensherrschaft beschrieben.[108]

Isabel und Atalja sind Beispiele dafür, dass Frauen genau wie Männer Macht und Einfluss missbrauchen können. In der Frauendiskussion bleibt das unbeachtet, da die Bahnbrecher des Feminismus uns sagen, dass all die den Frauen widerfahrene Unterdrückung und das Unrecht einzig eine

---

[106] 1. Könige 18, 18-19; 19, 1-3; 21, 1-25; 2. Könige 9
[107] Saarisalo, S. 354
[108] 2. Könige 11

Folge der strukturellen Faktoren der Gesellschaft und der Vorherrschaft der Männer seien. Doch Männer und Frauen sitzen in einem Boot, und beide sind fähig zum Bösen, aber auch zum Guten.

DIE ANDROGYNE
UND ERSCHLAFFTE KULTUR

Die Unzufriedenheit der Frauen trug zur Entstehung des Feminismus bei. Große Umwälzungen sind in der Regel die Folge von Missständen und Problemen, die beseitigt und verändert werden sollen. In einer amerikanischen Untersuchung wird als mögliche Ursache der Unzufriedenheit der Frau das Erlöschen der echten Maskulinität angesehen, das einige Jahrzehnte vor den Sechzigerjahren einsetzte. Gegen Ende der Fünfzigerjahre war die Kraft der Vaterfigur geschwächt, und der Hass der Feministinnen richtete sich gegen den schwachen Vater. Schwäche weckt keine Achtung und bietet keine Sicherheit. Der starke Hass kann seinen Ursprung darin haben, dass die Männer nicht maskulin genug waren. Viele Männer haben vor der Rhetorik des Feminismus kapituliert, was den Hass nur noch vermehrt, da es beweist, dass die Feministinnen den im Unbewussten verborgenen Kern des Problems richtig erkannt haben.[109] In der Psychologie hat man festgestellt, dass oft gerade Unsicherheit, Angst und Zurückweisung die Gefühle sind, die zu Hass führen.

Der Mann hat auf die Führungsrolle in der Familie verzichtet, indem er von Generation zu Generation weniger Verantwortungsbewusstsein übernahm, passiver wurde, sich mehr zurückzog und verweichlichte. Die Frau ihrerseits ist dominanter, aggressiver und maskuliner geworden. Die in amerikanischen Familien Mitte der Sechzigerjahre sichtbar werdende Änderung der Machtstruktur hat sich auch in Finnland vollzogen. Drei Generationen früher besaßen

---

[109] Graglia, S. 54-55

die Männer eine geachtete Führungsposition in der Familie, aber als die Sechzigerjahre begannen, stellten die Frauen fest, dass die Männer an derselben Startlinie standen wie sie. Obwohl die meisten Frauen mit dem Machtverlust der Männer anscheinend zufrieden waren, brachten einige in Interviews ihren Hass auf die geschwächte, erschlaffte, unsichere und heruntergekommene Stellung der Männer zum Ausdruck. Die vermehrte Aggressivität und Maskulinität der Frauen füllte dieses Vakuum aus, das die Schwäche der Männer hinterlassen hatte.

In Finnland erhoben sich die nach dem Krieg geborenen großen Jahrgänge zum Aufstand gegen ihre Väter, die wie mein Vater ihre besten Jahre im Krieg an der Front geopfert hatten. Und jene, die zurückkehren durften, litten unter dem posttraumatischen Stresssyndrom. Die kritische Haltung und die regelrechte Verachtung gegenüber den Kriegsveteranen in der Zeit nach dem Krieg verschlimmerten deren Situation noch. Sie hatten in jungen Jahren ihre Arbeit wie ein Mann geleistet und waren in einer langen Zeit harter Heimsuchungen alt geworden. Die Gesellschaft wandte sich von ihnen ab, und die eigenen Kinder erhoben sich zum Aufstand. In den Familien zogen sich die Väter ins Schweigen zurück. Nur sehr wenige waren bereit, über die quälenden Kriegserfahrungen zu sprechen, und wenn überhaupt, dann erst im Alter.

Viele der Jugendlichen jener Zeit litten darunter, dass die Väter emotional und geistig abwesend waren, obwohl sie physisch anwesend sein konnten. Manche blieben ohne die Anerkennung des Vaters, ohne seinen Ansporn und seine Unterstützung. Um diesen Schmerz loszuwerden, machen Künstler immer noch Filme über ihr schwieriges Verhältnis zum Vater oder schreiben Dutzende Romane, um von ihrem Vater Anerkennung zu erlangen und zu beweisen, dass sie zu etwas taugen. Manche lindern ihre Bedrängnis in einer Therapie oder in der Seelsorge.

Die Väter hatten nicht die Kraft, mit den jungen Rebellen zu kämpfen, sondern zogen sich zurück. Für meine Generation fand sich niemand, der Grenzen zog, denn die Position des

Patriarchen und damit einer Achtung einflößenden Autorität zerbröckelte. Die Frauen hatten die Familien erhalten und hart gearbeitet, als die Männer an der Front waren. Sie hatten es überstanden und geschafft. Und sie hielten in vielen Familien auch weiterhin die Fäden in der Hand. Während der Rebellion der jungen Leute in den Sechzigerjahren unterstützten die starken Frauen indirekt oder offen den Aufstand der Söhne gegen ihre Väter. In der Geschichtsforschung wurde festgestellt, dass Frauen, die aufgrund ihres Verhältnisses zum Ehemann frustriert sind, manchmal versuchen, ihre Kinder gegen deren Väter aufzuwiegeln. Der Sieg der Söhne über ihre Väter schwächte die Stellung der Väter weiter, führte aber zugleich auch zu einer Schwächung der Position der Söhne selbst, weil sie für die Selbständigkeit zu jung waren und ihr Ziel mit Hilfe der Mütter erreicht hatten, nicht aber in der Auseinandersetzung Mann gegen Mann.[110]

Der Zerfall der Autorität in der Gesellschaft mit dem Zusammenbruch des Patriarchats ist unter anderem in der Veränderung zu sehen, die sich im Umgang zwischen junger und älterer Generation vollzogen hat. Meine Eltern, geboren am Anfang des letzten Jahrhunderts, siezten ihre Eltern noch. Meine Generation siezte die Lehrer und andere ältere Personen und Unbekannte bis in die Siebzigerjahre, als wir dem Beispiel Schwedens folgten und dazu übergingen, dass sich alle duzten. In der Schule kam es damals überhaupt nicht in Frage, die Lehrer unanständig anzusprechen oder zu beschimpfen, obwohl manche geärgert wurden. Jetzt kann es sein, dass schon Schüler der Unterstufe nicht druckreife Ausdrücke verwenden, wenn sie mit einem Lehrer sprechen, von den Klassenkameraden ganz zu schweigen, zu denen man schnell mal »Homo« und »Hure« sagt. Als die Väter und auch die Mütter ihre Autorität in der Familie verloren, verschwand sie auch in der ganzen Gesellschaft. Wenn man zu Hause nicht lernt, die Eltern zu achten, wie könnte man es dann anderswo tun?

---

[110] Graglia, S. 57-58

Die wachsende Kluft zwischen Männern und Frauen förderte den Verfall der Familienverhältnisse und kulminierte in der Jugendbewegung der Sechzigerjahre, die sich von den traditionellen Werten abwandte. Eine solch umfassende Rebellion wäre nicht möglich gewesen, wenn nicht vorher die patriarchalische Autorität zerbrochen wäre. Das war ein Sieg des Feminismus und führte zur Akzeptanz der Androgynie und zur Minderung des Wertes der Maskulinität, was eine weitreichende Bedeutung hatte. Der Wert der Feminität nahm im gleichen Maße zu. Man bemühte sich, Jungen und Männer umzugestalten, sie weicher und femininer zu machen. Als meine Kinder klein waren, versuchten die Frauen in der Erziehung durchzusetzen, dass man kleinen Jungen keine Waffen als Spielzeug kaufte, damit sie nicht aggressiv wurden. Stattdessen sollte man ihnen Puppen geben, damit auch sie lernten, sich um jemanden zu kümmern und im Spiel einen Haushalt zu versorgen. Aus irgendeinem Grund brachte ein derartiges Erziehungssystem nicht das gewünschte Ergebnis, denn die Jungen bauten sich eben Waffen aus Stöcken, wenn sie keine Flinte hatten. Die Puppen warfen sie in die Ecke.

Bis zum Ende der Sechzigerjahre hatten sich die Geschlechter allmählich einander angenähert. Frauen waren immer maskuliner und Männer immer femininer geworden. Das Ideal war ein Neutrum. Man strebte danach, die spezifischen Züge der Geschlechter verschwinden zu lassen. Das zeigte sich in der Kleidung, beispielsweise darin, dass Unisex-Sachen in Mode kamen. Es zeigte sich ebenso bei den Frisuren, in der Musik, im Tanz, in der Malerei und im Theater. Die Männer benutzten nun Erzeugnisse der Schönheitspflege und Schmuck. Auch die Freizeit verbrachte man jetzt anders. Frauen begannen, männliche Sportarten zu betreiben. Man spornte die Frauen an, im Umgang mit Männern und im Sexualverkehr die Initiative zu ergreifen und aggressiv zu sein. Mädchen wurden ermutigt, bislang von Männern dominierte Fächer zu studieren, und umgekehrt.

Die Entwicklung führte zu einer Verzerrung des Geschlechts, das uns bei der Schöpfung gegeben wurde, und des Reichtums, den es mit sich bringt. Die in der Gesellschaft akzeptierte Androgynie hat die Bestrebungen der Feministinnen bestärkt, die Unterschiede zwischen den Geschlechtern überflüssig werden zu lassen. Gleichzeitig hat es den Frauen die Möglichkeit genommen, ihr eigenes Frausein zu genießen, dessen wesentlicher Bestandteil die Fähigkeit ist, neues Leben auszutragen, zu gebären und zu versorgen.

Die Wissenschaft ist zu dem Schluss gekommen, dass neben der Schwächung der Maskulinität die Veränderung der Versorgerethik zur Unzufriedenheit der Frauen beitrug. Diese Unzufriedenheit wiederum ließ die feministische Bewegung entstehen. Noch Anfang der Sechzigerjahre funktionierte in Finnland das Modell vom Mann als Versorger der Familie, das die Männer anspornte, zu heiraten, für die Familie zu arbeiten und sich in dieser Weise um die Bedürfnisse der Ehefrau und der Kinder zu kümmern. Diese Anschauung entsprach der herrschenden Meinung in der Gesellschaft, und ein anständiger Mann handelte dementsprechend. Gegen Ende der Siebzigerjahre schwächte sich diese Ethik ab. Einen Mann, der eine Heirat bis ins mittlere Alter aufschob und Frauen mied, die von ihm wirtschaftlich abhängig werden könnten, hielt man nun für normal und nicht für in verdächtiger Weise abweichend. Die Männer widmeten sich ihren eigenen Wünschen und Sehnsüchten, und das galt nun als normal.[111]

Die Veränderung der Versorgerethik setzte schon vor der feministischen Bewegung ein und vollzog sich durchaus nicht allein als Reaktion auf diese. Vom Standpunkt jener Frauen, die gern weiter das Leben der traditionellen Frau geführt hätten, in dem der Mann für das Einkommen der Familie verantwortlich ist und die Frau für das Zuhause und die Kinder, war die Richtung der feministischen Bewegung problematisch. Die Rhetorik der Frauenbewegung beschleunigte den Rückzug der Männer aus ihrer Verant-

---

[111] Graglia, S. 62

wortung. Zugleich trafen sich diese beiden Bewegungen des Aufruhrs. Feministinnen verwarfen die Ethik vom Mann als Versorger der Familie und gaben die gleichen Klagen wieder, die auch die rebellierenden Männer vorgebracht hatten. Das gemeinsame Ziel des Angriffs war die vom Mann wirtschaftlich abhängige Mutter und Hausfrau, die als »Schmarotzer« bezeichnet wurde, der auf Kosten eines anderen lebt.[112] Die Entwicklung führte somit sowohl die Männer als auch die Frauen weg von der gegenseitigen Abhängigkeit, von der Bindung an die Familie und der sich daraus ergebenden differenzierten Verantwortung.

Über diese Themen wurde in Finnland seit den Sechzigerjahren eine heftige Diskussion geführt. Neben Christen widersetzen sich auch viele andere dieser neuen Orientierung und warnten vor den Problemen, zu denen die Entwicklung führen würde. Im Parlament wurde oft um familienpolitische und ethische Richtungsentscheidungen gerungen, aber im Ergebnis ihres zielstrebigen und hartnäckigen Handelns gewann die neue Richtung mehr und mehr an Boden. Infolgedessen ist die Stellung der Familie als Institution im Vergleich zu früher schwächer geworden, Frauen und Kinder sind immer schutzloser, und viele suchen in Surrogaten Trost für die Bedrängnis im Leben.

DIE GEGENWART
UND DAS ANTIKE ROM

Ein Prediger sagte vor 3000 Jahren, es geschehe nichts Neues unter der Sonne, was nicht schon vorher geschehen wäre und nicht auch in Zukunft geschehen würde.[113] Obwohl sich die Geschichte nicht direkt wiederholt, folgen doch viele Phänomene im Strom der Zeit den gleichen Grundsätzen. Wir denken nicht immer daran, in welch großem Maße die Gegenwart auf der Vergangenheit beruht.

---

[112] de Beauvoir (1980), S. 335 der finnischen Ausgabe, Friedan (1967), S. 246 der finnischen Ausgabe
[113] Prediger 1, 9-10

Das Individuum hat seine Wurzeln in der Familie und in der Kette der Generationen so wie die heutigen Kulturen ihre Quellen in vergangenen Zivilisationen und philosophischen Denkweisen haben. Die kulturellen Wurzeln der modernen westlichen Welt liegen im antiken Rom, in dem die vorangegangene griechische Zivilisation aufgegangen war. Sie haben einen bis heute reichenden starken Einfluss sowohl auf die Gesetzgebung als auch auf das politische Denken. In der Situation der heutigen Frau und ihrer Schwestern aus der Antike finden sich ebenfalls verblüffende Übereinstimmungen. Unsere Zeit ist im Licht der Geschichte nicht so einzigartig, wie wir vielleicht denken.

Simone de Beauvoir untersuchte die Lebensbedingungen und die Freiheit der Frauen in der römischen Zeit und stellte Dinge fest, die auf überraschende Weise denen in unserer Zeit ähneln. Sie berichtet, dass die römische Frau in der Zeit der Republik sowohl zu Hause als auch in der Gesellschaft sehr einflussreich war. Sie wohnte im Mittelpunkt des Hauses, im Atrium, stand der Arbeit der Sklavinnen vor, leitete die Erziehung der Kinder und übte viel Einfluss auf deren Leben aus. Sie teilte die Arbeiten und Sorgen ihres Gatten und wurde als Mitbesitzerin des Eigentums ihres Ehemanns angesehen. Sie war Herrin des Hauses, die »Domina«, und Partnerin des Mannes, die sich an den religiösen Kulthandlungen beteiligte. Sie nahm an den Mahlzeiten und Festen teil und besuchte das Theater. Auf der Straße machten die Männer ihr Platz, die Konsuln und Liktoren traten vor ihr auf die Seite. Der römische Politiker Cato sagte: »Überall beherrschen die Männer die Frauen, und wir, die wir alle Männer beherrschen, werden von unseren Frauen regiert.«[114]

Später in der Kaiserzeit erhielt die Frau zusätzliche Rechte in wirtschaftlichen Dingen. Im Fall einer Vormundschaft oder wenn sich ihr Ehemann schlecht benahm, wurden ihr die Kinder überantwortet. Die Frau durfte erben, sie hatte genau wie der Vater Anspruch auf die Achtung ihrer Kinder, sie durfte ein Testament aufsetzen, dank der Einrich-

---

[114] de Beauvoir (1968), S. 96-97

tung der Mitgift kam sie aus der Ehe heraus, und sie durfte sich nach Belieben scheiden lassen und wieder verheiraten. Allerdings besaßen die Frauen nicht die Möglichkeit zu politischem Handeln und versammelten sich deshalb zu Demonstrationen. Sie verbreiteten Chaos und Aufruhr in der ganzen Stadt, brüteten Verschwörungen aus, erstellten Listen von Vogelfreien und schürten Bürgerkriege. Das brachte freilich nicht das von ihnen gewünschte Ergebnis, denn man schloss sie vom öffentlichen Leben mit allen Rechten und Pflichten aus. Die Institution Familie zerfiel allmählich, und schließlich gab es für die Frauen keinerlei Normen. Sie hatten die Wahl zwischen zwei Lösungen: Entweder sie hielten an den Werten ihrer Ahninnen fest, oder sie erkannten überhaupt keine Werte mehr an. Viele Frauen weigerten sich, Kinder zu gebären, und ihr Verhalten führte zu einer größeren Zahl von Scheidungen. Die Gesetze untersagten auch weiterhin den Ehebruch, aber manche Frauen gingen so weit, dass sie sich als Prostituierte einschreiben ließen, um tun zu können, was sie wollten.

Bis dahin hatte die lateinische Literatur den Frauen gegenüber immer Achtung bekundet: Jetzt aber zogen die Satiriker gegen sie zu Felde. Sie griffen dabei übrigens nicht die Frauen im Allgemeinen an, sondern die Römerinnen. Juvenal warf ihnen ihre Sittenlosigkeit und ihren Luxus vor; er tadelte sie, weil sie nach den Beschäftigungen der Männer strebten: Sie interessierten sich für Politik, steckten ihre Nase in die Akten der Prozesse, führten Wortgefechte mit Gelehrten, begeisterten sich für Jagd, Wagenrennen, Fechten und Ringkampf. Tatsache ist, dass sie vor allem durch ihren Hang zu Vergnügungen und durch ihre Laster mit den Männern zu konkurrieren versuchten. Simone de Beauvoir kommt zu dem Schluss, dass ihnen die gesetzlichen Rechte für das Handeln in der Gesellschaft und die wirtschaftliche Selbständigkeit fehlten. Ihrer Ansicht nach ist »die Römerin der Verfallzeit die typische falsche Emanzipierte, die in einer Welt, deren Herren praktisch allein die

Männer sind, nur die hohle Form der Freiheit besitzt: sie ist frei ‚für nichts'.«[115] Was geschieht in unserer Zeit Neues unter der Sonne?

Ein kurzer Blick auf die Stellung der Frau im antiken Rom zeigt, dass es im Laufe der Jahrhunderte vielerlei Phasen der Entwicklung gegeben hat. Wir können die Frau deshalb nicht einfach in das Paket der Geschichte stecken und sagen, ihre Stellung sei immer eine ganz bestimmte gewesen. Während des allmählichen Verfalls von Rom verschlechterte sich die Stellung der Frau, und ihre Wertschätzung in der Gesellschaft verringerte sich.

Beim endgültigen Untergang Roms zeigen sich mehrere Faktoren, die man mit unserer Zeit vergleichen kann. Rom war eine Großmacht, deren militärische Stärke man fürchtete. Die wohlhabenden Menschen lebten in materiellem Wohlstand. In Rom liebte man Komfort, Überfluss und Vergnügungen. »Brot und Zirkus« mussten geboten werden. Der Unterschied zwischen den sehr reichen und den armen Menschen wuchs. Das ist heute sowohl zwischen den Völkern als auch innerhalb eines Volkes sichtbar. Die Römer hatten ein von Zwangsvorstellungen bestimmtes Verhältnis zum Sex, der überall florierte. »Als ihr Reich sich zerrieb, gaben die dekadenten Römer sich einem Durst nach Gewalt und der Befriedigung ihrer Sinnlichkeit hin.«[116] Apathie bemächtigte sich der Gesellschaft, und das zeigte sich unter anderem in der Verarmung von Kunst und Kreativität. Die Menschen wollten immer mehr auf Kosten der Gesellschaft leben. Als die Wirtschaft des Staates in Schwierigkeiten geriet, wurde die autoritäre Verwaltung verschärft, mit der man der Apathie entgegenwirken wollte. Arbeit war nicht mehr freiwillig, sondern der Staat regulierte sie immer deutlicher, und somit verloren die Menschen ihre Freiheit. »Aufgrund der allgemeinen Apathie und der sich daraus ergebenden Konsequenzen und auch wegen der unterdrückenden Kontrolle hielten

---

[115] ebd., S. 99-100
[116] Schaeffer (1977), S. 17

es wenige für wert, die alte Zivilisation zu retten.«[117] Rom fiel nicht durch den Angriff der Barbaren von außen. Diese versetzten der innerlich gestorbenen Kultur nur den Todesstoß.

Als sich das Volk Israel von Gott und den durch ihn erlassenen Geboten und der Wahrheit abwandte, beweinte der Prophet Jeremia, dass in der Stadt der Tod herrschte.[118] Er meinte das nicht nur physisch, sondern sprach im weiteren Sinne vom Tod einer ganzen Kultur und Gesellschaft. In der westlichen nachchristlichen Zivilisation vollzieht sich dieselbe Entwicklung, da der Mensch allmählich die Grundlage zerstört, auf der er in Freiheit und ohne Chaos leben kann. Die Werte sind zusammen mit dem christlichen Wissen gestorben, welches wir in der Gesellschaft verworfen haben.

---

[117] ebd.
[118] Klagelieder 1; Jeremia 9, 9-25

6. DIE HUMANISTISCHEN WURZELN DES FEMINISMUS

Philosophische Richtungen haben ihre Wurzeln, aus denen sie ihr Wissen, ihre Glaubensvorstellungen und ihre Begründungen als Stütze ihrer Argumente schöpfen. Nach dem Gleichnis Jesu vom Obstbaum kann ein guter Baum keine schlechten Früchte hervorbringen und ein fauler Baum keine guten.[119] Von der Qualität des Baums, von seinen Wurzeln und den über sie aufgenommenen Nährstoffen hängen die Früchte ab. Deshalb ist es gut, zu untersuchen, was für Wurzeln der Feminismus hat. Sie finden sich im Humanismus, dessen Eckpfeiler die Ablehnung Gottes, die Evolution, das Fehlen einer Grundlage der Moral, der autonome und egozentrische Mensch sowie die autoritäre Verwaltung sind.[120]

Die Diskussion um die Frauenfrage ist ein Kampf auf dem Gebiet der Gedanken, der Annahmen und Glaubensvorstellungen. Zielbewusst und beharrlich hat der Feminismus für eine neue Auffassung von Frausein und Mutterschaft in der Gegenwart gesorgt.

Die Geschichte der Menschheit und der Wechsel der Kulturen sind der Strom der Zeit, dessen Quelle die Gedankenwelt der Menschen ist. Deshalb sind wir einzigartig. Wir tun in der Praxis das, was wir mit unserem Verstand denken. Das gilt für unsere Wertvorstellungen wie für unsere Kreativität, für die gemeinsamen Beschlüsse der Gesellschaft wie für die politischen Entscheidungen und unser persönliches Leben. Die Ergebnisse unserer Gedankenwelt zeigen sich in unseren Worten wie in unseren Taten.[121]

Wir haben bestimmte Denkvoraussetzungen und richten unser Handeln viel deutlicher nach ihnen aus, als uns bewusst ist. Francis Schaeffer verstand unter Denkvoraus-

---

[119] Matthäus 7, 15-20
[120] Rogers, S. 140-43
[121] Schaeffer (1977), S. 11

setzungen unsere grundlegende Auffassung vom Leben, in deren Licht wir die Dinge betrachten. Sie beruht auf dem, was wir von der Welt glauben und für wahr halten. Und sie bestimmt das Fundament unserer Werte und beeinflusst damit maßgeblich unsere Entscheidungen.

Im Buch der Sprichwörter heißt es: »Denn in seinem Herzen ist er berechnend; er spricht zu dir: Iss und trink!, und sein Herz ist doch nicht mit dir«.[122] Die englischsprachige Amplified Bible bringt die Sache so zum Ausdruck: »As a man thinks in his heart so is he«. Der Verfasser der Sprichwörter hatte festgestellt, dass ein Mensch einem anderen etwas Positives und Gutes sagen, aber das genaue Gegenteil denken und dementsprechend handeln kann. In dem Sprichwort ist eine sehr tiefe Wahrheit verborgen. Wir unterliegen als Menschen nicht nur dem Einfluss äußerer Kräfte. Wir haben unsere eigene innere Welt, von welcher aus wir handeln und auf unsere Umgebung Einfluss nehmen. Wenn wir nur die Aktivität nach außen betrachten, vergessen wir, dass sich in uns der eigentliche Akteur befindet. Die innere Gedankenwelt bestimmt unsere äußeren Taten. Jesus sagte, dass böse Gedanken und die anderen Sünden aus dem Inneren kommen und den Menschen unrein machen.[123]

Was wir heutigen Frauen über unser Frausein denken, kommt aus unserer inneren Welt. Wir tun Dinge, die wir in unserem Denken für richtig, schätzenswert und gut halten. Wir wollen vor uns selbst wie in den Augen anderer rechtschaffene Frauen sein. Während unseres gesamten Lebens empfangen wir Anregungen von außen, und unsere innere Welt fügt sie unseren schon vorhandenen Glaubensvorstellungen hinzu, nachdem wir zunächst auf der Basis unserer grundlegenden Anschauungen entschieden haben, ob sie der Wahrheit entsprechen. Wir lehnen von außen kommende Impulse und Ansichten ab oder akzeptieren sie, je nachdem, wie gut sie in unseren eige-

---

[122] Sprichwörter 23, 7
[123] Markus 7, 21-23

nen Bezugsrahmen passen, der sich seit unserer frühesten Kindheit entwickelt hat. Die Frau von heute hat begonnen, an jene Werte zu glauben, die man uns lehrt.

Es hat großen Einfluss auf unsere Wertvorstellungen, in welcher Kultur wir leben. In Finnland beruht sie nicht nur auf dem Fundament des christlichen Glaubens, sondern auch auf dem des Humanismus. Dieser ist eine in Italien am Ende des Mittelalters entstandene Weltanschauung, die sich auf der Grundlage der antiken Tradition eine neue Art der Annäherung an Wissenschaft und Kultur zu eigen machte. Heutzutage versteht man unter Humanismus meist eine Lebensanschauung, nach welcher der Mensch das Zentrum der Wirklichkeit ist.[124] Es ist eine Auffassung, die auf menschliche Klugheit baut. Auf dieser Auffassung beruhen die Hauptströmungen der Gegenwart wie auch der Feminismus.

ABWENDUNG VON GOTT

Wir leben sowohl in Finnland als auch in ganz Europa in der nachchristlichen Zeit. Der früher hier deutliche christliche Einfluss schwindet. Das Christentum macht in fast allen Erdteilen mit Ausnahme Europas große Fortschritte. In vielen Ländern ist es einfach, mit Menschen über Fragen im Zusammenhang mit dem Glauben zu diskutieren, hier jedoch nicht. Nur wenige postmoderne Menschen in Europa bauen ihr Leben auf dem christlichen Glauben auf. Dagegen pflegen wir die humanistische Utopie aus der Zeit der Aufklärung, deren Eckpfeiler Vernunft, Natur, persönliches Glück, Fortschritt und Freiheit sind. Im Zentrum von allem steht der Mensch, und Gott wurde beiseite geschoben.

Die Denker der Aufklärung waren der Auffassung, dass sich der Mensch und die Gesellschaft durch menschliche

---

[124] *Tietojätti,* S. 281

Maßnahmen vervollkommnen ließen. Bei denen, die damals eine Art Glaube an Gott besaßen, handelt es sich meist um Deisten. Sie glaubten, dass Gott die Welt erschaffen, dann aber sich selbst überlassen hatte. Ihrer Ansicht nach hat er den Menschen die Wahrheit nicht offenbart. Wenn Gott überhaupt existierte, dann schwieg er.[125]

Schon seit der Antike waren den nichtchristlichen Philosophen drei Dinge gemeinsam. Sie sind Rationalisten, was bedeutet, dass der Mensch, auch wenn er begrenzt und eingeschränkt ist, sich selbst als Ausgangspunkt nehmen und auf dieser Grundlage universelle Grundsätze bilden kann. Ein Rationalist lehnt alles Wissen außerhalb des Menschen und insbesondere das von Gott erhaltene Wissen ab. Zweitens nehmen sie die Vernunft äußerst ernst und halten sie für kompetent, alle Dinge zu beurteilen. Drittens sind diese nichtchristlichen Philosophen optimistisch, indem sie glauben, mithilfe der Vernunft zu einem einheitlichen und wahrhaftigen Wissen über das Sein gelangen zu können. Wenn das verwirklicht würde, dann besäßen die Menschen eine ausreichende Grundlage für das Verständnis des Universums und des ganzen Lebens.[126] Für Gott war in einer solchen Denkweise kein Platz.

Die Umwälzungen, die zur Entstehung der modernen Wissenschaft führten, beruhten auf einer christlichen Grundlage. Die Wissenschaftler glaubten damals, dass die Naturgesetze in einem offenen System wirken, in dem sowohl Gott als auch der Mensch außerhalb der von Ursache und Wirkung bestimmten Mechanik des Kosmos stehen und sie deshalb beide beeinflussen können. Es folgte der Übergang zur nächsten Entwicklungsphase der Wissenschaft, in der das offene System zum geschlossenen wurde. Darin gibt es nichts, das außerhalb der kosmischen Mechanik liegt. Die Wissenschaftler gebrauchten im 17. und 18. Jahrhundert weiterhin das Wort Gott, drängten ihn aber immer weiter aus ihrem System hinaus. Schließlich gelangten sie zum Konzept eines völlig geschlosse-

---

[125] Schaeffer (1977), S. 116
[126] ebd., S.141-142

nen Systems, in dem es für Gott keinen Platz mehr gab, für den Menschen aber auch nicht. Der Mensch als solcher verschwand, man sah ihn nun als eine Art behavioristische und determinierte Maschine. Vor dieser Veränderung wurde das Gesetz von Ursache und Wirkung hauptsächlich in der Physik, Astronomie und Chemie angewandt. Später übertrug man es auch auf die Wissenschaften, die wie Psychologie und Soziologie den Menschen erforschen.

Die Wissenschaftler früherer Zeiten hätten diese neue Auffassung nicht akzeptiert. Sie setzte sich nicht deshalb durch, weil sie wissenschaftlich als richtig bewiesen worden wäre, sondern weil die jüngeren Wissenschaftler eine neue philosophische Anschauung vertraten. Nicht die wissenschaftlichen Entdeckungen an sich ließen sie diese Auffassung annehmen, sondern es war vielmehr ihre Weltanschauung, die zu dieser Veränderung führte. Ihre Denkvoraussetzungen waren naturalistisch oder materialistisch. Als sie anfingen, so zu denken, gab es keinen Platz mehr für Gott oder für den Menschen als Menschen. Als die Psychologie und die Sozialwissenschaften ein Teil des geschlossenen Systems wurden, starb nicht nur Gott, sondern auch der Mensch. Ebenso erging es der Liebe. In einem solchen System ist kein Platz für die Freiheit, und schließlich wird der Mensch zur Null. Er und seine Arbeit sind lediglich Teil eines Mechanismus. Dann ist das Leben zwecklos und ohne Sinn.[127]

Wir Frauen suchen Liebe, Güte, Gerechtigkeit und ein Gleichgewicht in unserem Leben. Doch all das geht in dem geschlossenen System, in dem Gott aus dem Alltagsleben verdrängt wurde, verloren, und das wird zum Problem. Dabei bewahrheitet sich die alte Redewendung »homo homini lupus est«, der Mensch ist dem Menschen ein Wolf.

Die Entstehung des Feminismus muss man vor dem Hintergrund dieser philosophisch-historischen Entwicklung betrachten. Die Unzufriedenheit der Frauen wie auch der Männer mit dem Leben und seiner Nutzlosigkeit kommt

---

[127] ebd., S. 142-144

im tiefsten Inneren aus dem allgemeinen weltanschaulichen Umbruch, bei dem der Mensch ins Zentrum von allem rückte und Gott aus der Wissenschaft, der Kunst, der Philosophie, der Moral und Ethik verdrängt wurde. Hinter der Übernahme des Feminismus steht die Änderung der philosophischen Auffassung.

EVOLUTION

Eine andere Wurzel des Feminismus, die aus dem humanistischen Denken stammt, ist die Evolution, die in fast der gesamten wissenschaftlichen und philosophischen Forschung und Denkweise allgemein anerkannt ist. Die postmoderne Auffassung vom Menschen beruht auf Charles Darwins Theorie von der Entstehung des Lebens. Danach hat sich alles biologische Leben durch einen als natürliche Auslese bezeichneten Prozess aus einfacheren Formen entwickelt.

Die Probleme der Theorie liegen unter anderem darin, dass sie nicht zuverlässig erklären kann, wie diese Prozesse funktionieren. Damit hängen wiederum Probleme der Statistik zusammen, denn statistische Untersuchungen zeigen, dass der bloße Zufall in keinerlei Zeitrahmen aus dem ursprünglichen Chaos die heutige komplexe biologische Vielfalt hätte hervorbringen können. An sich zeigt die Statistik noch ein anderes Problem, denn nach ihren Erkenntnissen ist es fraglich, ob der bloße Zufall überhaupt eine anhaltende und zunehmende Vielgestaltigkeit hervorbringen kann. Wenn nur der Zufall am Werk ist, warum sollte sich dann das, was existiert, einschließlich der biologischen Strukturen, in Richtung einer konsequenten Zunahme der komplexen Vielfalt entwickeln?

Das wesentlichste Problem in Bezug auf die Theorie besteht darin, dass niemand im Stande war, unbestreitbar nachzuweisen, wie sich der Mensch nur durch Zeit und Zufall aus leblosem Material entwickeln konnte. Die Gedankenkonstruktion führt entweder dazu, dass aus dem Menschen ein Nichtmensch wird, oder man beginnt die Theorie mit wortreichen Wendungen ohne echten Inhalt und ohne überzeugende Antworten zu erklären. Die humanistischen Denker, die sich selbst als autonomes Zentrum von allem sahen, gelangten entweder zu der Schlussfolgerung, dass es im Leben keine Werte und keinen Sinn gibt, oder sie versuchten, mit reiner Rhetorik, die schön klingt, Sinn und Wert herbeizureden. Somit bleiben als Problem die Fragen des Wie und Warum. Die Theorie, dass vom Molekül bis zum Menschen eine lückenlose Kette existiert, die sich auf der Grundlage von Zeit und Zufall ergeben hat, lässt diese Fragen unbeantwortet.[128]

Wenn Gott den Mann und die Frau nicht so geschaffen hat, dass sie einander in ihrem Geschlecht ergänzen, sondern wenn sie sich im Lauf von Millionen Jahren zufällig entwickelt haben, gibt es keinen Grund für die Beziehungen zwischen ihnen. Dann kann man über ihre Gleichheit oder über ihre Zufriedenheit beispielsweise mit dem Tausch der Rollen alles mögliche behaupten. Wenn der Mensch sich selbst definiert, ohne ein Absolutum, das von außerhalb kommt, kann man zu jedem Endergebnis gelangen und behaupten, dass es funktioniert und gut ist. So wie im geschlossenen System ohne Gott der Mensch als Mensch verschwindet, so verschwindet das Frausein als von Gott geschaffenes besonderes Geschenk. Daraus wird ein bloßer biologischer Determinismus. In der feministischen Bewegung sucht man auf anthropozentrische Weise nach Lösungen für die großen Fragen des Lebens.

Die Genforschung hat bestätigt, dass das gesamte Menschengeschlecht seinen Ursprung in den gleichen Vorfahren hat. In der wissenschaftlichen Zeitschrift *Nature genetics* wurde 1997 ein Untersuchungsergebnis veröffentlicht, wonach der moderne Mensch erst seit 6500 Jahren hier ist. Die Untersuchung beruht auf den Mitochondrien, den Energie produzierenden Organen der Zellen, die ihre

---

[128] ebd., S. 146

eigenen Gene haben.[129] Nach der Bibel wurde der Mensch vor ungefähr 6500 Jahren erschaffen. Wir sind alle Nachfahren von Adam und Eva. Sie waren keine wilden Menschen, sondern als Geschöpfe Gottes vollkommen in ihrem Zustand der Unschuld vor dem Sündenfall. Damit begann der allmähliche genetische Verfall durch Mutationen.

DAS FEHLEN
DER MORALISCHEN
GRUNDLAGE

Da man im Humanismus vom Menschen selbst ausging, ist es ihm unmöglich, universelle Begriffe oder Absoluta zu finden, die der Existenz des Menschen einen Sinn und der Moral eine Grundlage verleihen. In der Philosophie spricht man vom Konflikt zwischen Natur und Gnade. Ist der Ausgangspunkt allein der Mensch oder Dinge der Welt, besteht das Problem darin, ihnen einen endgültigen und ausreichenden Sinn zu geben. Wenn es für die Existenz des Menschen keinen tieferen Sinn gibt, welchen Nutzen hat das Leben dann überhaupt, und was könnte in diesem Fall die Grundlage der Moral, der Werte und der Gesetze sein? Wenn wir von einzelnen Handlungen ausgehen, statt vom Absoluten, wie können wir dann sicher sein, eine gültige Antwort auf die Frage zu bekommen, was an diesen Handlungen richtig und falsch ist?[130]

Schaeffer beschreibt, wie in der christlichen Weltanschauung gleichsam im Obergeschoss Gnade, Gott und Schöpfer zu finden sind. Dorthin gehören der Himmel und die himmlischen Dinge, die unsichtbare Welt und ihr Einfluss auf der Erde, die universellen Begriffe, die Absoluta, die dem Leben und der Moral Sinn verleihen. Im Untergeschoss befindet sich die Natur, das heißt das Geschaffene. Dazu gehören die Erde und die irdischen Dinge, die sicht-

---

[129] Reinikainen, S. 202-203
[130] Schaeffer (1977), S. 45, 48

bare Welt und all das, was normalerweise im von Ursache und Wirkung bedingten Universum geschieht. Dazu gehört, was der Mensch als Mensch tut, die Vielfalt oder die individuellen Dinge und Handlungen. Wenn die Richtung nicht vom Obergeschoss ins Untergeschoss weist, ist es schwierig, zu einem allgemeingültigen Endergebnis vom Untergeschoss nach oben zu gelangen.

Jean-Paul Sartre stellte zu seiner Zeit Überlegungen an, was dem Leben einen allgemeingültigen und vernünftigen Sinn verleiht. Er definierte es so: Das Endliche an sich ist ein absurder Gedanke, wenn es keinen unendlichen Bezugspunkt hat. Das versteht man am einfachsten auf dem Gebiet der Moral. Wenn keine absoluten moralischen Werte bestehen, kann niemand zuverlässig bestimmen, was richtig und was falsch ist. Der Begriff Absolutum bezeichnet in diesem Zusammenhang die Wahrheit, die immer gilt und uns eine allgemeingültige Norm bietet, die wir anwenden können. So etwas muss existieren, damit es irgendeine Moral und Werte geben kann. Wenn es über dem Menschen und außerhalb von ihm kein Absolutum gibt, existiert kein höchster Richter, an den wir uns im Streitfall zwischen Menschen und Gruppen wenden können. Es bleiben dann nur widersprüchliche Meinungen.[131]

In der nachchristlichen Kultur sind bei uns zwar die aus der Bibel kommenden Werte und Normen vorhanden, aber ihre Bedeutung und Wertschätzung hat abgenommen. Heutzutage werden kontroverse moralische und ethische Fragestellungen sogar theologisch so interpretiert, als sei die Lehre der Bibel bei diesen Themen an ihre Zeit und deren Kultur gebunden und als gelte sie nicht in der postmodernen Zeit. Das stellt die Autorität der Bibel in Frage, aber wenn wir in ihr keine absoluten Normen haben, was bleibt uns dann noch? Jeder tut das, was er für richtig hält, und meistens bedeutet das, egozentrisch den eigenen Vorteil anzustreben. Im Schlepptau dieser Haltung kommt das Chaos.

---

[131] ebd., S. 141

Dass die auf dem Humanismus beruhende feministische Ideologie auf die Absoluta der Moral verzichtete, hat zum Verfall von Ehe und Familie geführt und damit zu einem immer stärkeren Unbehagen in der Gesellschaft. Da die Familie die Kernzelle der Gesellschaft ist, wirken die Veränderungen, die sich dort vollzogen haben, wie Multiplikatoren.

DER AUTONOME
EGOZENTRISCHE MENSCH

Der Humanismus strebt den autonomen Menschen an, der unabhängig von Gott und der Verlautbarung der Bibel ist. Der französische Philosoph Jean-Jacques Rousseau, der im 18. Jahrhundert lebte, besaß einen enormen Einfluss auf seine Zeitgenossen, die seinen Ideen folgten und anfingen, sie zu verwirklichen. Die Folgen reichen bis in unsere Tage. Rousseau verkündete, der Mensch werde frei geboren, sei aber überall in Ketten. Er hielt die primitive und autonome Freiheit für das höchste Gut. Damit meinte er nicht nur die Freiheit von Gott oder von der Bibel, sondern die Freiheit von jedweder Art von Einschränkung durch die Kultur oder die Autorität der Gesellschaft. Ziel war die absolute Freiheit des Individuums. Dabei steht der Mensch im Zentrum des ganzen Universums. Letztlich ergab sich aus dem Konzept der autonomen Freiheit ein Boheme-Ideal, bei dem der Held ein Mensch ist, der gegen alle Maßstäbe, Werte und Einschränkungen der Gesellschaft kämpft.[132]

Rousseaus Gedanken von der Boheme-Freiheit führten in den Sechzigerjahren des vergangenen Jahrhunderts zur Hippie-Bewegung, in der sich die junge Generation hemmungslos Genüssen, Erfahrungen und Gefühlen hingeben wollte. Was gut erschien, war richtig, und dazu passten Drogen und andere Suchtmittel. Jeder durfte tun, was er

---

[132] ebd., S. 152-154

wollte. Das zog ein Anwachsen des Egozentrismus und eine Abnahme jener Einstellungen nach sich, die aufopferungsvoll die Bedürfnisse anderer berücksichtigen.

»Ich will, dass meine Wünsche wahr werden, alle anderen sind mir egal.« Ein Mensch, der nach diesem Prinzip handelt, will eher nehmen, denn geben. Das führt nicht zur Liebe, sondern in die Begierde, und nicht zur Hilfsbereitschaft, sondern zu Forderungen. Dies wiederum bewirkt Hass und Krieg. Das autonome Denken hat in der Geschichte niemals zu einer besseren Welt, sondern zu Chaos und Blutvergießen geführt. Der egozentrische, autonome Mensch ist nicht an sich unbegrenzt gut, und sein Potenzial entwickelt sich nicht dann am besten, wenn die Faktoren in seinem Umfeld so verändert werden, dass sein sogenanntes freies geistiges Wesen die besten Entwicklungsbedingungen erhält.

Das war dieselbe Generation, die sich für die feministischen Ideen begeisterte. In der Philosophie hatte man trotz aller Versuche keine allgemeingültigen Universalien und Absoluta gefunden, als Gott beiseite geschoben worden war. Die Denker verloren ihre Hoffnung und wurden zu Pessimisten. Die Erschütterungen und Enttäuschungen durch die Weltkriege verstärkten das. Der vernunftbegabte Mensch hatte eine Zerstörung bar jeder Vernunft erreicht. Da die Wahrheit mit Hilfe der Vernunft nicht zu finden war, wandte man sich Gefühlen und Erfahrungen zu.

Das Interesse für Drogen und orientalische Religionen wurde geweckt, als die Menschen im Nicht-Rationalen Antworten und Erfahrungen auf die Frage nach dem Sinn des Lebens suchten. Aldous Huxley, der schon 1932 das Buch *Schöne Neue Welt* schrieb, bot darin offen Drogen als Lösung für die Probleme an. Da der Mensch die von außerhalb seines Selbst kommende objektive Wahrheit verworfen hatte, blieb ihm nur die Alternative, dass sich die Wahrheit in seinem Gehirn befindet. Die objektive Wahrheit verschwand, und die Vernunft wurde geleugnet.[133]

---

[133] ebd., S. 167-168

Das humanistische Streben nach Autonomie, Unabhängigkeit von Gott und von dem, was er uns in der Bibel lehrt, hatte in Finnland und den anderen westlichen Ländern deutliche Auswirkungen. Es ist zur vorherrschenden Denkweise auf der politischen Führungsebene, an Universitäten, in der Kunst, in der Philosophie und unter den ganz normalen Menschen geworden. Die Bahnbrecher der feministischen Bewegung übernahmen dieses Denken und suchten mit Hilfe menschlicher und egozentrischer Klugheit nach Lösungen für die Probleme im Leben der Frau. Da man die Bibel ohnehin schon aufgegeben hatte, konnte man nun auch die traditionellen Werte verwerfen, auf denen die Gesellschaft über Jahrhunderte hinweg gebaut wurde.

AUTORITÄRE VERWALTUNG

Das humanistische Denken führt letzten Endes zu einer autoritären Verwaltung. Dabei herrscht der Mensch nach seinem eigenen Verständnis, ohne die von Gott gegebenen Vorschriften und Grenzen. Rousseau stellte im 18. Jahrhundert seine politischen Ansichten in dem Buch *Vom Gesellschaftsvertrag* vor. Er sagt, der Idealstaat setze voraus, dass die Menschen völlig Untertan seien. Die Gesellschaft sollte die Verantwortung für die Erziehung der Kinder übernehmen, damit man sie lehren konnte, sich vollständig in den Dienst des Staates zu stellen. Diese Gedanken legten die Grundlage für die Große Französische Revolution, die eine Schreckensherrschaft und Blutvergießen zur Folge hatte. Eine autoritäre Verwaltung hat in der Geschichte niemals zum Glück der Menschen geführt.

Die Menschen im antiken Griechenland und in Rom stellten fest, dass die auf ihren Göttern beruhende Gesellschaft kein ausreichend festes Fundament besaß und deshalb zusammenbrach. Im Christentum ist dieses Fundament vorhanden. Wenn aber darauf verzichtet wird, bleiben nicht viele soziologische Alternativen für die Errichtung einer Gesellschaft übrig. Eine Möglichkeit ist der Hedonismus, in dem jeder tun und lassen kann, was er will. Der Aufbau einer Gesellschaft auf dieser Grundlage führt zum Chaos. Wenn ein Mensch auf einer verlassenen Insel lebt, kann er im Rahmen seiner physischen Grenzen nach seinem Gutdünken handeln. Sobald dort jedoch eine zweite Person erscheint, können beide nicht tun, was sie wollen, sofern sie in Frieden miteinander leben wollen. Wenn sich zwei Hedonisten auf einer schmalen Brücke über einem reißenden Fluss begegnen, können beide nicht hartnäckig an ihren eigenen Wünschen festhalten.

Eine andere Möglichkeit besteht darin, sich bei Beschlüssen auf eine Mehrheit von 51 Prozent zu stützen. Als bei uns eine christliche Kultur herrschte, konnte ein einziger Mensch, unabhängig von der Mehrheit, gestützt auf die Grundlage der Bibel die Gesellschaft lenken und ermahnen, weil eine oberste Autorität existierte, auf deren Grundlage sich Moral und Gesetz beurteilen ließen. Als der christliche Konsens verloren ging, verschwand dieses Absolutum als gesellschaftliche Kraft. Wenn man davon ausgeht, dass ein Abstimmungsergebnis von 51 Prozent über richtig und falsch entscheidet, wird der Durchschnittswert zur Grundlage von Gesetz und Moral. Auf dieser Basis kann man in der Gesellschaft zu jeder beliebigen Entscheidung gelangen.[134]

Wenn wir den Hedonismus oder die Mehrheit von 51 Prozent als Grundlage der Entscheidungen in der Gesellschaft nicht wollen, bleibt nur die Alternative, dass ein Einzelner oder eine Elite uns künstliche Absoluta verordnen. Eine einfache, aber tiefe Wahrheit besteht nach Auffassung von Francis Schaeffer in Folgendem: Wenn wir keine allgemeingültigen Grundlagen haben, auf denen die Entscheidungen in der Gesellschaft beruhen, dann wird aus ihr selbst die höchste Autorität. Ein einzelner Mensch oder eine Elite füllen das Vakuum aus, das nach dem Verschwinden des christlichen Konsens' zurückbleibt. Willkürliche Absoluta

---

[134] ebd., S. 224

können sich von heute auf morgen ändern. Man kann sie wieder beseitigen, und es gibt keine Autorität, auf deren Grundlage sie beurteilt werden. Wir haben gesehen, wie ein derartiges System, der Kommunismus, an seiner eigenen Unmöglichkeit und inneren Schwäche zerfallen ist.

In Finnland schwört man auf die materialistische Wohlstandsgesellschaft, obwohl sie uns ihr geistiges Antlitz zugewandt hat, das verrät, wie schlecht sie sich fühlt. Anscheinend ist sie das höchste Gut, für das man hier arbeitet. Sie ist mit den humanistischen Grundsätzen und mit der Arbeitsleistung der Frauen errichtet worden, die in großer Zahl auf den Arbeitsmarkt strömten. Sie wird auch aufrechterhalten, damit die Beteiligung der Mütter an der außerhäuslichen Erwerbstätigkeit möglich ist. Werte und Prinzipien, die eine christliche Grundlage haben, hat man beiseite geschoben. Frauen wurden in eine enge Form gesteckt, an die man sich halten muss, um in der Gesellschaft anerkannt und geachtet zu werden. Alternativen werden nicht toleriert, oder sie erhalten keine Unterstützung und keine Ermutigung.

Bei uns ist eine Elite an der Macht, die den Aufruhr ihrer Jugendzeit in den Sechzigerjahren erlebte und sich für den Feminismus begeisterte. Sie bestimmt, wie die Angelegenheiten in der Gesellschaft erledigt werden müssen. Daneben gibt es die schweigende Masse. Diese kann man in eine Minderheit und eine Mehrheit aufteilen. Zur Minderheit gehören die Christen, deren Wertefundament in der Bibel liegt, sowie jene Menschen, die sich an die Zeit erinnern, in der diese Werte funktionierten. Zur Mehrheit gehören vor allem jene, deren Werte der persönliche Friede und der Wohlstand sind. Zwar bestehen zwischen den Menschen wie beispielsweise zwischen der älteren und jüngeren Generation große Unterschiede, doch soziologisch gesehen verbindet die stille Mehrheit der Wunsch, ihren persönlichen Frieden und ihren Wohlstand zu behalten. Solange die nicht bedroht sind, wird kaum jemand seine Stimme für die verlorene Freiheit erheben.

Da die Werte der materialistischen Wohlstandsgesellschaft für die stille Mehrheit von erstrangiger Bedeutung sind, müssen die Politiker sie anbieten, um gewählt zu werden. Treibende Kraft der Politik sind nicht so sehr begeisternde Ideen und Überlegungen, sondern die Frage, wie man die Wohlstandsgesellschaft bewahren kann. Alles ist in Ordnung, solange die Menschen ihre Ruhe und ihren Wohlstand oder zumindest die Illusion haben, dass es so ist.

Da der Feminismus seine Wurzeln in diesem humanistischen Denken hat, ist es nur logisch und natürlich, dass auch seine Ziele demselben Nährboden entstammen.

7. DIE ZIELE DES FEMINISMUS

Weiter oben habe ich davon gesprochen, dass sich der Feminismus in viele verschiedene Richtungen aufteilt, die miteinander im Streit liegen. Sie verfolgen vielerlei Absichten, von denen manche im Widerspruch zueinander stehen. Ein langfristiges Ziel der Frauenbewegung besteht darin, dass die Frauen die Hälfte der wirtschaftlichen und politischen Macht in der Gesellschaft erhalten sollen.[135] Das versucht man mit Hilfe anderer Bestrebungen zu erreichen, die allen feministischen Richtungen gemeinsam sind. Deren Ausgangspunkt sind zwei Annahmen, auf denen ihre Philosophie aufbaut. Die erste besteht darin, dass Gleichberechtigung zwischen Männern und Frauen Gleichheit bedeutet, mit anderen Worten, sie können nicht gleichberechtigt sein, wenn sie nicht die gleichen Dinge tun. Es genügt nicht, dass alle die gleichen Möglichkeiten haben, sondern wir müssen auch das gleiche Endergebnis erhalten, unabhängig von der Ausgangssituation und vom Einsatz.[136]

Die andere Annahme besteht darin, dass die meisten Unterschiede zwischen den Geschlechtern ihre Ursache nur in kulturellen Faktoren haben. Simone de Beauvoir sagte, man komme nicht als Frau zur Welt, sondern man werde es, und in der menschlichen Gemeinschaft sei nichts von der Natur geschaffen. Die Frau sei ein von der Zivilisation geformtes Produkt, denn andere haben in ihr Schicksal eingegriffen.[137] Der Feminismus vertritt eine autoritäre Anschauung, nach der nur er weiß, was für alle Frauen und auch für die Männer am besten ist. Wir sollen uns seinem Ziel der Schaffung einer androgynen Gesellschaft anpassen, in der Männer und Frauen möglichst übereinstimmende Rollen haben und die Kinder jeweils im selben Umfang betreuen. Erst dann sind die Frauen mit den Män-

---

[135] Graglia, S. 1, 328

[136] ebd., S. 2

[137] de Beauvoir (1980), S. 154, 403-404 der finnischen Ausgabe

nern gleichberechtigt.[138] Die Gleichberechtigung ist zu einem politisch anerkannten Ziel geworden, und im Namen der Gleichberechtigung kann man versuchen, Positionen durchzusetzen, die den eigenen Interessen dienen.

Die Gleichberechtigung mit den Männern ist das Hauptziel des Feminismus, und in ihrem Fahrwasser folgen die Marginalisierung der Lebensaufgabe als Mutter und Hausfrau, die freie Sexualität, die freie Abtreibung und eine juristisch leichte und jedwede Schuld beseitigende Scheidung. Auf diese Ziele hat keine Richtung des Feminismus verzichtet.

GLEICHBERECHTIGUNG MIT DEM MANN

Eine junge Journalistin hatte im Chatforum der Zeitschrift *Vauva* (dt. *Baby*) im Internet gelesen und bemerkt, dass es dort auch ein eigenes Forum der Väter gab. Verdutzt stellte sie fest, worüber die Männer diskutierten und Erfahrungen austauschten: Nicht etwa über Babys und über ihre Anwesenheit bei der Geburt, sondern über Autos. Als es um den Vergleich zwischen japanischen Autos ging, gab es jede Menge Meinungen und Analysen, aber auf die Frage, ob sie bei der Geburt dabei waren, hatten sich viele nicht einmal die Mühe gemacht, eine Antwort zu geben. Die Verwunderung der Journalistin nahm noch dadurch zu, dass in ihrem Bekanntenkreis sehr viele Männer keinen Führerschein besitzen. Sie war nicht auf den Gedanken gekommen, bei frisch gebackenen Vätern könnte in einem Forum, in dem sie unter sich sind, der Wunsch bestehen, über Autos zu reden! Die junge Frau war erschüttert, dass die Interessen der Männer so ganz anders sind.[139]

Die Meinung christlicher Männer zur Gleichberechtigung hörte man auf der Veranstaltung »Stärker als der Mann«

---

[138] Graglia, S. 2, 127
[139] Vehkoo

in Tampere, zu der sich etwa dreitausend Teilnehmer versammelt hatten. Nach Ansicht eines Fernsehjournalisten, der dort sprach, wird das Familienleben zerstört, wenn sich sowohl der Vater als auch die Mutter in der Tretmühle der Arbeitswelt abmühen. Spontanen Applaus erntete er für seine Feststellung, man habe den Männern dreißig Jahre lang Zärtlichkeit und Gleichberechtigung gepredigt, und nun seien sie so weich wie Grießbrei an einem nassen Lappen. Er forderte die Männer auf, selbst nachzudenken. Gleichberechtigungsquoten sind seiner Ansicht nach Humbug. In der Familie haben Vater und Mutter unterschiedliche Aufgaben. Der Mann ist das Oberhaupt und trägt die Verantwortung. Zu diesen Schlussfolgerungen gelangte jener Journalist, ein Mann, der selbst ohne Vater aufgewachsen ist.[140]

Annahmen des Gleichberechtigungsdenkens

Rein äußerlich hat sich in Finnland vieles in der Stellung von Mann und Frau geändert, aber innerlich widersetzt sich etwas in uns der Veränderung. Die Forderung nach einer Gleichberechtigung, die Gleichheit anstrebt, passt nicht zu uns, weil wir die von Gott geschaffene Verschiedenartigkeit in uns haben und dementsprechend von Natur aus in unterschiedlicher Weise handeln, denken und empfinden. Das übergeht man in diesem Gleichberechtigungsdenken. Stattdessen wird angenommen, dass Männer und Frauen auf die gleiche Weise empfinden und das Gleiche brauchen.

Das Zentrum für die Erforschung des Arbeitslebens an der Universität Tampere führte eine Befragung durch, mit der über einen Zeitraum von zwei Jahren ermittelt wurde, wie die Mitarbeiter die Umsetzung der Gleichberechtigung am Arbeitsplatz empfinden. Dabei ergaben sich große Unterschiede. Von den Frauen war fast jede zweite der Auffas-

---

[140] Ylönen, Piirola

sung, dass Frauen und Männer in unterschiedlicher Weise als Mitarbeiter geschätzt werden. Von den Männern vertraten nur 16 Prozent dieselbe Meinung. Die Frauen sahen im Geschlecht und in der Stellung im Betrieb Gründe für eine Diskriminierung, während die Männer glaubten, ihre Meinung und ihre persönlichen Eigenschaften seien die Ursache für eine diskriminierende Behandlung. Die Männer waren stärker lohnorientiert als die Frauen, denn fast jeder zweite von ihnen fühlte sich in dieser Hinsicht ungerecht behandelt. Die Frauen hingegen brachten mehr Personalfragen zur Sprache. Der Wunsch, wegen der Kinder Elternzeit zu nehmen, kollidierte bei den qualifizierten männlichen Angestellten mit der maskulinen Arbeitskultur und auch damit, dass es schwer war, für Schlüsselfiguren des Unternehmens eine Vertretung zu finden. Beide Geschlechter hatten den Wunsch, an einem Arbeitsplatz zu arbeiten, wo es sowohl Männer als auch Frauen gibt. In den Antworten wurde diese Ansicht unter anderem mit der besseren Atmosphäre begründet.[141]

Die Studie bestätigt die Auffassung, dass die Frage der Gleichberechtigung der Geschlechter die Frauen mehr beschäftigt als die Männer. Die Aufteilung nach ihren Ansichten folgte insofern den traditionellen Rollenmodellen, als den Frauen die menschlichen Beziehungen wichtig sind, den Männern das Einkommen. Zugleich zeigte sich in der Studie die traditionelle Denkweise, nach der die Mütter für die Betreuung der Kinder verantwortlich sind und die Väter für den Unterhalt der Familie.

Eine andere Annahme der Feministinnen ist die sogenannte gläserne Decke als Hindernis beim beruflichen Aufstieg der Frauen. Im Streben nach Übernahme der gleichen Aufgaben wie Männer, also nach der Gleichberechtigung, wollen die Frauen dieselbe Ausgangsposition haben wie ihre männlichen Kollegen. Frauen werden ermutigt, sich um Führungspositionen und verantwortungsvolle Aufgaben in der Gesellschaft zu bemühen, und in dieser Hinsicht ist eine Änderung eingetreten. Doch in der Praxis erweist

---

[141] Koskinen

sich eine derartige Gleichberechtigung wegen der Verschiedenartigkeit von Mann und Frau als problematisch. Die Schwierigkeiten in der Karriere einer weiblichen Führungskraft sind andere als bei einem Mann.

Der Anteil der Frauen in führenden Positionen ist in Finnland von 14 Prozent im Jahr 1984 auf 27 Prozent im Jahr 2002 gestiegen. Je höher die Qualifikation eines Mannes ist und je besser er in seiner Karriere voran kam, umso sicherer ist, dass er Frau und Kinder hat. Bei den Frauen sieht das anders aus. Nicht immer steht hinter einer erfolgreichen Frau ein Mann.[142] Das Problem besteht vielleicht nicht so sehr im Durchbrechen der gläsernen Decke, als vielmehr in der fehlenden Rückendeckung und in der Schwierigkeit, die Familie und eine anspruchsvolle Karriere miteinander in Einklang zu bringen.

Von den über fünfzigjährigen weiblichen Führungskräften wohnen etwa 30 Prozent allein, von den gleichaltrigen Männern jedoch nur gut 10 Prozent. Auch bei den jüngeren Frauen ist es kompliziert, Familie und Karriere miteinander zu vereinbaren. Fast ein Viertel der 35– bis 39–Jährigen weiblichen Führungskräfte im privaten Sektor war geschieden. Hoch qualifizierte Frauen sind doppelt so oft kinderlos wie Frauen mit einer mittleren Qualifikation.[143] Je mehr die Arbeit der Frau abverlangt, umso schwieriger wird es für sie, sich um den Haushalt und die Familie zu kümmern, für die sie verantwortlich ist. Die Situation des Mannes ist anders, weil die Ehefrau sich um diese Dinge kümmert und er sich auf seine Karriere konzentrieren kann. Männer und Frauen besitzen bei dieser Konstellation nicht dieselbe Ausgangsposition.

Der Wettbewerb nach den Bedingungen der Männer ist für Frauen nicht einfach, und er ist auch für die Männer nicht unproblematisch. Sie wissen nicht, wie sie einer Frau in ihrem eigenen Revier als Konkurrent gegenübertreten sollen. Man kann sich ihr gegenüber nicht so aggressiv

---

[142] Ahola
[143] ebd.

verhalten wie gegenüber einem männlichen Gegenspieler. Das Problem wurde bei einer Diskussion vor den Wahlen sichtbar, bei der zwei groß gewachsene Politiker auf eine zierliche Frau trafen. Sie schienen nicht zu wissen, in welche Kategorie sie die Frau einordnen und wie sie mit ihr umgehen sollten. Auch die Frauen selbst erwarten, dass sie von männlicher Seite nicht genauso behandelt werden wie Männer.

Eine Feministin in einer hohen Führungsposition sagt, die Machtausübung sei nicht geschlechtsneutral, sondern betont maskulin, sogar hegemonial maskulin. Nach ihren Erfahrungen erfordert es von einer Frau viel Courage, eine Führungsposition anzustreben und bereit zu sein, in einem männlichen Umfeld zu agieren, ohne selbst zum Mann zu werden. In jungen Jahren hatte sie jene Frauen in Spitzenämtern kritisiert, die sich von ihrem Geschlecht losgesagt hatten, und beschlossen, es anders zu machen, wenn sie irgendwann eine führende Position haben würde.[144]

Eine dritte Annahme der Feministinnen hängt mit der Versorgerrolle zusammen, denn in Finnland strebt man hartnäckig nach Gleichberechtigung in dieser Hinsicht. Die Doktorin der Theologie Sari Kokkonen hat ihre Dissertation über das Thema *Als arbeitsloser Vater in Familie und Gesellschaft* geschrieben und war überrascht, wie lebendig das Bild vom Mann als Versorger, der sich um das Einkommen der Familie kümmert, noch ist. Bei einem Teil der von ihr befragten Männer verband sich die Erfahrung als Vater mit der Rolle als Versorger, und ihre Arbeitslosigkeit führte dazu, dass sie ihre Stellung sowohl in der Familie als auch in der Gesellschaft als unsicher empfanden. Es fiel ihnen besonders schwer, sich damit abzufinden, dass sie zu Hause saßen. Die Wissenschaftlerin war erstaunt, in welchem Maße ihre Untersuchungsergebnisse eine in verschiedene Rollen aufgeteilte Familienkultur widerspiegeln, in der die Aufgaben des Vaters mehr aus dem

---

[144] Stenius 2004

Blickwinkel der wirtschaftlichen Verantwortung gesehen werden. Das höhere Lohnniveau der Männer, so wird festgestellt, stützt die Stabilität dieser Konstellation.[145]

Die vierte Annahme ist die Behauptung Betty Friedans und anderer Wegbereiterinnen des Feminismus, alles Interessante und Anspruchsvolle würde im außerhäuslichen Arbeitsleben geschehen. Betty Friedan und Simone de Beauvoir beneideten offen den Mann, denn ihrer Ansicht nach ist alles Wichtige das Werk von Männern. Kinder zur Welt bringen, erziehen und die andere Arbeit zu Hause sind vor allem Zeitverschwendung und Kraftvergeudung. Sie bringen der Frau keine Unabhängigkeit, sind für die Gesellschaft nicht direkt nützlich, führen nicht in die Zukunft und produzieren nichts. Nur die außerhäusliche Arbeit garantiert der Frau Unabhängigkeit und ihrem Leben einen Sinn und Zweck.[146]

Das ist ein elitärer Gedanke, bei dem nicht berücksichtigt wird, was für vielfältige Arbeitsaufgaben Frauen und Männer ausführen. Eine Arbeit wird bei weitem nicht immer deswegen verrichtet, weil sie schöpferisch und interessant wäre, sondern weil es die Realitäten des Lebens verlangen. Die Menschen müssen arbeiten, um zu leben und ihre Familie zu ernähren. Die hoch qualifizierten feministisch orientierten Frauen denken vor allem an ihresgleichen. Im Arbeitsleben gibt es jedoch sowohl bei den Männern als auch bei den Frauen viele Bereiche, in denen sich die Arbeit ständig wiederholt, monoton und schwer ist. Auch die Atmosphäre am Arbeitsplatz ist nicht immer konstruktiv und ermutigend. Die Arbeit im Haushalt und die Kindererziehung werden deshalb gering geschätzt, weil sie Tag für Tag in gleicher Weise wiederkehren und eine reine Wiederholung darstellen, deren Ergebnisse nirgendwo zu sehen sind. Das entspricht weder meinen Erfahrungen noch denen vieler anderer Hausfrauen und Mütter, denn mit Kindern ist kein Tag genau wie der andere. Wider-

---

[145] Kettunen

[146] Friedan (1967), S. 76, 220 der finnischen Ausgabe; de Beauvoir (1980), S. 252-254 der finnischen Ausgabe

sprüchlich ist an der Logik auch, dass die gleiche Arbeit, jedoch gegen Bezahlung für Fremde verrichtet, plötzlich interessant, anspruchsvoll und zweckmäßig sein soll. Warum kann sie es also nicht sein, wenn man damit die eigene Familie versorgt?

Viele Frauen haben außerdem bemerkt, dass es seinen Tribut verlangt, wenn man Arbeit und Hausarbeit miteinander vereinbaren will. Man hat weniger Freizeit und weniger gemeinsame Zeit in der Familie, und das macht es schwierig, enge menschliche Beziehungen zu pflegen. Der Zeitmangel ist eines der Hauptprobleme der Familien von heute. Das beschleunigte Tempo im Arbeitsleben führt auch schon bei jüngeren Frauen zur Erschöpfung, von den älteren ganz zu schweigen. Unter denen gibt es viele, die schon darauf warten, möglichst bald in Rente gehen zu können. Gesetze, durch deren Regelungen die Arbeitsbelastung der Frauen erleichtert wurde, sind in Finnland eins nach dem anderen abgeschafft worden. Früher konnten die Frauen eher als Männer in Rente gehen, und die schwere Nachtarbeit von Frauen beispielsweise war eingeschränkt.

Zwar verschafften die erweiterten Möglichkeiten der Teilnahme am Arbeitsleben vielen Frauen interessante und sinnvolle Herausforderungen und einen Lebensinhalt, aber die Kehrseite sind neuartige Probleme, die das mit sich brachte. Das schwierigste an dieser Entwicklung ist aus Sicht der Frau, dass dabei das Arbeitsleben mit dem für Frauen äußerst wichtigen Bereich »Zuhause, Kinder und Ehemann« konfrontiert und die Arbeit für Haushalt und Familie als unbedeutend dargestellt wird.

Die fünfte Annahme besteht darin, dass im Umgang zwischen den Geschlechtern die gleichen Prinzipien gelten. Als Folge verschwinden höfliche Umgangsformen. Im Eifer des Frauenkampfes sagten manche, Frauen brauchten keine besondere Behandlung. Ich finde es immer bedauerlich, wenn ich sehe, wie sowohl junge als auch ältere Männer als erste in den Bus einsteigen und sich hinsetzen, während Frauen stehen. Umso erfreulicher ist es, wenn sich ein Mann wie ein Gentleman verhält. Die meisten

Frauen empfinden es als angenehm, wenn ihnen die Tür aufgehalten, in den Mantel geholfen oder der Stuhl zurechtgeschoben wird, und sie betrachten diese guten alten Umgangsformen als Hervorhebung ihrer Weiblichkeit. Die guten Umgangsformen und die Achtung vor älteren Menschen haben auch unter Kindern und Jugendlichen abgenommen. Sie richten sich nach dem Muster, das sie täglich erleben, und nach ihrer Erziehung. Die Männer schätzen maskuline und dominante Frauen anscheinend ebenso wenig wie Frauen Machos oder Softies. Andererseits verlockt eine feminine Frau den Mann dazu, Zärtlichkeit und Ritterlichkeit zu zeigen.

Die Frauen sind ständig überrascht, dass Männer andersartige Einstellungen, Reaktionen und Handlungsweisen zeigen. Männer, die zu Hause sind, agieren dort nicht als Mütter und sind nicht in erster Linie am Saubermachen, Wäschewaschen oder Essenkochen interessiert, selbst wenn man ihnen in ihrer Kindheit zu Hause beigebracht hat, im Haushalt zu helfen. Auch Kinder betreuen sie anders als Frauen. Man braucht zu Hause auch nicht zwei Mütter, sondern Mutter und Vater, die einander ergänzen. In heutigen Familien sehnt man sich nach Autorität und nach einem verantwortungsbewussten Mann, der für die Dinge zuständig ist und sich physisch, emotional und geistlich um die Familie kümmert. Sowohl die Ehefrau als auch die Kinder wünschen sich die Sicherheit, die ein Mann bietet.

PROBLEME DES GLEICHBERECHTIGUNGSDENKENS

Die nach Androgynie strebende Gleichberechtigung enthält den Keim der Ungleichheit, denn sie misst den Menschen nach seinen Taten und Leistungen. Auf Grund unserer Verschiedenartigkeit kommen aber nicht alle in dem nivellierenden Modell gleich gut zurecht. Zentral dabei ist die Definition der Gleichberechtigung, und hier kommen die Probleme dieses Denkens und seine philosophischen Ausgangspunkte zum Vorschein. Es impliziert, dass bestimmte Handlungen wertvoll und empfehlenswert sind, andere jedoch nicht. In der heutigen Gesellschaft hält man eine berufstätige Mutter für schätzenswerter und nützlicher als eine Mutter, die Hausfrau ist. Nach Ansicht der Frauen ist ein Vater, der zu Hause bleibt, um seine Kinder zu betreuen, ein netter Typ. Eine Frau, die Mutter und Hausfrau ist, gilt dagegen als unterdrückte »Verliererin«. Bei der Nivellierung sind manche »gleichberechtigter« als andere, denn unsere Verschiedenartigkeit in Hinsicht auf unsere Begabungen, Interessen und Fertigkeiten werden wir nicht los. In der von Gott gegebenen Ordnung ist Raum für die Verschiedenartigkeit, denn er hat sie geschaffen, und sie ist ein Reichtum des Lebens.

Das Quotendenken verlangt, dass Frauen und Männer in den verschiedenen Einflusssektoren der Gesellschaft ausgewogen vertreten sind. Das wirft die Frage auf, wie gut die bestmögliche Ausführung von Aufgaben gesichert ist, wenn als Kriterium in erster Linie das Geschlecht angelegt wird und erst in zweiter Linie die fachliche Kompetenz. Das Geschlecht wird dann auch zu einem einschränkenden Faktor, wahrscheinlich zum Vorteil der Frauen und zum Nachteil der Männer. Wie lässt sich das mit Gleichberechtigung vereinbaren?

Beim nach Gleichheit strebenden Gleichberechtigungsdenken tritt das Problem auf, durch wen und auf welcher Grundlage festgelegt wird, wann wir die vollständige Gleichberechtigung zwischen allen erreicht haben. Wann neigt sich die Waagschale, sodass allmählich die Männer unterdrückt und die Frauen gleichberechtigt sind? Was ist das Maß, mit dem wir die Verwirklichung der Gleichberechtigung beurteilen? Sind 50 plus 50 Prozent der richtige Indikator? Darauf findet man keine eindeutige Antwort, wenn eine androgyne Gesellschaft angestrebt wird. Es wird immer irgendjemand der Ansicht sein, dass manche Ziele nicht erreicht sind. Auf diesem Weg landen wir schließlich beim Problem der allgemeingültigen Absoluta, wobei aus der Gleichberechtigung selbst ein Wert und eine Norm geworden ist, die nicht in Frage gestellt werden kann.

Ein derartiges Gleichberechtigungsdenken nährt die natürliche Selbstsucht der Menschen und ihren Egozentrismus, weil es auf einem Vergleich beruht, hinter dem oft Neid steht. Es gibt immer jemanden, der wohlhabender ist als ich, der mehr erhält als ich oder der leichter davonkommt als ich. Bei einer Denkweise, die immer auf Vergleich beruht, kann man mit seinem Schicksal nie vollkommen zufrieden sein. Der Rasen auf der anderen Seite vom Zaun ist immer grüner.

Das auf der Gleichheit der Rollen beruhende Gleichberechtigungsdenken hat sich in erster Linie als Illusion erwiesen. Wenn wir versuchen, den Mann in das Muster der Frau zu stecken und umgekehrt, geht es beiden schlecht, und beide sind enttäuscht. Die Denkweise, die ein identisches Endergebnis anstrebt, hat dazu geführt, dass man in der Familie und im Arbeitsleben über die Gleichberechtigung wacht und eigene Interessen verfolgt. Arbeiten, die der traditionellen Rollenverteilung entsprechen, werden zum Anlass von Konflikten, wenn Frauen Aufgaben der Männer übernehmen wollen und verlangen, dass Männer Arbeiten ausführen, die einer Frau besser gelingen. Der Wettbewerb in der Gesellschaft ist härter geworden, da die Frauen nun an ihm teilnehmen. Für einen maskulinen Mann ist es nicht leicht, einer Frau zu unterliegen. Die Gleichberechtigung hat die Frauen ihrer eigenen Feminität entfremdet. Es kommt vor, dass junge Frauen über die Arbeit im Haushalt sagen: »Ich kann das nicht, denn das ist ja Sache des Mannes.« Rechte und Forderungen sind wichtiger geworden als Pflichten.

Da Maskulinität und Feminität verfälscht werden, ist auch der Mann verloren, denn er weiß nicht, wie er der Frau genügen kann. Als er seine Macht, seine Kraft und sein Verantwortungsgefühl demonstrierte, lehnte die Frauenbewegung ihn ab und wollte ihn seiner Maskulinität berauben. Als er weicher und zum Softie wurde, taugte er auch nicht. Ein Mann am Gängelband der Frau weckt keinen Respekt. Die Frauenbewegung hat auch die feminine Frau kritisiert, die ihre weiblichen Eigenschaften entwickeln will, statt den Mann nachzuäffen. Was übrig bleibt, ist eine innerlich gespaltene androgyne Frau.

Subjektiv gesehen braucht kein Außenstehender den Wert einer Frau auf Grund ihrer Leistungen als Mutter und Hausfrau oder als Mutter mit beruflicher Karriere zu bestimmen, denn wer kann von außen fundiert entscheiden, wie gleichberechtigt oder untergeordnet sie sich selbst sieht. Objektiv hingegen wird eine allgemeingültige Norm benötigt, in der das Fundament der Gleichberechtigung festgelegt ist. Die Bibel spricht darüber mit Gottes Autorität. Demnach sind wir alle vor ihm in unserer Verschiedenartigkeit gleichberechtigt. Das Sein hat Vorrang gegenüber dem Tun. Die Menschheit, die ihren Ursprung in einem Menschen hat, ist auf der Grundlage der Schöpfung gleichberechtigt. Gottes Grundsatz besteht darin, dass einer für den anderen sorgt, jeder mit seinen unterschiedlichen Begabungen und Fertigkeiten, damit Streit und Zwietracht vermieden werde.[147] Die echte Gleichberechtigung besteht in der Anerkennung der Verschiedenartigkeit und im dementsprechenden Handeln zum Wohle unserer Nächsten. Wenn eine Frau sich selbst mit ihren weiblichen Eigenschaften und Bedürfnissen respektiert, achtet und bewundert sie den Mann als jemanden, der anders ist, ohne Gleichheit mit ihm anzustreben. Dann lebt die Frau in Harmonie mit ihrem Frausein und versucht nicht, Dinge umzusetzen, für die sie nicht bestimmt ist.

---

[147] 1. Korinther 12, 12-31

MARGINALISIERUNG DER LEBENSLANGEN ROLLE ALS MUTTER UND HAUSFRAU

Die Rolle der Frau als Mutter und Hausfrau weckt Emotionen und scheint für die Frauenbewegung ein rotes Tuch zu sein, obwohl sie doch auf dem Weg zu ihrem Ziel sehr weit gekommen ist, da nur noch eine kleine Minderheit ihre Kinder zu Hause betreut. Und dass eine Mutter ein ganzes Arbeitsleben lang Mutter und Hausfrau ist, gibt es fast gar nicht mehr. Das finnische Gesetz aus dem Jahr 1996, welches das Recht eines Kindes im Vorschulalter auf Tagesbetreuung regelt, hat das als allgemeine Norm festgeklopft, die alle einhalten können. Das Recht des Kindes auf Betreuung zu Hause war im Zusammenhang mit dem Erlass des Gesetzes kein Thema, denn die Tagesbetreuung wird als Selbstverständlichkeit und nahezu einzige richtige Methode angesehen. Die Berufstätigkeit der Mütter von Kindern im Wachstumsalter braucht man nicht zu begründen, aber über eine Frau, die Mutter und Hausfrau ist, kann man sich in Finnland laut oder leise wundern. Sie weicht von der gegenwärtigen Hauptrichtung ab, nach der sich die jungen Frauen orientieren.

Warum erregt die Rolle als Mutter und Hausfrau Emotionen? Es geht nicht nur um die Verwirklichung der Mutterschaft gemäß dem Zeitgeist, sondern um etwas, das tiefer liegt und zum Wesen der Frau gehört. Bei der Schöpfung erhielt die Frau die Aufgabe und das Geschenk der Mutterschaft, und deshalb trägt sie in sich die Sehnsucht und den Wunsch, ihre Berufung zu erfüllen. Widersprüche entstehen dadurch, dass es einerseits die durch das Klima in der Gesellschaft geförderte Herausforderung gibt, eine berufliche Karriere einzuschlagen, und andererseits die Sehnsucht im Herzen der Frauen, Kinder zu gebären, zu versorgen und zu erziehen. Die biologische Uhr tickt nicht bei den Männern, sondern bei den Frauen. Mütter wollen ihre Mutterschaft gut verwirklichen, und berufstätige Frauen entwickeln möglicherweise Schuldgefühle, wenn über die Rolle als Mutter und Hausfrau gesprochen wird. Es kann sein, dass sie anfangen, aggressiv zu werden und sich zu rechtfertigen. Gespräche über die Rolle als Mutter und Hausfrau können als Infragestellung der Entscheidung interpretiert werden, die berufstätige Frauen getroffen haben.

Mutterschaft und Hausfrau gegen Mutterschaft und Karriere

Im finnischen Fernsehen gab es eine Diskussion zu dem Thema: Was veranlasst Mütter, sich aus dem Arbeitsmarkt zurückzuziehen, um zu Hause die Kinder zu betreuen. Moderatorin des Gesprächs war eine etwa vierzigjährige Journalistin, Diskussionsteilnehmerinnen waren zwei Frauen, die Mutter und Hausfrau sind, und zwei Mütter mit beruflicher Karriere. Eine der beiden Hausfrauen, eine ausgebildete Lehrerin, hatte sieben Kinder. Die andere, von Beruf Friseuse, ein oder zwei. Die eine berufstätige Mutter hatte drei Kinder und bekleidete ein hohes Amt als Chefin einer großen Einrichtung. Die vierte Diskussionsteilnehmerin war Mutter eines Kindes im Vorschulalter, eine ehemalige, bekannte Politikerin, die jetzt außerhalb der Politik als Ausbilderin arbeitet. Also eine interessante Konstellation.

Jede der Mütter konnte ihre eigenen Entscheidungen bei der Verwirklichung der Mutterschaft begründen, und fast einstimmig versicherten alle, dass es nicht angebracht sei, Mütter, die Hausfrauen sind, und Mütter mit beruflicher Karriere konfrontativ zu beurteilen, weil jede Mutter ihre eigene Wahl treffe und beide Varianten gleich gut und wichtig seien. Im weiteren Verlauf der Diskussion war ich überrascht von der aggressiven Verteidigungs- und Angriffstaktik der ehemaligen Politikerin. Trotz aller schönen Worte verlief anscheinend eine Frontlinie zwischen den Müttern, die Hausfrauen sind, und den berufstätigen Müttern.

Die Friseuse meinte, sie sei nicht so karrierebewusst und karriereorientiert, dass sie ihr Familienleben dafür opfern möchte. Ihr bereitete es Freude und Befriedigung, dass sie sich um ihren Haushalt und die Kinder kümmern konnte. Und auch ihr Mann war zufrieden, dass zu Hause alles in Ordnung war, wenn er müde von der Arbeit kam. Die Redakteurin fragte die Mutter mehrfach, ob dies genau das sei, was sie selbst wollte. Es schien so, als fiele es ihr schwer, zu glauben, dass eine Frau auch so denken und mit ihrem Leben zufrieden sein kann.

Die Mutter von sieben Kindern erzählte, man habe in ihrer Familie alle Alternativen, die von der Gesellschaft für die Kinderbetreuung angeboten werden, ausprobiert und sei, als die Familie drei Kinder hatte, zu dem Ergebnis gekommen, dass die Mutter zu Hause bleibt. Die Fahrt zur Kindertagesstätte und zurück wurde für die Mutter und auch für die Kinder einfach zu anstrengend. Die als Chefin tätige Mutter sagte, sie sei nach der Geburt der Kinder vier Monate zu Hause geblieben und hätte nach der Zeit die Nase voll gehabt von der Arbeit im Haushalt. Deshalb musste sie ins Berufsleben zurückkehren, weil dies ihr Lebensinhalte und Herausforderungen bot, die sie zu Hause nicht fand. Sie hatte eine Kinderfrau und einen Reinigungsdienst engagiert, um die Hausarbeit zu erleichtern.

Die junge Mutter, die viel in der Öffentlichkeit aufgetreten war, konnte sich nicht vorstellen, zu Hause zu bleiben, um ihr Kind zu betreuen, und verstand nicht, welcher Unterschied darin besteht, ob man den ganzen Tag mit dem Kind verbringt oder lediglich am Morgen und am Abend etwas Zeit dafür hat. Sie fand es egoistisch, wenn eine Mutter so viel Zeit mit ihrem Kind verbringen und seine gesamte Entwicklung und alles, was es tut, den ganzen Tag lang verfolgen will. In ihrer Familie wurde das Kind gemeinsam betreut und die Hausarbeit zwischen ihr und dem Mann genau aufgeteilt. Ihrer Tochter wollte sie das Modell der Gleichberechtigung von klein auf beibringen.

Es war verblüffend, dass es bei dieser Konstellation in der Diskussion derart eng zuging, obwohl doch etwa 80 Prozent der erwerbsfähigen Frauen berufstätige Mütter sind und die anderen, einschließlich Frauen, die Mutter und Hausfrau sind, nur etwa 20 Prozent ausmachen. In Finnland ist die Zahl der ganztags beschäftigten berufstätigen Frauen verglichen mit anderen westlichen Ländern äußerst hoch. Mutterschaft, verbunden mit einer beruflichen Karriere, wird mit allen möglichen Mitteln unterstützt und findet Wertschätzung und Verständnis. Man sollte also glauben, die berufstätigen Mütter brauchen ihre Entscheidungen nicht zu verteidigen und die Mütter, die Hausfrau sind, nicht zu attackieren. Die sind schließlich in der Minderheit und erhalten größtenteils weder Unterstützung noch Wertschätzung durch die Gesellschaft.

In der Diskussion hörte man die Rhetorik von Simone de Beauvoir und Betty Friedan. Hausarbeit und Kinderbetreuung seien eine geistlose Tätigkeit, und die Frau dürfe nicht bereit sein, den Mann und die Familie zu bedienen. Mann und Frau müssten zu Hause die gleichen Dinge tun. Man sollte das Leben genießen, seinen Partner erst einmal ein paar Jahre kennenlernen und all das sehen und erleben, was interessant ist, wie beispielsweise eine Weltreise, bevor man daran denkt, sich Kinder anzuschaffen. Aber auch dann sei es riskant, ein Kind zu bekommen, da man befürchten muss, womöglich nicht mit ihm zurechtzukommen. Den Sinn und den Inhalt, den die Frau in ihrem Leben braucht, findet sie in ihrer Erwerbstätigkeit. Die Betreuung und Erziehung der Kinder sei keine Aufgabe der Mutter, sondern das könne jeder Beliebige tun. Ihre eigenen Entscheidungen billigten diese Frauen, aber es fiel ihnen anscheinend schwer, zu akzeptieren, dass jemand freiwillig zu Hause bleibt und dazu auch noch andere ermutigt.

Nach der Diskussion begrüßte die Moderatorin den Gast der Woche, eine Mutter von acht Kindern, die »Äitienpäivän kunniamerkki« (einen Orden zur Ehrung ihrer Mutterschaft) erhalten hatte. Hier begegneten sich zwei Welten, die in ihren Werten und ihrer Geschichte völlig unterschiedlich sind. Die Mutter von acht Kindern hatte ihr ganzes Leben lang hart gearbeitet, in ihrer Kindheit die Schrecken des Krieges und zweimal eine Flucht erlebt und ihre Kinder versorgt und erzogen, und das unter erheblich bescheideneren und ärmlicheren Verhältnissen als heute. Sie hatte nicht wie wir heute die Wahl zwischen verschiedenen Möglichkeiten gehabt, und dennoch war sie zufrieden und dankbar für das, was ihr im Leben vergönnt gewesen war. Der Redakteurin schien es peinlich zu sein, als sie die Mutter fragte, wann sie bei all der Arbeit und Mühe Zeit für sich selbst gefunden hatte. Hin und wieder gab es ein paar Augenblicke, meist abends, wenn die Kinder schlafen gegangen waren. Dann nahm die Mutter ihre Näharbeiten zur Hand, denn sie nähte alle Kleidungsstücke für die Familie. Auch diese Zeit wurde also für andere verwendet.

Als die Redakteurin sie in Erziehungsangelegenheiten nach einem fachmännischen Rat für die Mütter von heute fragte, antwortete die Mutter, sie sei kein besonderer Fachmann und könne anderen keine Ratschläge erteilen. Dann sagte sie aber doch, es beschäftige sie sehr, wenn sie sehe, wie die Mütter, auch ihre eigenen Töchter, ihre Kinder am frühen Morgen zur Kindertagesstätte bringen. Sie brauchte das nicht zu tun. Bei den Kindern halte sie für wichtig, dass man ihnen genügend Liebe, Wärme und Nähe entgegenbringe und sie oft auf dem Arm halte.

Die von der Generation dieser Frau vertretene Mutterschaft und ihr Frausein sind weitgehend in Frage gestellt worden. Oder zumindest sagt die Frau von heute, diese passten nicht in unsere Zeit. Es sei nicht richtig, dass sich eine Mutter aufopferungsvoll um ihre Familie kümmert. Mann und Kinder sind wichtig, aber daneben drängen sich in das Leben der Frau noch andere Dinge und nehmen sie in Beschlag. Die Anziehungskraft dieser Dinge wirkt mehr in die Richtung weg von der Familie und nicht zu ihr hin. Zugleich wachsen jene Kräfte, die vom Haushalt weg führen, weil die Hausarbeit nicht alle Frauen interessiert und begeistert.

Der Bruch des stillschweigenden Übereinkommens zwischen den Frauen

Frauen leben unter verschiedenen Bedingungen und in sehr unterschiedlichen Situationen. Die einen sind privilegiert, die anderen nicht. Im Prinzip kann man Frauen in drei Gruppen einteilen, je nachdem, welche Entscheidung sie im Hinblick auf Familie und außerhäusliche Erwerbstätigkeit getroffen hatten. Manche konnten oder wollten nicht heiraten oder hatten Angst davor, Kinder zu gebären. Aus diesem Grund richteten sie ihr Interesse auf ihr berufliches Fortkommen. Von diesen Frauen sind in Finnland viele in die kirchliche Arbeit gegangen. Die Frauen der zweiten Gruppe heirateten und bekamen Kinder, aber den Haushalt und die Kindererziehung übertrugen sie anderen. Sie selbst widmeten sich ihrem Beruf. Früher war das vor allem Vertreterinnen der wohlhabenden Oberklasse und der Elite der Unterhaltungskünstlerinnen möglich. Die dritte Gruppe wählte die Ehe als vorrangige Lebensaufgabe und widmete sich der Betreuung des Ehegatten, der Kinder und des Haushalts. Zwischen diesen Gruppen herrschte ein stillschweigendes Übereinkommen, dessen Inhalt »jede Frau kannte«. Es bedeutete, dass man einander leben ließ und die Entscheidungen der jeweils anderen Gruppe bezüglich der Wahl ihrer Lebensweise nicht kritisierte.[148]

Möglicherweise bedauerten die Mütter, die zu Hause blieben, jene Frauen, die unverheiratet und kinderlos waren, da sie deren Leben für leer hielten. Vielleicht glaubten sie, dass berufstätige Frauen ihre Pflichten als Ehefrau und Mutter vernachlässigten. Die unverhältnismäßig hohe Zahl von Scheidungen und sonstiger Familienprobleme in dieser Gruppe bestätigen diesen Verdacht. Doch meist hielten sich die Mütter, die zu Hause blieben, zurück, sprachen ihre Empfindungen nicht aus und zögerten selbst dann, ihre Meinung zu äußern, wenn man sie danach fragte. Die

---

[148] Graglia, S. 90-92

Frauen der ersten und zweiten Gruppe sahen sich ihnen gegenüber möglicherweise intellektuell und kulturell auf einem höheren Niveau, aber auch sie enthielten sich im Sinne eines stillschweigenden Übereinkommens der Kritik.

Meine Mutter war, mit Ausnahme der sieben Jahre, in denen sie mich zu Hause betreute, bevor ich zur Schule kam, immer erwerbstätig. Ich bin ihr für diese Jahre dankbar, denn die Kindertagesstätte wäre kein geeigneter Ort für mich gewesen, da ich ein scheues und schüchternes Kind war. Meine Mutter ging arbeiten, weil es wegen des kargen Einkommens der Familie unabdingbar war. Ich bin als Schlüsselkind aufgewachsen, und zuweilen fragte ich meine Mutter, warum sie nicht mehr zu Hause war und sich um mich kümmerte. Sie arbeitete in Schichten. Das hatte den Vorteil, dass sie eine Woche lang noch zu Hause war, wenn ich aus der Schule kam, und in der anderen Woche früh von der Arbeit kam. Vater seinerseits arbeitete regelmäßig tagsüber und war abends zu Hause.

Ich habe in meiner Mutter das Beispiel einer starken berufstätigen Frau erlebt, das ich achte und schätze. Kraftvoll hat sie die Rechte und Interessen der Frauen verteidigt, und zugleich war sie dem Heim und der Familie sehr zugewandt. Diese Werte habe ich von ihr lernen können, genau wie die Fertigkeiten, die man bei der Hausarbeit benötigt, und die Achtung vor dieser Arbeit. Die Realitäten des Lebens gaben meiner Mutter nicht die Möglichkeit, zwischen Haushalt und Berufstätigkeit zu wählen, was heute für viele Frauen gilt. Unterdrückt hat sich meine Mutter nie gefühlt, schon gar nicht als Opfer, denn sie hat jede Situation gemeistert. Als ich heiratete und viele Jahre zu Hause blieb, um die Kinder zu betreuen, hat sie meine Entscheidung nicht in Frage gestellt, sondern mich darin voll unterstützt. Sie war ihren eigenen Weg gegangen, und ich meinen, und trotz der unterschiedlichen Entscheidungen achteten wir einander.

So haben sich Frauen öffentlich und privat der gegenseitigen Kritik enthalten. Obwohl das stillschweigende

Übereinkommen manchmal für Ärger sorgte, wurde nicht heftig daran gerüttelt. Dies geschah erst in den Sechzigerjahren, als Betty Friedan mit ihrem Angriff gegen die Rolle der Frau als Mutter und Hausfrau das Übereinkommen brach. Diese Rolle und die Ethik vom Mann als Versorger der Familie hatten zuvor zwar schon manche Männer attackiert, aber davon ließen sich die Frauen nicht stören. Sie waren überzeugt, dass sie die Männer mit Unterstützung der Gesellschaft dazu bewegen konnten, das zu verwirklichen, was sie als Frauen wollten. Die Angriffe der Feministinnen hingegen wurden zum Problem. Kritische Kommentare von Männern ertragen wir noch, aber wir reagieren empfindlich auf die Kritik durch andere Frauen und sehnen uns danach, von ihnen anerkannt zu werden. Ihr Meinung wirkt stark auf unsere Ansichten und unser Selbstvertrauen. Aus diesem Grund war das stillschweigende Übereinkommen der Frauen wichtig, und seine Verletzung hatte weitreichende Folgen. Es beeinflusste auch die Männer, denn gemäß der Untersuchungen von Margaret Mead suchen sie zunächst bei ihren Müttern und später bei ihren Ehefrauen die Bestätigung dafür, dass sie gute Männer sind.[149]

Als die Feministinnen das Übereinkommen in den Sechzigerjahren brachen, indem sie die Rolle der Frau als Mutter und Hausfrau offen angriffen und deren Arbeit zu Hause gering schätzten, führte das dazu, dass jene Frauen, die Mutter und Hausfrau waren, von der Anerkennung durch die anderen Frauen ausgeschlossen wurden. Ihnen blieben zwei Alternativen: Sie konnten entweder der Einschätzung der Feministinnen zustimmen und auf den Arbeitsmarkt gehen, oder sie konnten ihre Entscheidung, als zufriedene Hausfrau und Mutter zu Hause zu bleiben, verteidigen. Um aber ihre eigenen Ansichten dazu vorbringen zu können, mussten auch sie das stillschweigende Übereinkommen zwischen den Frauen brechen. Im Hinblick auf die Wahl verschiedener Lebensentwürfe endete somit die Solidarität. Die Folge war ein noch nie dagewesener Kampf ent-

---

[149] Graglia, S. 91-97

weder für oder gegen die Rolle als Mutter und Hausfrau. Frauen unter fünfunddreißig haben in dieser öffentlichen Diskussion so gut wie keine positive Vorstellung von diesem Lebensentwurf bekommen.

Beim Angriff des Feminismus gerieten die Frauen, die Mutter und Hausfrau sind, in die Position der Angeklagten, die sich verteidigen muss. Es ist ein ungleicher Kampf, denn obwohl Feministinnen ursprünglich eine kleine Minderheit darstellten, waren sie doch heftiger und eroberten die öffentliche Plattformen für die Verfolgung ihrer Ziele. Die Medien, ein Teil der Vertreter von Wissenschaft und Kunst sowie bestimmte politische Parteien begannen, die Sache der Frauenbewegung zielstrebig zu fördern. Die Feministinnen sind Vertreter der Intelligenz, klug, hoch qualifiziert sowie aggressiver und maskuliner. Mütter, die Hausfrauen sind, verfügen nicht in gleicher Weise über einen Zugang zu den öffentlichen Plattformen, um ihre Sache vorzubringen. Unter ihnen gibt es keine derart aggressiven Kämpfertypen wie unter den Feministinnen, sondern sie sind eher nachgiebig und feminin. Viele von ihnen sind weniger qualifiziert und welterfahren. Sie waren nicht darauf vorbereitet, die Vorwürfe des Feminismus und die Geringschätzung jener Rolle entgegenzunehmen, die sie selbst als sinnvoll und lohnenswert empfanden. Sie hatten sich nicht vorstellen können, dass sie überhaupt den Sinn ihres Daseins verteidigen müssten. Sie waren keine solchen Menschen, die ganz natürlich auf öffentlichen Plattformen für ihre Anschauungen kämpften. Allerdings verstanden auch sie sich darauf, die scharfe Klinge des Wortes zu führen. Zu Übertreibungen kam es auf beiden Seiten. Daher war der Kampf destruktiv.

Die Mütter, die Hausfrau sind, dachten, es sei Aufgabe des Mannes, sie zu verteidigen, aber aus verschiedenen Gründen haben das nur wenige Mutige getan. Manche Männer zeigten eine vorgetäuschte Ritterlichkeit und zögerten, sich dem aggressiven Angriff der Frauen zu widersetzen. Wenn sie Kritik an der feministischen Philosophie äußern und sich wünschen, dass die Mütter ihre Kinder und den

Haushalt versorgen, müssen sie dafür einen hohen Preis zahlen. Außerdem hat die Verbindung von Feminismus und sexueller Revolution viele Männer dazu bewogen, die neue Richtung zu bevorzugen, weil sie ihnen zunehmende Vorteile in sexueller Hinsicht garantiert. Für manche Männer ist es eine Erleichterung, sich von der Bürde als alleiniger Versorger der Familie zu befreien und sie mit der Ehefrau zu teilen.

Als Kate Millet im Jahr 1969 verkündete, die Familie dürfe verschwinden, waren das Ziel des Hauptangriffs des Feminismus jene Mütter, die Hausfrau sind, und nicht die Männer. Sowohl Simone de Beauvoir als auch Betty Friedan bewunderten und beneideten die Männer und die Maskulinität. Erstrebenswert war, was wie gesellschaftliche Macht, wie Beteiligung an den Entscheidungen in der Gesellschaft und wie das aggressive Bemühen um Fortschritte in der beruflichen Karriere und bezüglich anderer Leistungen zur männlichen Welt gehörte. Frauen hingegen hatten ihrer Ansicht nach in der Geschichte nichts Bedeutendes zu Stande gebracht, da sie sich der Familie gewidmet hatten.

Mütter als Ganztagshausfrauen passten nicht in das Weltbild der Frauenbewegung. Diese wollte die Struktur der Familie ändern, die das Fundament der Gesellschaft bildete, denn es war vor allem diese Struktur, die dem Ziel im Weg stand, dass Frauen die Hälfte der wirtschaftlichen und politischen Macht im Staat bekommen sollten.[150] Kategorisch äußerte Simone de Beauvoir Betty Friedan gegenüber, in der Gesellschaft dürfe nicht zugelassen werden, dass irgendeine Frau als hauptberufliche Mutter und Hausfrau ihre Kinder erzieht. Der Staat müsse anders aufgebaut sein. Den Frauen dürfe nicht die Möglichkeit der Wahl zwischen der Rolle als Mutter und Hausfrau und einer beruflichen Karriere gegeben werden, weil dann zu viele von ihnen die Hausfrauenrolle wählen. Sie müssten in eine andere Richtung gezwungen werden. Friedan antwortete de Beauvoir, das Ideal der individuellen Freiheit

---

[150] ebd., S. 273

sei in Amerika so stark, dass sie niemals von jeder Frau verlangen könnte, ihre Kinder in die Tagesbetreuung zu bringen. Das hinderte Friedan jedoch nicht daran, genau in diese Richtung zu wirken. Für de Beauvoir waren sowohl die Familie als auch der »Mythos von der Familie und dem Mutterinstinkt« ein Hindernis auf dem Weg zur Befreiung der Frau von der Unterdrückung.[151]

Der Angriff der Feministinnen auf die Rolle der Frau als Mutter und Hausfrau traf den empfindlichen und verletzlichen Kern des Frauseins. Damit wurde jenen Frauen der Boden unter den Füßen weggezogen, die das Empfinden hatten, ihre Berufung und Aufgabe auf die bestmögliche Weise zu erfüllen, indem sie ihrer Familie dienten. Kaum jemand verträgt es ohne Verletzungen, wenn seine ganze Existenz und Lebensaufgabe in Frage gestellt und entwertet wird. Mit ihrem Handeln widerlegten die Feministinnen paradoxerweise ihr eigenes Argument, die Arbeit im Haushalt sei nur von geringer Bedeutung, denn auf eine Mücke hätte man nicht mit Kanonen zu schießen brauchen. Die Feministinnen begriffen, dass die Rolle der Frau als Mutter und Hausfrau die das Fundament der Gesellschaft bildende Institution Familie stützt, und die wollten sie zerschlagen. Seit den Sechzigerjahren ist die Familie dann auch in Turbulenzen geraten.

Als Folge des Wettkampfes zwischen der Mutter als Hausfrau und der berufstätigen Mutter haben Mütter mit Schuldgefühlen zu kämpfen, egal welche Entscheidung sie getroffen haben. Viele Mütter sowohl der älteren als auch der jüngeren Generation, die sich eine bedeutende berufliche Karriere aufgebaut haben, sagen, sie empfänden im Hinblick auf die Kinder immer Schuldgefühle. Die außerhäusliche Erwerbstätigkeit ist ihnen jedoch so wichtig, dass sie nach ihrer eigenen Einschätzung schlechtere Mütter abgegeben hätten, wenn sie zu Hause geblieben wären. Diese hintergründigen Schuldgefühle können dann an die Oberfläche gelangen, wenn über die Rolle der Frau als Mutter und Hausfrau gesprochen wird. Die zu Hause

---

[151] de Beauvoir (1975), S. 18, 20

gebliebenen Mütter ihrerseits können Schuld empfinden, weil sie in ihrer beruflichen Laufbahn zurückbleiben oder verdrängt werden. Der Mutter als Hausfrau macht die Rolle der Angeklagten zu schaffen, in der von ihr eine Erklärung dafür verlangt wird, warum sie immer noch zu Hause ist oder wann sie ins Arbeitsleben zurückkehren will. Mutter und Hausfrau zu sein ist, anders als noch vor einigen Jahrzehnten, in der heutigen Gesellschaft keine Qualifikation wie andere Berufsbezeichnungen. Man muss etwas opfern, weil man nicht alles gleichzeitig und in vollem Umfang bekommen kann.

In den gesellschaftlichen Wertvorstellungen hat sich eine deutliche Änderung vollzogen, denn noch in den Sechzigerjahren war es für einige finnische Unternehmen eine Ehrensache, ihren Angestellten einen so hohen Lohn zu zahlen, dass die Ehefrau nicht erwerbstätig sein musste. Ausgangspunkt dieser Denkweise war die Orientierung auf die Familie, in der Mann und Frau unterschiedliche Rollen haben und beide gleich wichtig sind. Heute würde das als ein Verhalten abgelehnt werden, das der Gleichberechtigung nicht dient.

DER WERT EINER MUTTER UND HAUSFRAU

Der Diskussion über Frausein und Mutterschaft liegt die falsche Annahme zugrunde, dass alle Frauen identische Wertvorstellungen und gleichartige Bedürfnisse haben und sich in ihrem Leben gleiche Ziele setzen. In der Öffentlichkeit wird es so dargestellt, als wollten alle Frauen in ihrer Karriere vorankommen, Chefin werden, verantwortungsvolle Aufgaben übernehmen und Herausforderungen suchen. Der Rückzug aus der beruflichen Laufbahn und ein andersgearteter Lebensentwurf wie zum Beispiel der einer Mutter und Hausfrau wird nicht als freiwillige, sondern als erzwungene Entscheidung angesehen, deren Ursache die eigene Unsicherheit und ein schwaches Selbstbewusstsein sind.

Das Selbstbewusstsein des Mannes ist in der Hauptsache an Erfolg und Leistung gebunden. Das Selbstbewusstsein der Frau aber ist vielschichtiger. Sie braucht nicht ihr Leben lang nach Erfolg zu streben, sondern sie kann besser als Männer Selbstbewusstsein aus der Familie, aus menschlichen Beziehungen und aus der Übernahme sozialer Verantwortung gewinnen. Menschliche Beziehungen wirken sich immer in irgendeiner Form auf die Selbsteinschätzung einer Frau aus. Das Ego der Frau ist Teil eines Ganzen, sie gehört irgendwohin und steht immerzu in Beziehung zu anderen Menschen. Für das Selbstbewusstsein einer Frau ist es wesentlich, dass sie über gute menschliche Kontakte verfügt und in enger Wechselwirkung mit Menschen steht, die für sie wichtig sind. Dazu gehört auch das Gefühl der sozialen Verantwortung. All das beeinflusst das Selbstbewusstsein eines Mannes nicht in der gleichen Weise.[152]

Aufgrund dieser Verschiedenartigkeit kann das Selbstbewusstsein einer Mutter, die zu Hause ihre Familie betreut, in der Wechselwirkung mit den ihr nahe stehenden Menschen stark werden. Zugleich fällt es Frauen gerade wegen der vielschichtigen Struktur ihrer Selbstachtung leichter als Männern, aus dem Arbeitsleben auszusteigen. Für eine solche Entscheidung braucht man in der Gesellschaft von heute ein starkes Selbstbewusstsein, denn sie bedeutet, gegen den Strom zu schwimmen.

Es stärkt die Sexualität der Frau, wenn sie zu Hause ihre Kinder betreut, weil sie dann ihre femininen Eigenschaften einsetzt und entwickelt. Im Wettbewerb mit dem Mann auf demselben Arbeitsmarkt muss sie hingegen die androgynen Züge stärken. Dem Mann bringt die Betreuung von Kleinkindern keine sexuelle Bestätigung, weil sie nicht kennzeichnend für seine Maskulinität ist. In allen Gesellschaften, die Anthropologen und Historiker untersucht

---

[152] Keltikangas-Järvinen, S. 62-65

haben, hat man die Betreuung von Kleinkindern Frauen und nicht Männern anvertraut. In den kommunistischen Ländern, in denen man alle Mütter als Arbeitskräfte einsetzen wollte, wurde die Betreuung der Kinder staatlichen Einrichtungen übertragen und nicht Vätern, die zu Hause waren.[153]

In der Diskussion wird auch ständig davon geredet, dass Frauen mehr Macht in der Gesellschaft erhalten müssten, obwohl sie doch nicht weniger Macht ausüben als Männer. Es ist eben nur eine andere. Frauen üben vor allem zu Hause Macht aus. Männer treffen die großen Entscheidungen in der Gesellschaft, aber Frauen bestimmen, wie die Familie im Alltag lebt. Sie erziehen die nächste Generation, auch jene Männer, die Verantwortung in der Gesellschaft tragen werden und von den jüngeren Frauen Dank oder Vorwürfe erhalten. Ein alter Spruch lautet: »Die Hand, die die Wiege schaukelt, herrscht über die ganze Gesellschaft.«

Aus der Sicht einer Mutter, die Hausfrau ist, kann jeder Beliebige ihren Beitrag im Arbeitsleben ersetzen, nicht jedoch das, was sie zu Hause gemeinsam mit den Kindern tut. Die anderen Betreuungsformen sind nur Ersatz. Frauen, die zu Hause bleiben, denken mit dem Stolz einer Mutter, dass ihre Fürsorge für die eigenen Kinder das Beste ist, was sie ihnen bieten können. Selbst die kompetenteste Kindergärtnerin kann dem Kind keine Mutterliebe geben. In den Kindertagesstätten wird das, was zum Heranwachsen und zur Entwicklung des Kindes gehört, täglich von den Betreuerinnen vermittelt, die als Vertreter der Mutter auftreten. Die Wechselwirkung zwischen einem Kind und seiner Mutter, die Hausfrau ist, wird hingegen den ganzen Tag nicht unterbrochen.

Die zufrieden zu Hause bleibenden Mütter sind in der Regel keine aggressiven Kämpfer, denn daheim werden andere Eigenschaften gebraucht. Sie haben eine gut entwickelte Fähigkeit zur Fürsorge und zur Pflege menschlicher Beziehungen, und durch die ständige Übung werden

---

[153] Graglia, S. 128

diese Stärken weiter ausgebaut. Eine Mutter tut das, was sie am besten kann und tun möchte, deshalb wird sie sich nicht als jemand sehen, der sich aufopfert. Selbstverwirklichung besteht darin, dass der Mensch seine Begabungen, Fähigkeiten und Fertigkeiten nutzt und zum Wohl anderer weiterentwickelt.

Die Mutter wirkt zu Hause in der Regel als Vermittlerin und Friedensstifterin zwischen den Familienmitgliedern, und es verschafft ihr große Befriedigung, dass sie daheim vorrangig als Mensch und nicht so sehr wegen ihrer Leistungen geachtet wird. Wichtiger als das, was sie tut, ist das, was sie ist. Ihre Anwesenheit im Alltag stärkt beim Kind das Gefühl der Geborgenheit. Eine Frau, die als Mutter und Hausfrau erfolgreich ist, schließt Kompromisse und beratschlagt mit den Familienmitgliedern, um zu erreichen, dass alles gut läuft. Durch das Wirken der Mutter können sowohl der Ehemann als auch die Kinder sicher sein, dass ihre Bedürfnisse und Wünsche berücksichtigt und respektiert werden. Eine Frau, die sich als Mutter und Hausfrau wohl fühlt, hat selten derart ehrgeizige Bestrebungen, die mit den Wünschen und Interessen der anderen Familienmitglieder augenfällig im Widerspruch stünden. Sie erlangt dadurch Befriedigung, dass sie die Bedürfnisse der anderen erfüllen kann, indem sie diese durch gute Organisation miteinander in Einklang bringt. Somit ist es ihr Bestreben, für das Wohlergehen der Familienmitglieder zu sorgen.[154] Sie fühlt sich in der Familie unersetzlich und denkt deshalb nicht einmal über Gleichberechtigungsprobleme nach. Für ihre Familie zu Hause ist sie einzigartig.

Nach Ansicht der Psychologin und Psychotherapeutin Mirja Sinkkonen ist es aus dem Blickwinkel der korrigierenden psychotherapeutischen Arbeit über Jahrzehnte unstrittig gewesen, dass sich eine zu frühe Trennung von der Mutter im späteren Leben des Kindes in Form von psychischen Problemen rächt. Genauso ist bekannt, dass ein Mangel an Mutterliebe dem Kind schadet. Im kindlichen Denken wird die Vorstellung vom Vater und von der Mutter nicht

---

[154] ebd., S. 95

gegeneinander ausgetauscht, obwohl das die heutigen Eltern so sehen wollen. Die fürsorgenden Erwachsenen sind im kindlichen Denken nicht undifferenziert, sondern die Beziehung zur Mutter hat ihren eigenen Platz, ebenso die zum Vater, zur Kindergärtnerin, zur Großmutter, usw. Niemand ersetzt den anderen. Jeder hat als Mensch, der Fürsorge, Trost und Unterstützung bietet, seine eigene Bedeutung in der Welt des kindlichen Denkens. Das Gleiche gilt dann, wenn diese Menschen im Leben des Kindes fehlen.[155]

Bei uns wurde die Selbständigkeit der kleinen Kinder allzu sehr betont und bewundert. Die Eltern geben damit an, wie selbständig ihre Erstklässler sowohl in der Schule als auch zu Hause sind. Mirja Sinkkonen übersetzt das in die Sprache der Psyche, wo es bedeutet, dass ein Kind seine Eltern lange Zeit nicht gebraucht hat, sondern selbst danach strebt, älter zu sein, als es wirklich ist, möglicherweise sogar geistig älter als die eigenen Eltern. Ein Kind muss jedoch Sehnsucht nach seiner Mutter und seinem Vater haben und sie brauchen. Das ist gesund und natürlich.[156]

Dass Kinder nach der Schule zu Hause zu viel auf sich gestellt sind, ist eine Tatsache, der man in der letzten Zeit immer mehr Beachtung schenkt. Man hat ganz richtig erkannt, dass die jüngeren und auch die älteren Schüler Kinder sind, die sich die Anwesenheit eines Erwachsenen in ihrem Alltag wünschen und sie brauchen. Allein gelassen, wächst ihre Unsicherheit. Um das Problem zu lösen, plant man nachmittags Arbeitsgemeinschaften in der Schule. Niemand spricht aus, dass Mütter ihre Kinder auch dann noch selbst zu Hause betreuen könnten, wenn sie drei Jahre alt sind oder in die Schule gehen. Die Mutterliebe entwickelt sich und reift mit der Zeit. Die Geburt eines Babys ist nur der Anfang eines langen gemeinsamen Weges, auf dem beide einander kennen und lieben lernen.

---

[155] Sinkkonen, S. 128-129
[156] ebd., S. 131-132

Die Bindungstheorie

Der britische Psychiater John Bowlby hat die viel beachtete Bindungstheorie entwickelt, nach der ein Mensch dazu neigt, starke Gefühlsbindungen zu anderen Menschen zu entwickeln. Ein Kind hat das angeborene Bedürfnis der Bindung an den Menschen, der es versorgt, weil das für sein Überleben unabdingbar ist. Das Sicherheitsbedürfnis ist vorrangig. Wenn ein Kind Angst hat, ist es nicht im Stande zu spielen, zu lernen oder seine Umgebung zu untersuchen. Wenn es in Not oder gestresst ist, sucht es die Bezugsperson, zu der es eine Bindung hat. Nach einem Spielgefährten sehnt es sich dann, wenn es froh und gut gelaunt ist. Deswegen ist der Ersatz eines Elternteils durch eine Gruppe von Spielkameraden nicht zweckmäßig. In einem Kreis unbarmherziger Gleichaltriger, in dem es womöglich benachteiligt wird, kann sich ein Kind den größten Teil des Tages gestresst und bedrückt fühlen.[157]

Kinder entwickeln in unterschiedlicher Weise eine Bindung an ihren Betreuer, abhängig von der Wechselwirkung zwischen beiden. Sie können eine sichere Bindung haben. Die Mutter verhält sich voraussehbar und verlässlich, somit bekommt das Kind durch sie verlässliche Informationen, und seine Erfahrungen gliedern sich logisch. Die Mutter hat das Kind nach seinen Bedürfnissen ernährt, getröstet und versorgt und war oft genug anwesend.

Eine unsichere Bindung bedeutet, dass ein Kind innerlich nicht sicher sein kann, dass die Bezugsperson erreichbar ist. Es gibt zwei verschiedene Typen von Kindern mit einer unsicheren Bindung. Vermeidende Kinder sind in der einen oder anderen Weise bestraft worden, als sie ihr Bedürfnis nach Nähe ausdrückten. Statt näher zu kommen, entfernt sich die Mutter und überlässt es dem Kind, allein mit seinem Gefühlsüberschwang fertig zu werden. Es lernt allmählich, ein Verhalten zu vermeiden, auf das

---

[157] ebd., S. 109-119; Bowlby

eine Bestrafung folgt. Ebenso lernt es, seine Gefühle nicht auszudrücken und dadurch einer Abweisung zu entgehen. Manche Mütter reagieren inkonsequent, und das Kind ist nicht im Stande, das Verhalten der Mutter vorauszusehen. Manchmal reagiert die Mutter zu heftig, manchmal reagiert sie gar nicht. Aus Sicht des Kindes ist das frustrierend, es ist bedrückt und wütend. Das führt zu einer ambivalenten Bindungsbeziehung. Ein ambivalentes oder sich widersetzendes Kind kann auf die Trennung von der Mutter stark reagieren und den von einer anderen Betreuerin gebotenen Trost ablehnen. Möglicherweise wird es die ganze Zeit von seinen Gefühlen beherrscht oder verhält sich passiv. Sein Auftreten der Mutter gegenüber ist widersprüchlich, denn es kann sein, dass es erst von der Mutter umarmt werden will, sie dann aber doch quengelnd zurückweist. Manche meiden ihre Eltern oder zeigen ihnen gegenüber offene Angst. Die Bindung ist dann desorganisiert.

Bindungen werden von einer Generation auf die andere übertragen, denn nach Untersuchungen haben Erwachsene, deren eigene Kindheitserfahrungen Sicherheit reflektieren, häufiger Kinder mit sicherer Bindung als jene, mit deren Kindheitserfahrungen Unsicherheit verbunden ist. Erwachsene, die als Kind Nähe und eine gute Fürsorge erlebt haben, sind fähig, ihre eigenen Kinder mit Wärme und Zärtlichkeit zu betreuen.

Wie ergeht es einem Kind, das von wechselnden Betreuern versorgt wird, noch bevor es Zeit hatte, eine ausreichende Bindung aufzubauen? Viele Theoretiker stimmen darin überein, dass ein Kind eine Bindung zu seinem wichtigsten Betreuer entwickelt, üblicherweise zur Mutter. Die Bindung entsteht in der einen oder anderen Weise, kann aber auch gestört werden. Laut Daniel Stern kann sie gestört oder unterbrochen werden, wenn die Mutter zu früh wieder arbeiten geht, wenn es zu Depressionen kommt oder wenn durch einen anderen Grund die Verbindung zwischen Mutter und Kind dramatisch beeinträchtigt wird.

Liisa Keltikangas-Järvinen hebt hervor, dass für den Aufbau einer Bindung keine besonderen Fertigkeiten gebraucht werden, sondern nur das normale Leben mit den Kindern, in dem man ihnen genügend Zeit und Interesse entgegenbringt. Zeit ist das Schlüsselwort. Wenn die dem Kind nicht gegeben werden kann, ist es schwierig, eine Bindung aufzubauen und aufrechtzuerhalten. Die kurze »Qualitätszeit« mit einem Kind ersetzt nicht die normale Wechselwirkung im Alltagsleben. Der Vorteil der Kinderbetreuung zu Hause besteht gerade darin, dass die Mutter dann ausreichend Zeit hat, mitten im Alltag mit dem Kind zusammen zu sein.

In unterschiedlichen Zusammenhängen hat Liisa Keltikangas-Järvinen dazu Stellung genommen, dass es sich bei den Beschlüssen zur Tagesbetreuung von Kindern um politische Entscheidungen handelt, welche die Betrachtungsweise der jeweiligen Zeit widerspiegeln. Die Bedürfnisse des Kindes oder entwicklungspsychologische Gesichtspunkte berücksichtigen sie dagegen nicht. Ein Beispiel ist die Gruppenbildung bei den Kindern. Als kleines Kind, wenn es die individuelle Betreuung und Ruhe für die Herausbildung von Wechselwirkungsbeziehungen braucht, wird es in eine große Tagesstättengruppe gesetzt. Aber der Gymnasiast, der zur Unterstützung seines sozialen, emotionalen und kognitiven Wachstums eine Gruppe von Gleichaltrigen braucht, muss auf sich allein gestellt und eigenverantwortlich in einem finnischen Gymnasium ohne Klassen zurechtkommen.

Die Autorin verweist auch auf eine umfassende Untersuchung, in der die Erziehungspraxis verschiedener Länder, unter anderem auch die Frage der Kindertagesstätten, verglichen wurde. In Finnland ging der Erzieher dabei immer von den Bedürfnissen der Erwachsenen aus. Das Kind sollte sich an ein Leben anpassen, das unter den Bedingungen der Berufstätigkeit des Erwachsenen geführt wurde. Auch im Hinblick auf die Freizeitbeschäftigung war ein wichtiger Gesichtspunkt, wie man die Erziehungsaufgabe der Eltern erleichtert könnte. Wenn ein Kind Zeit mit seinen Hobbys verbringt, dann kommt es nicht dazu, soviel Schlimmes anzustellen. In anderen Ländern waren das Kind und seine Bedürfnisse Ausgangspunkt der Erziehung, und die Erwachsenen ordneten sich dem unter.[158]

Anpassung an den Zwang der Verhältnisse sind nach Keltikangas-Järvinen etwas ganz anderes als Entwicklung. Das Kind braucht für die Entwicklung all seine Ressourcen, doch wenn diese für die Anpassung benötigt werden, bleibt für die Entwicklung kein Platz. Wird die Energie des Kindes aufgebraucht, um den Alltag zu überstehen und das psychische Gleichgewicht aufrechtzuerhalten, dann ist es kein Wunder, wenn es nicht genügend Kraft für das Lernen hat.

In einer Untersuchung zur Tagesbetreuung wurde ermittelt, dass jedes zehnte Kind in Kindertagesstätten besondere Förderung benötigt. Der größte Teil von ihnen leidet unter Sprachentwicklungsstörungen und sozialen Problemen. Die Zahl derjenigen Kinder, die eine besondere Förderung benötigen, ist seit den Neunzigerjahren enorm gestiegen.[159]

Es wurde auch festgestellt, dass sich die Anzahl der Schüler, die eine besondere Förderung brauchen, innerhalb von zehn Jahren verdoppelt hat. Knapp 6 Prozent der finnischen Schüler kam 2002 in einer normalen Klasse nicht zurecht. Das ist eine große Zahl, denn der Übergang zum Förderunterricht erfolgt erst dann, wenn nichts anderes mehr hilft. In den normalen Klassen erhält jeder fünfte teilweise zusätzlichen Förderunterricht, um die Anforderungen der Gesamtschule zu meistern. In einer Klasse können Kinder sitzen, die begabt sind und sich schnell langweilen, Kinder, die langsam lernen, die schwache Noten haben, die ihre sozialen Fertigkeiten üben, die Kommunikations- oder Wahrnehmungsprobleme haben, die somatisch krank sind, die Schwierigkeiten mit dem Lesen und Schreiben haben oder deren Konzentration beeinträchtigt wird, weil zu Hause eine Krise im Gang ist. Außerdem ist die Anzahl

---

[158] Keltikangas-Järvinen, S. 165
[159] Ylönen

der Kinder, die man in keinerlei Gruppe, nicht einmal in der Sonderschule, unterrichten kann, in alarmierendem Maße gestiegen.[160]

Ein Schuldirektor erklärte, dass immer mehr Schüler einen Individualunterricht brauchen, der mit der Mutter-Kind-Beziehung vergleichbar ist. Die sozialen Fertigkeiten müssen dem Kind irgendwie beigebracht werden, denn sonst wird nichts aus dem Lernen. Die befragten Wissenschaftler, Beamten und Lehrer stellten fest, dass in den Schulen die Folgen der Krise und die fehlende Reife der Erwachsenen sichtbar werden. Die Schulen haben immer mehr mit Problemen zu kämpfen, die man hätte zu Hause klären müssen. In einigen Stadtteilen von Tampere ist die Anzahl der Erstklässler, die besondere Förderung brauchen, enorm gestiegen, was ein neues Phänomen darstellt. Kindertagesstätten vermitteln die Botschaft, dass Eltern nicht fähig sind, wie Erwachsene zu handeln, wenn ihre Kinder klein sind. In der Schule muss den Kindern dann beigebracht werden, dass es Grenzen gibt, und die Kinder testen, wie weit sie gehen können.

Obwohl der größte Teil der Kinder den Unterricht in der Schule normal bewältigt, sprechen die wachsenden Zahlen beim Bedarf an besonderer Förderung im Hinblick auf die problematische Situation der finnischen Familie eine deutliche Sprache. Kinder brauchen die Anwesenheit, Unterstützung und Anleitung der Eltern viel mehr, als die Erwachsenen bereit sind zuzugeben.

Wir können als Erwachsene nicht alle Probleme unseres Lebens auf Kindheitserfahrungen schieben, aber deren Bedeutung darf auch nicht unterschätzt werden, weil sie weitreichende Auswirkungen auf uns haben. Normale Eltern sind fähig, in geistiger und emotionaler Hinsicht gesunde Kinder zu erziehen. Wenn aber die Erziehungsarbeit aus irgendeinem Grund vernachlässigt wird oder sehr mangelhaft ist, werden später viele professionelle Helfer benötigt, um den dadurch entstandenen Schaden zu beheben.

---

[160] Lehtovaara

Eine Bindung in der Kindheit beeinflusst auch die anderen menschlichen Beziehungen. Wer eine unsichere Bindung hatte, dem kann es als Erwachsenem schwer fallen, eine enge Partnerschaftsbeziehung zu knüpfen, vor allem dann, wenn es in seinem Leben ein häufiges Kommen und Gehen von wichtigen Menschen gegeben hat. Wie kann man dann darauf vertrauen, dass diese Beziehung Bestand hat, und wie soll man es wagen, sie einzugehen.

Die psychische Macht der Mutter

Wenn eine Frau ein Kind zur Welt bringt, dann verpflichtet sie sich im Prinzip, bis ans Ende ihres Lebens die Verantwortung für das Kind zu übernehmen. Der Psychologe Daniel Stern hat festgestellt, dass eine Frau auf die Not ihres Kindes auch dann noch als Mutter reagiert, wenn sie schon sechzig ist. So gesehen handelt es sich bei der Mutterschaft nicht um einen kurzfristigen Job, sondern um einen das ganze Leben anhaltenden emotionalen Prozess, der viel gibt und nimmt.

Eine Mutter hat große psychische Macht über ihr Kind, und sie kann diese Macht in vielfältiger Weise nutzen. Sie ist ganz konkret, da eine Mutter den hilflosen Säugling, der eine enge Bindung zu ihr hat und gerade sie braucht, anderen zur Betreuung überlassen kann oder eben nicht. Die Wahl trifft der Erwachsene, nicht das Kind.[161]

Sie kann die emotionalen Bedürfnisse des Kindes leugnen oder übergehen. Sie überträgt oft unbewusst die Behandlung, die sie selbst erfahren hat, auf die nächste Generation. Sie sorgt für ihr Kind, wenn sie entsprechend versorgt wurde. Sie verfügt über die Macht und die Möglichkeit, sich auch anders zu verhalten und ihr Kind nicht so zu behandeln, wie sie behandelt wurde. Unterstützende Eltern sind verfügbar und psychisch anwesend. Wenn eine Mutter aus dem einen oder anderen Grund die Hilflosigkeit, Bedürftigkeit und Abhängigkeit des Kindes nicht

---

[161] Sinkkonen, S. 133

erträgt, kann sie es in die scheinbare Selbständigkeit ab-
weisen. Dies ist nach Ansicht von Mirja Sinkkonen eine
ausgesprochene Volkskrankheit in Finnland. Kinder und
Jugendliche brauchen immer mehr, als sie zu brauchen
scheinen. In unserer Stadtkultur wird das Kind schon mit
unter zehn Jahren in die scheinbare Selbständigkeit abge-
schoben. Zudem sieht man voller Bewunderung die frühen
Beziehungen der Kinder zum anderen Geschlecht. Die Eltern haben vergessen, dass es ihre Aufgabe ist, ihre Kinder
zu beschützen. Und so können die Kinder durch ihren Umgang in jedwede Richtung gelenkt werden.[162]

In der Kinderpsychologie hat André Green die Abwe-
senheit der Mutter mit dem Terminus tote Mutter ausgedrückt, der nicht den physischen Tod meint, sondern eine
Mutter, die im Denken des Kindes psychisch tot ist. Als
Folge davon leidet das Kind unter Depressionen. Dabei
werden die sogenannte schwarze Depression und die leere
Depression unterschieden. Letztere beschreibt den Verlust
eines für das Kind wichtigen Objekts. Eine emotional tote
Mutter bringt Niedergeschlagenheit, Leere und das Gefühl der Bedeutungslosigkeit in das Leben des Kindes. Das
Kind bekommt das Leben und dessen Bedeutung nicht in
den Griff, oder es kann ihm, wenn das schon gelungen war,
wieder entgleiten. Eine emotional leere oder kalte Mutter
treibt das Kind dazu, sich mit ihrer Depression zu identifizieren.

Eine Mutter kann ihr Kind lieblos, gleichgültig und abwei-
send behandeln. Sie kann aber auch überzogen handeln.
Das heißt, sie schränkt ihr Kind ein, überwacht es und lässt
nicht zu, dass es für seine Entwicklung förderliche Erfahrungen macht, eine eigene Meinung hat oder gegen ihren
Willen handelt. Eine aufdringliche Mutter, die eine eigene
Entwicklung des Kindes unterdrückt, macht es zu einer
narzisstischen Fortsetzung von sich selbst. Eine Mutter
kann ihrem eigenen Kind gewissermaßen das Menschsein

---

[162] ebd., S. 135-136, 138-141

verwehren. So muss sich das Kind manchmal sein ganzes Leben lang das Recht auf eine eigene Existenz verdienen und mit Minderwertigkeitsgefühlen kämpfen.

Eine Mutter kann auch auf positive Weise so handeln, dass ihr Kind lernt, sie zu kennen und sich auf ihre Fürsorge zu verlassen. Dadurch bildet sich eine enge Bindung zwischen Mutter und Kind heraus, die eine wichtige Grundlage für alle anderen menschlichen Beziehungen darstellt. In einer Atmosphäre der Liebe und der Fürsorge fühlt sich das Kind wichtig und wächst so heran, dass es fähig ist, andere zu lieben und Mitgefühl für Schwächere und Unterprivilegierte zu empfinden. Schamgefühl dagegen ist die Folge von Abweisung, und Schamlosigkeit ist ein Ausdruck von Scham.[163]

Mutterliebe ist etwas Wertvolles, das noch zunimmt, wenn verschwenderisch damit umgegangen wird. Sie reift und vertieft sich mit dem Heranwachsen der Kinder. Unter ihrem Einfluss wächst eine Generation heran, die auf sich selbst vertraut und fähig ist, die Verantwortung sowohl für gesellschaftliche Aufgaben als auch für die nächste Generation zu übernehmen.

Karrierefrauen kehren nach Hause zurück

Finnische Frauen sind nicht die einzigen, die einen Kampf zwischen Karriere und Haushalt führen. Die gleiche Diskussion wird auch anderswo in Europa und in den USA geführt. In der Presse gab es Berichte über Mütter mit einer Spitzenkarriere, die nach Hause zurückgekehrt sind, um ihre Kinder für kürzere oder längere Zeit zu betreuen. Sie haben ihre ehrgeizigen beruflichen Ziele in Frage gestellt und suchen nach alternativen Wegen für das Leben und die Arbeit. Ihnen reichte es nicht, in ihrer Karriere die

---

[163] ebd., S. 170-172

gläserne Decke zu durchbrechen, sondern sie überließen den Kampf in der Tretmühle ihrem Mann und stellten ihre Begabung in den Dienst der Kinder und des Haushalts.[164]

Dazu haben auch die Forschungsergebnisse von Kinderpsychologen wie dem oben erwähnten John Bowlby, Donald Winnicott und Penelope Leah beigetragen, die vor den Gefahren warnen, die drohen, wenn die Betreuung der Kinder zu Hause verringert wird. In den Untersuchungen wurden die von mir weiter oben beschriebene Bindungstheorie sowie die emotionale und intellektuelle Entwicklung der Kinder dargestellt. Es liegen auch Analysen der schädlichen Wirkung der Kindertagesbetreuung auf sehr kleine Kinder vor. Eine im Jahr 2003 in den Vereinigten Staaten veröffentlichte umfangreiche Studie weist darauf hin, dass für Kinder unter drei Jahren eine Betreuung in der Gruppe im Vergleich zu anderen Betreuungsformen wie eine Strafe empfunden wird. Sie führt zu Aggressionen und anderen emotionalen Störungen. Die Auswirkungen sind langfristig.

Eine Mutter mit beruflicher Karriere berichtet, dass ihr Mann, als sie sich entschied, mit den Kindern zu Hause zu bleiben, anfangs skeptisch war und den Verdacht hatte, ihr Gehirn könnte träge werden, wenn es nicht beansprucht wird. Die Mutter hatte bemerkt, dass dann, wenn beide berufstätig sind, das Familienleben dem Wohnen in einem Tunnel glich, in dem nichts anderes Platz hatte als die Arbeit. Bei einem Essen mit vielen Frauen, die sich eine Spitzenkarriere aufgebaut hatten und älter waren als sie, stellte sie fest, dass alle entweder geschieden, unverheiratet, Witwen oder die Hauptversorger der Familie waren. Sie diskutierten über den Preis, den Frauen zahlen müssen, um an die Spitze zu gelangen. Dabei braucht man sowohl Begabung als auch harte Arbeit, aber dazu gehört auch, dass man die Arbeit immer in den Vordergrund stellen muss. Viele Frauen wollen das nicht.

---

[164] Crichton-Miller

Eine Juristin der Europäischen Union in Brüssel war sieben Jahre zu Hause geblieben und bemerkte, als sie ins Arbeitsleben zurückkehrte, dass es sie nicht mehr befriedigte. Also gab sie es wieder auf. Sie stellte die traditionelle Definition von harter Arbeit und Erfolg in Frage. »Ich kenne nicht viele Frauen, die es als große Errungenschaft ansehen, achtzig Stunden pro Woche im Büro zu sitzen und um die Welt zu fliegen«, sagte sie. »Meiner Ansicht nach ist das keine Errungenschaft, und ich glaube, dass viele Frauen es für dumm halten. Ein großer Teil des Ehrgeizes und der Anstrengungen, in der Karriere voranzukommen, sind einfach Nichtigkeiten. Was bedeutet schon ein Titel oder ein Dienstwagen? Es ist die Erziehung der Kinder, mit der wir tatsächlich Macht ausüben und Einfluss auf die Zukunft der Welt haben.«[165]

Anderswo in der Welt ist in dieser Angelegenheit ein Unterschied zwischen den Generationen erkennbar. Junge Mütter können sich flexible Möglichkeiten zwischen Arbeit und Haushalt vorstellen, wohingegen die älteren Frauen der großen Jahrgänge um jeden Preis zeigen wollten, dass sie in allem mit den Männern mithalten können. Sie waren bestrebt, in ihrer beruflichen Laufbahn die Möglichkeiten zu nutzen, die ihre Mütter nicht besaßen. Die jüngeren Frauen haben nicht unbedingt dasselbe Bedürfnis, irgendjemandem etwas zu beweisen. Zugleich fragen sie sich möglicherweise, welchen Sinn es hat, all das Geld zu verdienen, wenn man kein normales Familienleben genießen kann. Die Generation X (geboren zwischen 1965 und 1979) vertritt die Schlüssel- und Scheidungskinder. Ihre berufliche Laufbahn wurde von der unsteten Konjunktur in der Wirtschaft und auf dem Arbeitsmarkt beeinträchtigt, was ihren Glauben geschwächt haben könnte, in der Erwerbstätigkeit ausreichende Befriedigung zu finden. Bei vielen gehörten Unsicherheit, Einsamkeit und wechselnde Betreuer zu ihren Kindheitserfahrungen, denn ihre Mütter kümmerten sich um ihre berufliche Laufbahn.

---

[165] Wallis

Viele der Mütter, die eine Spitzenposition innehatten und dann zu Hause blieben, sind mit ihrer Entscheidung zufrieden. Es verschaffte ihnen Befriedigung, dass sie ihren Kindern nun mehr Zeit widmen konnten als zuvor. Sie empfanden es als Erleichterung, dass der Tag nicht mehr von früh bis abends vorprogrammiert war, sondern einem ruhigeren Rhythmus folgte. Wenn die Kinder ins Schul- und Teenageralter kommen, kann sich die Richtung wieder ändern, und die Mütter kehren womöglich wieder ins Arbeitsleben zurück.

Die Direktorin von Pepsi Cola in Nordamerika gelangte 1997 in die Schlagzeilen, als sie ihre Führungsposition aufgab, um ihren drei Kindern mehr Aufmerksamkeit zu widmen. Die Mitteilung der Kinder, die Mutter könne arbeiten gehen, wenn sie verspreche, am Geburtstag jedes Kindes da zu sein, hatte zu dieser Entscheidung geführt. Diese Frau bekam Gewissensbisse, als ihr klar wurde, dass die Familie zu kurz kam. Ihr Ausscheiden löste in den USA eine heftige Diskussion aus, ob Frauen ihre Kinder für ihre Karriere opferten. Die Feministinnen warfen ihr Verrat vor, während viele Männer der Ansicht waren, dass alle Frauen ihrem Beispiel folgen sollten. Nun, wo ihre Kinder im Teenageralter sind, ist sie ins Arbeitsleben zurückgekehrt. Laut Befragungen in den USA beabsichtigen 70 Prozent der ehemaligen Karrierefrauen, ihre berufliche Laufbahn wieder aufzunehmen.[166]

DIE SCHWIERIGEN ENTSCHEIDUNGEN EINER MUTTER

Wie Mütter sich auch entscheiden, wenn es um Berufstätigkeit und Familie geht, angesichts der vielfältigen Herausforderungen und der Fülle an Arbeit kann uns das Gefühl zu schaffen machen, dass wir den Anforderungen nicht gerecht werden. Dann ist es gut, wenn man innehält,

---

[166] Baxter

um seine Lebenswerte und die Hierarchie unter den verschiedenen Möglichkeiten zu hinterfragen. Wir können
uns selbst und auch den uns nahestehenden Menschen zu
viel abverlangen. Da man von Kindern nicht dasselbe wie
von Erwachsenen fordern kann, ist es angebracht, nach
ihren Bedingungen zu leben. Von uns Eltern hängt es ab,
ob Kinder in Ruhe Kinder sein und in einem natürlichen
Tempo in einer sicheren Wechselwirkungsbeziehung heranwachsen und sich entwickeln können. Die Mutterschaft
ist uns als Geschenk und als Verantwortung gegeben, die
uns dabei hilft, in unserer Selbstlosigkeit und in der Rück-
sichtnahme auf die Bedürfnisse anderer zu wachsen. Im
Leben muss man immer Entscheidungen treffen, weil man
nicht alles gleichzeitig bekommen kann.

Wer in seiner Karriere und im Beruf vorankommen will,
muss dafür etwas opfern. Wenn das die einzig richtig erscheinende Wahl ist, dann sollte man danach leben und
das, was mit Mutterschaft und Haushalt zusammenhängt,
auf der Grundlage dieser Wahl lösen. Nicht immer handelt
es sich, wenn eine Mutter berufstätig ist, um den Wunsch,
Karriere zu machen. Es kann die blanke Realität des Lebens sein, da aufgrund des Einkommens der Familie keine
Alternative besteht. Außerdem gibt es Ehepaare, für die
das Zuhausebleiben der Mutter eine klare Entscheidung
ist, die beide Ehegatten als gut und richtig empfinden und
für die sie bereit sind, die nötigen Opfer zu bringen. Die
Entscheidung, ob eine Mutter zu Hause bleibt oder einer
Erwerbstätigkeit nachgeht, liegt nicht allein auf den Schultern der Frau. Der Meinung des Ehemanns kommt dabei
auch eine Bedeutung zu.

Die wirtschaftlichen Gründe für Berufstätigkeit gleichen
manchmal dem Versuch, im Wasser eine Linie zu ziehen.
Wir neigen dazu, unser Leben nach der Obergrenze unserer Ressourcen einzurichten. Dann aber geht es nicht darum, dass wir arbeiten, um den Lebensunterhalt zu sichern,
sondern darum, einen höheren Lebensstandard zu erreichen. In der materialistischen Wohlstandsgesellschaft
wollen wir nicht hinter Nachbarn und Bekannten zurück-

stehen. Am eifrigsten kehren die hoch qualifizierten und gut bezahlten Frauen ins Arbeitsleben zurück, was die Auffassung bestätigt, dass für eine Erwerbstätigkeit andere als wirtschaftliche Gründe den Vorrang haben. Man kann mit Geld verstandesmäßig begründen, dass Berufstätigkeit unumgänglich ist. Damit werden die Schuldgefühle der Mutter zerstreut, aber nicht erklärt. Es wäre besser, sich Eigentum schrittweise anzuschaffen, statt danach zu streben, alles Mögliche auf einmal zu bekommen.[167] Dann würden die menschlichen Beziehungen nicht so sehr auf die Probe gestellt. »Geld bringt kein Glück«, heißt es, aber nur wenige scheinen daran zu glauben, wenn man sieht, wie leidenschaftlich wirtschaftlicher Erfolg angestrebt wird. Menschliche Beziehungen und andere Werte des Lebens geraten dann ins Hintertreffen.

Wenn uns aufgrund der Art und Weise, wie wir unsere Mutterschaft verwirklichen, das Gewissen keine Ruhe lässt, sollten wir überlegen, auf welchen Werten unsere Entscheidung beruht. Schuldgefühle verschwinden nicht, wenn wir sie zurückweisen, ablehnen oder wegreden, und auch nicht, wenn wir uns rechtfertigen. Um sie zu verarbeiten, muss man sich dem Problem aufrichtig stellen und die eigenen Motive prüfen. Außer Gott kennen nur wir selbst die Beweggründe für unser Handeln. Niemand ist eine perfekte Mutter, denn wir alle sind in unserer Sündhaftigkeit unvollkommene Menschen, genauso wie unsere Kinder. Deshalb begehen wir Fehler und Versäumnisse. Trotzdem können wir ausreichend gute Mütter für unsere Kinder und ihrer Ansicht nach sicher die bestmöglichen Mütter sein.

Möglicherweise haben wir dabei ein falsches Schuldempfinden, wenn wir nicht die Wahl hatten, weil die Realität des Lebens viele unserer Entscheidungen und Handlungen diktiert. Im Licht rechten Wissens und der Wahrheit der biblischen Worte wird man vom falschen Schuldempfinden frei. Wenn es sich um eine echte Schuld handelt, können wir unser falsches Handeln und unsere Versäumnisse

---

[167] Sprichwörter 13, 11

in der Gegenwart wie auch in der Vergangenheit bekennen und Vergebung erhalten. Damit sind die Änderung des Lebens und die Buße verbunden, sodass man künftig anders handelt.

FREIE
SEXUALITÄT

Die heutige Gesellschaft ist von einer zwanghaften Einstellung zur Sexualität geprägt. Niemand kann ihr entfliehen, denn sie überflutet uns überall: auf Werbeplakaten, im Fernsehen, in Filmen, im Theater, in der Literatur, in Musik, Kunst und überall, wo Menschen agieren. Mit der Sexualität wird alles mögliche verkauft, und Liebe wird über die Sexualität definiert.

Der Feminismus hat eine weitgehende Gleichheit von Männern und Frauen sowohl im Hinblick auf die Leistungen im Arbeitsleben als auch bezüglich der Hausarbeit angestrebt. Sexualität wurde an dieses Streben nach Gleichheit geknüpft. Die größte Änderung vollzog sich in der Haltung zur Enthaltsamkeit und moralischen Reinheit der Frau, die in allen Zeiten hoch geachtet wurde. Der Feminismus hat die Meinung von Männern und Frauen beeinflusst, indem er behauptete, es gebe in der Verwirklichung und im Erleben der Sexualität zwischen den Geschlechtern keine Unterschiede. Als Folge davon haben Frauen im sexuellen Bereich maskuline Angewohnheiten übernommen.[168] Die Feministinnen hatten die Frage gestellt, warum Frauen nicht wie die Männer freie Beziehungen eingehen sollten. Die Einstellung der Gesellschaft zur sexuellen Enthaltsamkeit der Frau sahen sie als Unterdrückungsmaßnahme des Patriarchats an. Mit der Änderung dieser Einstellung kam es in Finnland innerhalb von fünfunddreißig Jahren zum Zusammenbruch der Sexualmoral.

---

[168] Graglia, S. 156

Die Frauenbewegung hätte im Hinblick auf die Sexualität auch eine andere Richtung einschlagen können, wenn sie ein christliches Wertefundament besäße. Dieses hätte die Messlatte für die Männer höher gelegt und sie aufgefordert, ihre Verhalten zu verbessern. Aber da man im Geist des Humanismus der Aufklärungszeit Gott als Autorität der Moral verworfen hatte, wurde stattdessen die Messlatte für die Frauen niedriger gelegt.

FREIE BEZIEHUNGEN
SOLLEN ANERKANNT WERDEN

Die bedeutendste Veränderung in der Rebellion der Sechzigerjahre war die »sexuelle Revolution«. Dabei trafen zwei Phänomene zusammen: die Meinungsäußerung der Männer gegen die Ethik vom Mann als Versorger der Familie und der Aufstand der Frauen gegen den geschwächten Mann. Die rebellierenden Männer wollten sich nicht zur Versorgung von Ehefrau und Kindern verpflichten. Die Ehe war jedoch der einzige ehrbare Weg, sexuelle Bedürfnisse zu befriedigen. Die Anerkennung von außerehelichem Sex konnte man nur dadurch erreichen, dass in der Gesellschaft die Standards für das Verhalten der Frauen geändert wurden. Die mit freien Beziehungen verknüpfte Schande musste beseitigt werden. Die Feministinnen erklärten sich bereit, diese Bestrebungen der Männer zu fördern, indem sie deren sexuelle Muster zu einem geeigneten Ideal für die Frauen machten. Warum sollte den Frauen das Recht auf außerehelichen Sex, das die Männer genossen, vorenthalten bleiben? Gleichberechtigung bedeutete eine sexuelle Revolution der Frauen.[169]

Die Hingabe in einer sexuellen Beziehung ohne Ehebindung war ein Geschenk der »befreiten« Frauen an die Männer, das in der Hauptsache diesen nützte und besonders jenen Frauen schadete, die Ehefrau und Mutter sein wollten. Feministinnen verspotteten den Gedanken, dass

---

[169] ebd., S. 157-163

die Sexualität der Frau ganz anders und sehr vielfältig ist und deren Wirkungen und Befriedigung weiter reichen. Mit ihr verbindet sich die Möglichkeit der Schwangerschaft, der Geburt, des Stillens und der Fürsorge für ein Kind. Unverbindliche sexuelle Beziehungen sind für die meisten Frauen unbedeutende Erfahrungen und bringen Enttäuschungen, ganz zu schweigen von der Schuld und der Leere, die danach zurückbleiben. Dennoch hat die sexuelle Promiskuität beträchtlich zugenommen und wurde in eine allgemein anerkannte und »ehrenhafte« Sache umgewandelt, die für selbstverständlich gehalten wird. Hinter dieser Veränderung steht die humanistische Weltanschauung, die den Menschen und die Verwirklichung seiner egozentrischen Wünsche als die Hauptsache ansieht. Dem Humanismus fehlt die moralische Grundlage, weil er keine absoluten Werte besitzt. Christliche Moralauffassungen mussten weichen.

Um diese Veränderung anzuerkennen, wurde in Finnland der Terminus »avoliitto« (dt. »Lebensgemeinschaft«; wörtlich: »offener Bund«) entwickelt, der dem Begriff »aviolitto« (dt. »Ehe«) täuschend ähnelt. Der Unterschied von einem Buchstaben verrät jedoch viel über einen Unterschied grundlegender Art. Der Begriff »avoliitto« ist widersprüchlich, denn ein Bund kann nicht offen sein, da er den Gedanken, sich zu binden und Verantwortung zu übernehmen, in sich trägt. Einen Bund kann man nicht einfach so verlassen, wenn es gerade mal keinen Spaß mehr macht. Der Terminus »offene Beziehung« ist realistischer und beschreibt diese Lebensgemeinschaft besser. Eine Beziehung kann unterschiedlicher Art sein, offen, geschlossen, usw.

Mit einer offenen Beziehung sind Unsicherheit und Angst verbunden, ob sie funktioniert. Der Druck, sich von der besten Seite zu zeigen, ist groß. Man will dem Partner gefallen, damit man nicht verlassen wird. Ob eine Beziehung gelingt, hängt davon ab, wie gut beide darin zurechtkommen. »Wir schauen mal, ob es klappt, und wenn es nicht funktioniert, gehen wir getrennte Wege.« Wenn es keine verpflichtende Bindung an den gemeinsamen Versuch gibt

und die Hintertür offen gelassen wird, sind die Erfolgs-
chancen gering. In der Ehe bindet man sich in guten wie in
schlechten Zeiten an den Gatten und ist eher bereit, Lösungen für Probleme zu suchen.

In einer Lebensgemeinschaft zehrt die Ungebundenheit an
beiden Seiten, führt aber besonders bei der Frau zu Unsicherheit, vor allem, wenn sie Kinder hat. In Lebensgemeinschaften kommt es zu dreimal mehr Gewalt in der
Familie als in Ehen[170] und zu einem Vielfachen an Kindes-
misshandlungen durch Dritte.[171] Bei Menschen in offenen
Beziehungen treten mehr Widersprüche und Aggressionen
auf, und sie sind unglücklicher als Ehepaare. Sie erleben
doppelt so viel Untreue wie verheiratete Paare. Der wahr-
scheinliche Grund dafür liegt in der geringen Bindung an
die Beziehung. Das Risiko, sich in einer später geschlossenen Ehe scheiden zu lassen, ist höher als bei Ehepart-
nern, die ihre Beziehung nicht damit begonnen haben, erst
einmal nur zusammen zu leben. Bei jungen Erwachsenen,
die in einer offenen Beziehung leben, entwickelt sich eine
negative Einstellung zur Ehe. Sie haben eine positivere
Einstellung zur Scheidung und möchten weniger Kinder
als Verheiratete. Je länger sie ohne eheliche Bindung zusammenleben, umso geringer ist ihr Interesse daran, zu
heiraten und Kinder zu bekommen.[172]

Die Kinder von Eltern, die in offenen Beziehungen leben,
haben mehr emotionale Probleme und Verhaltensstörungen als die Kinder von Verheirateten. Sie kommen nicht
mit ihren Schulkameraden zurecht, leiden unter Konzent-
rationsschwäche und Depressionen. In offenen Patchwork-
familien mit Kindern unterschiedlicher Eltern wurden in
der Gruppe der 12- bis 17-Jährigen derartige emotionale
Schwierigkeiten und Verhaltensstörungen sechsmal öfter
festgestellt als bei Jugendlichen, die mit ihren biologischen
Eltern zusammenleben. Die Kinder interessieren sich weniger für die Schule und für Hausaufgaben, und deswegen

---

[170] Maher, S. 86
[171] Graglia, S. 314
[172] Maher, S. 86-89

können die schulischen Leistungen schlechter sein. Die offene Beziehung hat auf allen Ebenen bewiesen, dass sie nicht funktioniert.

Die sexuelle Befreiung hat die nahezu freie Abtreibung mit sich gebracht, ebenso die Wertminderung der Ehe und die Zunahme der Scheidungen. 90 Prozent beginnen eine Partnerschaft damit, dass sie in einer offenen Beziehung zusammenwohnen. Die Frauen sind dabei im Durchschnitt 21 Jahre, die Männer 24 Jahre alt. Bei der Heirat sind die Frauen im Durchschnitt 28 Jahre und die Männer 30 Jahre alt. Die relative Anzahl der Verheirateten nimmt stetig ab.[173] 1960 lebten in Finnland weniger als 26 000 Paare in einer offenen Beziehung, Ende 1999 waren es jedoch etwa 250 000, das heißt 20 Prozent aller statistisch erfassten Partnerschaften.[174]

Ein anderes Mittel zur Beeinflussung der Meinungen besteht darin, freie Beziehungen als die moderne und fortschrittliche Lebensart zu vermarkten und jene, die eine hohe Sexualethik pflegen, als konservativ und altmodisch zu bezeichnen. Nichts könnte weiter von der Wahrheit entfernt sein. Denn eine lockere Moral wie heute hat es in allen Epochen der Menschheitsgeschichte gegeben. Sie ist eine Rückkehr in die Vergangenheit und zu altertümlichen Sitten.

Das Verhalten der Feministinnen ist insofern widersprüchlich, als sie einerseits starken Widerstand dagegen geleistet haben, die Frau nur als Sexualobjekt zu sehen, aber andererseits zur Entstehung eines Sexualverhaltensmusters beigetragen haben, bei dem genau das geschehen ist. Dessen gröbste Erscheinungsformen sind die Prostitution und das pornographische Bild der Frau.

---

[173] Määttä, S. 13
[174] Lipponen, P. & Wesaniemi, P., S. 126-127

DER WERT DER
SEXUALITÄT DER FRAU

Die sexuelle Reinheit der Frau ist zu allen Zeiten gewahrt und geachtet worden, weil damit untrennbar die Entstehung neuen Lebens verbunden ist. Frauen haben ihr Recht auf geschlechtliche Sittlichkeit aus eben diesem Grund verteidigt. Sie wissen, dass ihre Sexualität zu kostbar ist, um sie mit vielen Männern zu teilen, zu kostbar, um sie ohne Verpflichtung zur Fürsorge für eine Familie zu verschenken. Enthaltsamkeit hat die Selbstachtung der Frau ebenso gestärkt wie die Achtung, die ihr die Männer erweisen. Der Ruf von Frauen mit lockerer Moral ist schon immer fragwürdig gewesen.

Freie sexuelle Beziehungen passen schlecht zur Mutterschaft. Wenn man in der Gesellschaft die Mutterschaft achtet und stützt, wird das Recht der Frau auf sexuelle Unberührtheit vor der Ehe gewahrt. Je höher die Moral in einer Gesellschaft ist, umso größeren Schutz genießen Frauen vor sexueller Belästigung, weil diese von der öffentlichen Meinung verurteilt wird. Eine hohe Moral ist somit wie ein vorbeugender Schutz gegen den Missbrauch durch Männer. Während der Zeit der sexuellen Befreiung haben Vergewaltigungen und sexuelle Belästigungen von Frauen zugenommen und sind brutaler geworden. Sie haben also nicht abgenommen, obwohl Sex überall angeboten wird.

Die Hingabe der Frau im sexuellen Akt beinhaltet die Möglichkeit der physischen und psychischen Verletzung, und das macht eine eher zufällige Beteiligung daran schwierig. Zwar haben die modernen Verhütungsmethoden und die Möglichkeit einer Abtreibung die Angst vor einer Schwangerschaft verringert, aber es gibt für die Enthaltsamkeit der Frau noch einen anderen Grund: Der sexuelle Akt ist für die Frau zu bedeutsam, als dass sie sich in ihm jedem beliebigen Mann hingeben könnte. Damit ist eine symbolische und metaphysische Dimension verbunden, die man nicht auf die leichte Schulter nehmen kann.[175]

Der amerikanische Richter Richard Posner hat die erhebliche Veränderung in den Einstellungen in seinem Buch *Sex and Reason* in Worte gekleidet und dabei den Begriff »moralisch bedeutungsloser Sex« eingeführt. Demnach ist der Geschlechtsverkehr nur ein »harmloses Genussmittel«. Die moralische Dimension und Bedeutung des Sexualaktes für unsere Zivilisation stellte er gänzlich in Frage. Tugendhafte Frauen seien dumm und weckten nur geringes Interesse, sagte er und zitierte dabei den Philosophen Bertrand Russell, der dreimal geschieden und untreu war. Die Geringschätzung Russells für die sexuelle Reinheit der Frau rührte nicht daher, dass diese sie weniger interessant machen würde – eher verhält es sich umgekehrt. Durch diese Geringschätzung gelangten mehr Frauen auf den freien Markt der Sexualität.[176]

Durch die Beeinflussung der Meinungen ist uns das Wissen früherer Frauengenerationen über die Beziehungen zwischen Männern und Frauen verloren gegangen. Frauen haben in einem Verhältnis mit einem Mann die Kontrolle darüber, auf welche Ebene der Intimität man sich begibt. Wir besitzen ein auf unserer Kultur beruhendes Wissen darüber, dass Männer und Frauen in ihrer Sexualität sehr unterschiedlich sind. Männer ergreifen die Initiative, Frauen locken den Mann an, schränken den Kontakt aber auch ein, wenn die Intimität ihnen zu groß wird. Um all das zu verstehen, bedurfte es keiner wissenschaftlichen Untersuchungen, sondern es war kulturelles Wissen, das von einer Generation auf die andere überging. Heutzutage haben hoch qualifizierte Frauen nicht wie beispielsweise die Gymnasiastinnen der Fünfzigerjahre die Fähigkeit, Grenzen zu ziehen und dem Mann genauso geschickt und, ohne ihn zu verletzen, nein zu sagen. Die Frauen sind unsicher und hilflos geworden, nachdem sie die feministische Ideo-

---

[175] Graglia, S. 163-178
[176] Posner, S. 85, 330, 181, 240, 204, 169

logie übernommen haben, die besagt, dass die Sexualität von Frauen und Männern gleich ist. Frühere Generationen hatten ein erheblich realistischeres Wissen über die Sexualität als die Frauen unserer Zeit mit all ihrer sexuellen Aufklärung.

Wenn eine Frau bei der Verwirklichung ihrer Sexualität nur darauf baut, was sie gerade für einen Eindruck hat, dann ist das ein sehr unzuverlässiger Leitfaden für diesen Bereich. Sie will Romantik, findet diese allerdings beim freien Sex höchst selten. Für sie kann der Geschlechtsverkehr nicht nur ein moralisch bedeutungsloser Akt sein wie für Posner. Für die Frau bedeutet der sexuelle Akt, dass sie in ihrem intimen Innenraum physisch erobert wird. Sie begegnet in ihrem Leben wahrscheinlich nur wenigen Männern, denen sie eine solche Macht über sich selbst geben würde. Deshalb messen Frauen ihren romantischen Beziehungen eine solche Bedeutung bei, die sich nicht mit Fakten begründen ließe. Sie versuchen sich einzureden, dass der Mann so ist, wie er in Wirklichkeit nicht ist, und dass sie, die Frau, ihm viel bedeutet, mehr als in der Realität. Der Akt hat eine tiefe Wirkung auf die Frau, nicht nur physisch, sondern auf der psychischen Ebene. Auch deshalb ist es keine moralisch bedeutungslose Angelegenheit.[177]

Die sexuelle Befreiung beförderte die Verwirklichung der Ziele des Feminismus aus zwei Gründen. Zum einen verstärkte die Beteiligung der Frauen an freien sexuellen Beziehungen ihre Bemühungen, in der beruflichen Karriere die gleichen Ziele anzustreben wie die Männer. Da es zwischen Frauen und Männern ja keine entscheidenden Unterschiede gibt, können sie doch in allem dieselben Ziele ins Auge fassen. Zweitens machten die Frauen, als sie die sexuellen Gewohnheiten der Männer übernahmen, einen riesigen Schritt in eine Richtung, die sie immer mehr wie Männer werden ließ. Als Folge davon verloren sie allmählich die Verbindung zu ihrem ganz eigenen und besonderen femininen Wert.

---

[177] Graglia, S. 170-174

Die Frauen begannen nicht nur, das sexuelle Verhalten der Männer nachzuahmen, sie machten sich auch Einstellungen und Gefühlsreaktionen zu eigen, die mehr zur Maskulinität als zur Feminität gehören. Da man die Sexualität von der Möglichkeit der Fortpflanzung und von der Bindung an einen anderen Menschen trennte, ist daraus tatsächlich jenes »bedeutungslose Genussmittel« geworden, wie Posner es nennt. Zugleich hat sich der einzigartige Wert der Frau als potenzielle Gebärerin von Kindern verringert, genau wie der Wert eines Kindes. Der Feminismus ist im Grunde kinderfeindlich, weil er die Betreuung und Erziehung der Kinder und die sonstige Hausarbeit als minderwertig ansieht, als etwas, das statt der Mutter jeder Beliebige tun kann. Die Männer konnten ihre Kinder sorglos der Obhut ihrer Ehefrauen überlassen und zur Arbeit gehen; die gleiche Einstellung, so behaupteten die Feministinnen, würden auch die Frauen lernen.[178]

Die Folgen freier Sexualität für die Frau

Als Folge des freien Sexualverhaltens verschieben viele Frauen ein geregeltes Leben und eine Heirat auf später und probieren nach Art der Männer sexuelle Abenteuer. Teenagerinnen sind von ihrer eigenen sexuellen Entwicklung ebenso verwirrt wie von der Botschaft, die sie überall in der Gesellschaft empfangen. Diese besagt: Sex ist dann richtig, wenn die Beziehung verlässlich ist, wenn beide reif und verantwortungsbewusst genug sind, sich um die Verhütung kümmern und Kondome benutzen. In der Sexualaufklärung bemüht man sich, Informationen über die physische Seite der Sexualität früh genug zu geben, bevor die Jugendlichen oder sogar Kinder es ausprobieren. Das ist anscheinend wichtiger, als ihnen die damit verbundene

---

[178] ebd., S. 182-183

moralische Grundlage und Verantwortung beizubringen. Wenn von all dem, was Jugendliche in ihrem Umfeld auf dem Gebiet der Sexualität sehen, nichts die Enthaltsamkeit und die Bindung der Sexualität an die Ehe befürwortet, wie könnten sie dann auf dem richtigen Weg bleiben, selbst wenn sie es wollen? Wir Erwachsenen haben in dieser Frage die Verantwortung, und das gilt sowohl für das Vorbild, das wir mit unserem Verhalten bieten, als auch für die Lehre, die wir weitergeben. Aufgrund unserer Verantwortungslosigkeit tragen viele junge Mädchen sexuelle Verletzungen davon und leiden unter deren Folgen.

Die meisten jungen Frauen wollen den Mann, den sie lieben, heiraten und Kinder zur Welt bringen. Auf dem Ehemarkt bringt die hohe voreheliche sexuelle Aktivität einer Frau keine Meriten, nicht einmal in der Zeit der sexuellen Freiheit, in der alles erlaubt ist. Das gilt auch für das verantwortungslose Handeln der Männer auf diesem Gebiet.

Einige radikale Feministinnen, die für die sexuelle Befreiung eintraten, haben in dieser Frage so wie Erica Jong und Germaine Greer eine Kehrtwendung vollzogen. Jong stellte später fest, dass »die Freiheit, zu jedem Ja zu sagen, in Wirklichkeit nur eine andere Form der Sklaverei sein kann« und dass Sex »ohne Bindung den Hunger der Frauen nach Liebe und Zusammenhalt nicht befriedigte«. Greers Revisionismus bewirkte, dass sie sich von der sexuellen Liberalität lossagte und die geschlechtliche Macht der Jungfräulichkeit pries. Sie beklagte sich darüber, dass sie zu dem Zeitpunkt, als sie bereit gewesen wäre, ein Kind zu empfangen, nicht mehr schwanger werden konnte.[179] Dass diese Feministinnen den Schaden eingestehen, der den Frauen durch freie Sexualität entsteht, ist ein Beleg dafür, dass die Behauptung, es gebe zwischen der Sexualität von Männern und Frauen keine grundlegenden Unterschiede, nicht stimmt.

---

[179] ebd., S. 195-196

Frauen haben bei der Veränderung der sexuellen Sitten
in unterschiedlicher Weise Schaden genommen. Geschlechtskrankheiten, die früher vor allem ein Problem
der Prostituierten waren, haben erheblich zugenommen.
Unter den entwickelten Ländern sind es die USA, in denen
am häufigsten Geschlechtskrankheiten auftreten. Unbe-
handelt führen sie zu Unfruchtbarkeit und Krebs, zur Entwicklung von Geburtsschäden, zu Fehlgeburten und sogar
zum Tod. Verschiedene Studien haben zu der Schätzung
geführt, dass 20 Prozent aller Fälle von Unfruchtbarkeit
durch Geschlechtskrankheiten verursacht werden. Dem
vorzubeugen ist leicht, ebenso wie der Unfruchtbarkeit,
die durch Abtreibung oder durch das Verschieben des Kin-
derwunsches in ein Alter entsteht, in dem es dann zu spät
ist. Geschlechtskrankheiten haben die Anzahl der Bauch-
höhlenschwangerschaften in den letzten zwanzig Jahren
auf das Sechsfache erhöht. Ursache ist eine Narbe in den
Eileitern als Folge einer Chlamydieninfektion, durch die
sich die befruchtete Eizelle nicht in der Gebärmutter fest-
setzen kann.[180]

Die größten Gesundheitsprobleme von Frauen entstehen
durch Übergewicht, Rauchen, Drogenkonsum und sexuelle Kontakte mit vielen Männer. Sexuelle Aktivität im jungen Alter oder mit vielen Partnern führt zu einem hohen
Risiko, an Gebärmutterhalskrebs zu erkranken. Die Amerikanische Krebsstiftung zählt Frauen, die mehr als einen
Sexpartner hatten oder ihr Geschlechtsleben vor ihrem
achtzehnten Lebensjahr begannen, zur Gruppe mit hohem
Risiko.

In Finnland wurde unter Studentinnen des ersten Studi-
enjahres mit einem Durchschnittsalter von dreiundzwan-
zig Jahren eine Untersuchung durchgeführt. Dabei stellte
man fest, dass jede dritte von ihnen eine Infektion mit dem

---

[180] ebd., S. 196

Papillomvirus hatte. Bei 85 Prozent der Infizierten handelte es sich um einen Virustyp mit hohem Risiko, der die Entstehung von Gebärmutterhalskrebs fördert. Die Häufigkeit des Papillomvirus unter finnischen Studentinnen ist überraschend hoch. Er tritt wesentlich öfter auf als beispielsweise unter dänischen Studentinnen oder in früher veröffentlichten ausländischen Studien. Die finnischen Jugendlichen gehören im Risikoverhalten zur europäischen Spitze. Etwa 18 Prozent der vierzehnjährigen Mädchen haben Verkehr gehabt, und bis zum 16. Lebensjahr verfügen 59 Prozent der Mädchen über sexuelle Erfahrungen.[181]

Der größte Teil der Papillomvirus-Erkrankungen heilt innerhalb von etwa zwei Jahren aus, aber mit der chronischen Infektion, die durch ein Virus hohen Risikos verursacht wird, ist oft eine Schädigung der Schleimhaut verbunden. Die Gefahr der Infektion besteht meist schon während der ersten drei Jahre nach Beginn des Geschlechtsverkehrs. Der Zusammenhang zwischen Gebärmutterhalskrebs und Papillomvirus ist sehr eng. In der Biomedizin findet man nur schwer einen Fall mit einer derart engen Ursache-Wirkung-Beziehung. Im Zusammenhang mit Gebärmutterhalskrebs kann fast immer auch das Papillomvirus festgestellt werden.

Die Schlussfolgerung, die daraus gezogen wurde, besteht jedoch nicht etwa darin, die Menschen anzuregen, ein Risikoverhalten zu vermeiden, sondern in der Entwicklung einer Impfung gegen das Papillomvirus und möglicherweise später einer kombinierten Impfung gegen Geschlechtskrankheiten mit breiterer Wirkung, die auch Schutz gegen eine Chlamydieninfektion bietet. Ob die Impfung, die entwickelt wird, vor Gebärmutterhalskrebs schützt, ist nicht sicher. Man weiß auch nicht, ob die Impfung zu vermehrtem Risikoverhalten führt und ob ihre Wirkung mit der Zeit nachlässt.[182]

Die Langzeitanwendung von Verhütungspillen kann sich als gesundheitliches Risiko erweisen. Bei einer Befragung

---

[181] *Aamulehti* vom 9.4.2004
[182] *Aamulehti* vom 9.4.2004; Mulari-Ikonen

in Schulen zum Thema Gesundheit, die im Jahr 2003 vom Forschungs- und Entwicklungszentrum des Sozial- und Gesundheitswesens (STAKES) durchgeführt wurde, gaben 33 Prozent der Mädchen des zweiten Jahrgangs am Gymnasium an, Verhütungspillen zu nehmen. Bei den dann Siebzehnjährigen ist es die häufigste Verhütungsmethode, während die Sechzehnjährigen am häufigsten ein Kondom benutzen. Die Gynäkologin Marjatta Aito stellt die in jungen Jahren begonnene Langzeitanwendung von Verhütungspillen in Frage. Sie kritisierte, dass Ärzte Mädchen, die noch nicht sechzehn sind, Verhütungspillen zur Linderung von Menstruationsbeschwerden verschreiben, ohne deren Gründe abzuklären. Die Hormonzusammenstellung der Pillen wirkt auf die Entwicklung der Eierstöcke und beeinflusst somit das Erwachsenwerden der Mädchen. Nach Ansicht der Gynäkologin leidet ein Teil der Mädchen, die Verhütungspillen einnehmen, unter Depressionen und Gemütsschwankungen. Marjatta Aito ist jedoch der Auffassung, dass die Verhütungspille der Frau das Selbstbestimmungsrecht gebracht habe, und das wiederum habe die Gleichberechtigung der Geschlechter gefördert. Deshalb ist die Angelegenheit schwierig und kompliziert, und man will die Anwendung der Pille nicht in Frage stellen.[183]

Die Abtreibung, eine Beigabe der sexuellen Freiheit, steht im Verdacht, das Brustkrebsrisiko zu erhöhen. In einer Untersuchung wurde festgestellt, dass Frauen unter fünfundvierzig, bei denen ein Schwangerschaftsabbruch vorgenommen wurde, ein 50 Prozent höheres Risiko haben, an Brustkrebs zu erkranken, als Frauen, die schwanger waren und nicht abtreiben ließen. Bei etwa einem Viertel der Frauen unter fünfundvierzig ist mindestens eine Abtreibung durchgeführt worden. Bei Frauen, in deren Fall die Abtreibung nach der achten Schwangerschaftswoche erfolgte und die dabei unter 18 Jahre alt waren, stieg das Risiko, an Brustkrebs zu erkranken, um 800 Prozent.[184]

---

[183] Rajamäki
[184] Graglia, S. 197-202

Die sexuelle Promiskuität führt bei der Frau zu beträchtlichen gesundheitlichen Risiken. Zwischen den Geschlechtern bestehen deutliche Unterschiede, die man nicht mit feministischen Argumenten wegreden kann. Prostituierte Frauen leiden immer unter einem schlechteren physischen und psychischen Gesundheitszustand als ihre Kunden. Auch leiden sie unter Sterilität. Wenn es darum geht, viele Sexualpartner zu haben, hat der Körper der Frau das letzte Wort. Ein solches Verhalten übersteht er nicht gesund. Unfruchtbarkeit als Folge von freiem Sex beweist, wie eng Geschlechtsverkehr und Fruchtbarkeit miteinander verbunden sind. Die feministische Theorie verleugnet das.

Viele Frauen wissen, wie schwer und kompliziert es ist, sich einer Behandlung der Unfruchtbarkeit zu unterziehen, wenn das ersehnte Kind trotz aller Bemühungen ausbleibt. Sie haben konkret erfahren, dass »Kinder nicht auf Bestellung gemacht werden«, sondern dass man sie als Geschenk erhält. Alles hat im Leben seine Zeit. Wenn andere Interessen wichtiger sind und der Wunsch, ein Kind zu bekommen, sehr lange hinausgeschoben wird, gelingt es der Frau unter Umständen nicht, Mutter zu werden. Das ist umso bedauerlicher, wenn es möglich gewesen wäre, sich anders zu verhalten.

Da der Körper der Frau Promiskuität nicht erträgt, sind auch die Männer gefordert, im Hinblick auf außereheliche Sexualität Enthaltsamkeit zu üben. Sie tragen ihre eigene Verantwortung für die laxe Sexualmoral und die gesundheitlichen Probleme, die deren Folge sind.

Folgen
für die Ehe

Frauen, die sich in freien sexuellen Beziehungen hingeben, verursachen nicht nur bei sich selbst gesundheitliche Schäden, sondern sie schwächen die gesunde Bedeutung der Sexualität in der Gesellschaft. Die Enthaltsamkeit der Frau ist wesentlich mit der Achtung vor der Ehe als

Institution und deren Intaktheit verbunden. Die Anzahl der geschlossenen Ehen und deren Beständigkeit verringern sich immer, wenn Frauen die maskuline Auffassung von Sexualität übernehmen. Richard Posner stellte fest: »Je freier die Frauen sexuell gesehen sind, umso geringer ist das Interesse der Männer an der Ehe«.[185] Warum sollten Männer eine Frau zum Altar führen, wenn der Weg ins Schlafzimmer auch so frei ist?

Wahrscheinlich haben bei weitem nicht alle Frauen, die jene freien sexuellen Gewohnheiten übernahmen, auch die Auffassung der feministischen Meinungsmacher verinnerlicht, Sex hätte keine andere Bedeutung als den Genuss des Augenblicks. Wenn sich eine Frau in einer Beziehung dem Mann sexuell hingibt, dann erhofft sie sich mit hoher Wahrscheinlichkeit, dass er wie ein Ehemann handelt. Die Auffassungen von Mann und Frau unterscheiden sich in dieser Hinsicht meist voneinander. In einer Studie an einer Universität stellte sich heraus, dass 80 Prozent der jungen Frauen, die sich auf Geschlechtsverkehr einließen, hofften, sie könnten ihren Partner heiraten, während von den Männern nur 12 Prozent so dachten. Nichts offenbart den Selbstbetrug der Frauen besser als ihre Vorstellungen von den Absichten der Männer. Das Problem besteht darin, dass sie sowohl ihre eigenen Chancen auf eine Ehe verschlechtern als auch die jener Frauen, die ihre hohe Moral auf sexuellem Gebiet behalten wollen.[186]

Unverbindlichkeit im sexuellen Bereich erschwert die Aufrechterhaltung der ehelichen Treue. Wer freien Sex ausübt, wird das auch dann eher akzeptieren, wenn die Ehe anderer betroffen ist. Ein junger Mann schickte der Mutter von drei Kindern, in die er sich verliebt hatte, Liebesgedichte und andere E-Mails. Als die Frau ihn darauf hinwies, dass sie glücklich verheiratet sei, erwiderte der Mann, dies sei für eine Beziehung kein Hindernis, sondern nur eine Bremsschwelle. Egoistische und egozentrische Haltungen nehmen zu, da alles käuflich ist. Man darf sich den Ehepartner

---

[185] Posner, S. 340-341
[186] Graglia, S. 199-202

eines anderen Menschen angeln, ohne Scham und Schuld zu empfinden. Im Gegenteil, der betroffene Ehegatte soll doch die Schuld bei sich selbst suchen, wenn er seine Frau oder seinen Mann nicht halten kann. Untreue hat viele Familien zerstört.

Frauen beklagen, dass freie sexuelle Beziehungen ihnen keine Befriedigung bringen, weil sie nicht mit einer engen menschlichen Beziehung und Gefühlen verbunden sind. Bei einem Mann kann eine sexuelle Beziehung getrennt von allem anderen funktionieren, ohne sein ganzes Wesen zu erfassen. Seine sexuellen Bedürfnisse sind stärker und konzentrieren sich auf das Erreichen des Orgasmus und die Entladung des Drucks. Die Frau hingegen ist mit all ihren hormonellen Systemen ein komplizierteres und vielschichtigeres Wesen. Der Mann strebt geradlinig sein Ziel an und kann all die Fragen übergehen, die mit einer Beziehung verbunden sind. Eine Frau dagegen vertieft sich in romantische Wunschvorstellungen und ist bestrebt, all ihre Gefühle für den Mann zum Ausdruck zu bringen. Ein Mann ist im sexuellen Kontakt rasch entflammt und genauso schnell wieder erloschen, bei der Frau geschieht das langsam. Wenn der Akt ohne die Sicherheit und das Gefühl der Nähe, wie sie die Ehe bietet, vollzogen wird, dann kann er nicht befriedigend sein, und dies letztlich weder für den Mann, noch für die Frau.

BIBLISCHE LEHRE IN BEZUG AUF DIE SEXUALITÄT

In der Ehe ist die Verwirklichung der Sexualität frei, und sie bringt Ehemann und Ehefrau einander näher. Sie zeigen einander durch ihre Sexualität Zuneigung und Liebe. Paulus fordert dazu auf, die ehelichen Pflichten gegenüber dem Ehepartner im Rahmen eines regelmäßigen Geschlechtslebens zu erfüllen.[187] Innerhalb der Ehe ist die Sexualität

---

[187] 1. Korinther 7, 1-5

nicht von der Fortpflanzung getrennt. Die gezeugten Kinder werden gemeinsam angenommen und versorgt. In den Sprichwörtern wird der Mann dazu aufgefordert, sich an der Frau seiner Jugend zu erfreuen und alles Gute zu genießen, das eine Ehebeziehung enthält.[188] Es werden Glück und Freude der ehelichen Liebe gepriesen.[189] Es ist nicht gut für den Menschen, allein zu sein, und deshalb hat Gott die Ehe festgelegt, um dem Menschen Freude und Hilfe zu geben.

Von der Schöpfungsgeschichte an wird die ganze Bibel hindurch betont, dass die Sexualität zur Ehe gehört. Außereheliche Beziehungen werden verurteilt. Den Einsetzungsworten der Ehe gemäß setzt der Beginn des sexuellen Zusammenlebens voraus, dass der Mann seine Eltern verlässt und mit seiner Frau ein eigenes Zuhause gründet, indem er mit ihr ein Fleisch wird.[190] Dies ist somit kein privates Recht, sondern eine soziale Angelegenheit, die an den Wunsch gebunden ist, die Schöpfungsordnung der Ehe anzunehmen.[191] Ihre Folgen sind gesellschaftlicher Natur, wie wir weiter oben gesehen haben. Gott hat es für nötig erachtet, uns klare Grenzen zu setzen und festzulegen, wann die Verwirklichung der Sexualität falsch ist. Die Gründe dafür sind die Schäden für die Beteiligten selbst, für die Mitmenschen und für die ganze Gesellschaft. Gottes Gesetz will das Leben schützen. In einer Zeit der lauen Sexualmoral sind auch die Moralauffassungen von Christen lauer geworden. Es ist wichtig, eine der Bibel entsprechende Lehre darzulegen.

Im sechsten Gebot wird untersagt, Ehebruch zu begehen, was bedeutet, den Ehepartner mit jemand anderem zu betrügen. In den Sprichwörtern wird vielmals davor gewarnt, der Untreue mit dem Ehegatten eines anderen zu verfallen.[192] Untreu kann man auch seinem künftigen

---

[188] Sprichwörter 5, 15-19

[189] ebd. 18, 22; 19, 14; 31, 10-11

[190] 1. Mose 2, 24

[191] Iso Raamatun sanakirja 2. S. 39-40

[192] Sprichwörter 2, 16-19; 5, 1-14; 6, 23-35; 7, 5-27

Ehepartner sein, wenn man vorher mit jemand anderem in einer offenen Beziehung zusammenlebt. Im zehnten Gebot wird all das mit den Worten ergänzt: »Du sollst nicht deines Nächsten Frau begehren«.[193] Die Ehe eines anderen sollte keine Bremsschwelle, sondern ein Stoppzeichen sein, das anzeigt, hier beginnt eine verbotene Zone. Wenn man allerdings vorher schon viele Haltesignale überfahren hat, ohne stehen zu bleiben, dann hat das Zeichen seine Wirkung verloren. Der Mensch stumpft ab, wenn er ständig falsch handelt, und die Latte wird immer tiefer gelegt.

In der Bibel hängen Moral und Anbetung Gottes zusammen. Als Gott Moses die Anweisungen zu den verbotenen Geschlechtsbeziehungen gab, sagte er oftmals: »Ich bin der Herr, euer Gott.«[194] Er warnte das Volk, den Bewohnern Ägyptens oder des Landes Kanaan zu folgen, deren Sitten unmoralisch waren und bei denen häufig sexuelle Perversionen auftraten. Das von Gott gegebene Gesetz und die Gebote waren eine schützende Mauer um das Volk Israel. Sie sollten sich von der sexuellen Fahrlässigkeit der sie umgebenden Völker unterscheiden. Der nach Gottes Ebenbild geschaffene Mensch besaß einen so hohen Wert, dass man sich nicht leichtfertig dagegen versündigen sollte. Ein Mensch, der Gott anbetet, strebt nach Wahrung der Moral.

Bei den verbotenen Geschlechtsbeziehungen werden jene unter Blutsverwandten, die Homosexualität und die Sodomie, das heißt Unzucht mit Tieren, aufgezählt.[195] In Ländern, in denen Ehen unter nahen Verwandten wie Cousins und Cousinen geschlossen werden, kommen viele behinderte Kinder zur Welt. In den Gesetzen Moses werden die Anforderungen der gesetzlichen Ordnung der Familie sehr betont, und es wird vor außerehelichen Beziehungen gewarnt.[196] Verstöße zogen harte Konsequenzen nach sich,

---

[193] 2. Mose 20, 14 und 17
[194] 3. Mose 18, 1-5
[195] 3. Mose 18, 6-30; 5. Mose 23, 1
[196] 2. Mose 22, 15-16

meistens den Tod oder Kinderlosigkeit.[197] Das spricht für
den Ernst der Sache in den Augen Gottes. In der Geschichte des Volkes Israel ist zu sehen, wie die Abkehr von Gott
zu moralischem Verfall und zur Götzenanbetung führte.
Daraus folgten der Verfall der Kultur und letztlich eine
nationale Katastrophe als Strafe Gottes. Das antike Rom
ging durch moralische Verkommenheit unter, und die
westlichen Länder sind auf dem Weg in die gleiche Richtung, nachdem sie sich vom Wort Gottes als Richtschnur
des Lebens abgewendet haben.

Jesus bezog deutlich Stellung zu der durch das Gesetz gegebenen Lehre in Bezug auf die Sexualität, indem er sie
bestätigte und noch strenger fasste.[198] Entscheidend ist
nicht nur, was wir tun, sondern was wir denken. Die Moral
kommt aus uns selbst und wird in Taten sichtbar. Wenn
man keinen Ehebruch mit der Frau des Nachbarn begeht,
aber die Frau voller Begehren betrachtet und sich innerlich
damit beschäftigt, so ist das nach der Lehre der Bergpre-
digt von Jesus dasselbe wie Ehebruch. Jesus bestätigte auch
die Einsetzungsworte der Ehe in der Schöpfungsgeschichte, wonach sie eine Sache zwischen Mann und Frau ist.[199]
Sie ist nicht Sache eines Mannes und vieler Ehefrauen oder
einer Ehefrau und vieler Männer oder zweier Männer oder
zweier Frauen.

RAHAB –
AUS EINER PROSTITUIERTEN
WIRD EIN
VORBILD DES GLAUBENS

Viele Frauen haben auf sexuellem Gebiet durch allzu frühe Versuche, durch Enttäuschungen in offenen Beziehungen, durch sexuelle Belästigungen oder durch Missbrauch
Verletzungen erlitten. Das sind Dinge, die sich nicht rück-

---

[197] 3. Mose 20, 10-24; 5. Mose 22, 22-29
[198] Mattäus 5, 27-28
[199] Matthäus 19, 4-6

gängig machen lassen, selbst wenn man es wollte. Deshalb ist es tröstlich, dass wir Gott haben, der sich über uns erbarmt, uns erneuert und uns die Kraft gibt, reinen Tisch zu machen und neu zu beginnen.

In Jesu Stammbaum werden vier Frauen erwähnt, von denen drei eine Art Verletzung auf sexuellem Gebiet erlitten hatten.[200] Tamar brachte die Zwillinge Perez und Serach zur Welt. Sie war als Schwiegertochter von Juda zweimal Witwe geworden. Nach der Vorschrift der Leviratsehe hätte der Schwiegervater sie mit seinem dritten Sohn verheiraten müssen, aber das tat er nicht, weil er fürchtete, auch der würde vorzeitig sterben. Tamar unternahm eine Verzweiflungstat, um ihren Schwiegervater auf seine Ungerechtigkeit ihr gegenüber hinzuweisen. Sie gab vor, Prostituierte zu sein, sodass ihr Schwiegervater unwissentlich Geschlechtsverkehr mit ihr hatte. Daraus entstanden die Zwillinge.[201] Eine andere solche Frau war Batseba, die Ehefrau von Uria. König David beging Ehebruch mit ihr und ließ danach ihren Ehemann ermorden.

Die dritte Frau mit einer sexuellen Verletzung in Jesu' Stammbaum ist Rahab. Sie war Prostituierte und hatte einen Gasthof in Jericho. Dorthin sandte Josua zwei Kundschafter, die herausfinden sollten, wie Israel die Stadt erobern könnte.[202] Sie übernachteten in Rahabs Haus, aber das blieb nicht geheim. Der König von Jericho erfuhr von der Ankunft der Männer. Er sandte Rahab die Nachricht, sie müsse die Spione dem König ausliefern. Die Frau versteckte die Männer unter Flachsstängeln, die auf dem Dach ihres Hauses ausgebreitet waren, und antwortete, die Männer wären schon fortgegangen, und sie wisse nicht, woher sie gekommen und wohin sie gegangen waren. Sie forderte die Leute des Königs auf, ihnen nachzujagen, um sie zu ergreifen. Die Verfolger machten sich auf den Weg, und das Stadttor wurde über Nacht geschlossen.

---

[200] ebd. 1, 3 und 5-6
[201] 1. Mose 38, 11-30
[202] Josua 2

Rahab stieg auf das Dach hinauf zu den Männern und sagte, sie wisse, dass der Herr beschlossen habe, Israel das ganze Land zu geben. Sie gestand ein, dass die Bewohner der Stadt von Angst erfasst waren und das ganze Land vor den Israeliten zitterte. Die Nachrichten von der Überwindung des Schilfmeeres und vom Sturz der beiden mächtigen Könige der Amoriter, Sihon und Og, waren zu ihnen gelangt. Die Menschen von Jericho hatte der Mut verlassen, und niemand würde es wagen, den Israeliten Widerstand zu leisten, denn deren Gott ist der Herrscher von Himmel und Erde. Rahab sagte, sie habe die Männer nicht verraten, sondern ihr Leben gerettet. Deshalb bat sie die Männer, im Gegenzug sowohl ihr Leben als auch das ihrer Eltern, Brüder und Schwestern und ihrer Familien zu verschonen. Die Männer versprachen, Rahabs Bitte zu erfüllen und sie alle am Leben zu lassen, wenn sie die Stadt erobert hätten. Rahab riet ihnen, wohin sie fliehen sollten, damit ihre Verfolger sie nicht einholten.

In Rahabs Lage ging es um Leben und Tod, und sie riskierte sehr viel, als sie die Kundschafter Josuas auf dem Dach ihres Hauses versteckte. Wenn auch nur eine Kleinigkeit schief gelaufen wäre, hätte sie ihr Leben verloren. Die Geschichte erzählt nichts über ihren Hintergrund und über die Gründe, warum sie einen Gasthof führte und Prostitution ausübte. Stattdessen wird das Motiv klargestellt, warum sie den Kundschaftern half. Sie hatte vom Gott Israels und seinen wunderbaren Werken gehört, und in ihr keimte der Glaube auf. Vielleicht hatte sie genau wie die anderen Menschen in Jericho Angst, aber sie zeigte auch Hinwendung zu Gott, um bei ihm Hilfe und Sicherheit zu suchen, ohne viel von ihm zu wissen. Rahab wollte eine Veränderung in ihrem Leben und war bereit, sowohl die Götter des Landes Kanaan als auch ihren eigenen Lebensstil aufzugeben. Und sie suchte Erlösung nicht nur für sich selbst, sondern für ihre ganze Familie. Sie bewies mit ihren Taten Barmherzigkeit und Selbstlosigkeit sowohl gegenüber den Kundschaftern als auch gegenüber ihren nächsten Verwandten.

Als Jericho nach einwöchiger Belagerung erobert wurde, gab Josua den Befehl, dass Rahab und alle Menschen, die in ihrem Haus waren, am Leben bleiben durften.[203] Ihre ganze Sippe wohnte weiter in der Mitte von Israel. Rahab heiratete später Salmon und gebar Boas, der seinerseits Rut aus Moab heiratete. Boas zeugte Obed und dieser wiederum Isai, der Davids Vater wurde.[204] Somit zählt Rahab zu den weiblichen Vorfahren von Jesus.

Das Neue Testament erwähnt zweimal Rahabs Glauben, der darin sichtbar wurde, dass sie die Kundschafter als Freunde empfing und deshalb dem Tod entging, der die Menschen von Jericho ereilte.[205] Im Brief an die Hebräer wird sie unter die Helden des Glaubens aufgenommen, wo sie außer Sara die einzige namentlich erwähnte Frau ist. Trotz ihres Hintergrunds und sicherlich vieler schmerzhafter Erfahrungen, die sie mit Männern hatte, änderte sich ihr Leben vollkommen. Der Glaube und das Vertrauen auf die Hilfe Gottes ließen sie nicht in der Schande zurück, sondern befreiten sie von den Lasten der Vergangenheit und gaben ihr Hoffnung auf die Zukunft. Sie bekam einen Ehemann, eine Familie und einen Ehrenplatz im Stammbaum Jesu und unter den Helden des Glaubens.

Was immer an sexuellen Verletzungen im Leben einer Frau geschehen sein mag, bei Gott kann und darf man Hilfe suchen. Wenn man sich die Probleme im Gespräch mit einer zuverlässigen Freundin, in der Seelsorge oder in einer Therapie von der Seele redet und dafür betet, kann das Leben in eine neue Richtung gewendet werden. Zwar lässt sich das Geschehene nicht ändern, Fehler aber werden verziehen, Wunden können heilen, und schmerzliche Erfahrungen offenbaren möglicherweise ihren Sinn.

---

[203] Josua 6, 15-17 und 25
[204] Rut 4, 20-22
[205] Hebräer 11, 31; Jakobus 2, 25

FREIE
ABTREIBUNG

Mutter Teresa sagt: »Der größte Zerstörer des Friedens ist die Abtreibung, denn sie ist ein direkter Krieg, ein direktes Töten, ein direkter Mord durch die Mutter selbst. Wenn wir akzeptieren, dass eine Mutter sogar ihr eigenes Kind töten kann, wie können wir den Menschen dann sagen, dass sie einander nicht töten dürfen?«[206]

Yrsa Stenius, Schriftstellerin und ehemalige Chefredakteurin der schwedischen Tageszeitung Aftonbladet, erzählt in ihrem Buch *Valta ja naiseus* (dt. *Macht und Frausein*) von ihrer Entwicklung zur Feministin, die stark durch Simone de Beauvoirs Vorbild und Philosophie beeinflusst wurde. Stenius beschreibt, wie sie zu einer beinahe karikaturartigen typischen Vertreterin des Zeitgeistes der Sechziger- und Siebzigerjahre wurde, da sie sich beharrlich weigerte, ihre Identität als Frau anzunehmen. Sie machte aus ihrer Ambivalenz eine Ideologie und widmete sich Beziehungen mit verheirateten Männern. Allerdings musste sie verbittert erkennen, dass ihr nur die Krümel blieben, während die Ehefrauen den Sieg davontrugen. Erst als sie älter war, wurde ihr klar, dass sie dem Schema gefolgt war, immer nur solche Beziehungen zu suchen, bei denen sie das Risiko minimierte, sich wie eine erwachsene Frau verhalten zu müssen.[207]

Die Autorin berichtet, dass sie mit sechsundzwanzig von einem verheirateten Mann schwanger wurde, in den sie sich ernsthaft verliebt hatte. Sie vermutet, dass die Schwangerschaft beabsichtigt war, ohne dass sie sich dessen bewusst gewesen wäre. Aber als es ernst wurde, wagte sie nicht, sich dieses überwältigende stolze Gefühl einzugestehen, dass sie Mutter wurde. »Ich ließ eine Abtreibung machen. Ich habe alles getötet. Ich tat diesem funkelnden Augenblick Gewalt an, dem Moment, in dem ich begriff, in

---

[206] Maher, S. 171
[207] Stenius (1994), S. 178-180

welcher Gnade ich geboren war: im Privileg, Frau zu sein. Jetzt begreife ich, warum, und meine Verbitterung richtet sich nur gegen mich selbst und vielleicht ein wenig gegen die Bedingungen jener Zeit, in der ich aufwuchs, die das Frausein mit allem, was dazugehört, so schwierig machten.«

Stenius versuchte, die Augen vor dem zu verschließen, was sie getan hatte, und die Sache zu ihren Gunsten zu erklären. Sie nahm an, zu einem geeigneteren Zeitpunkt erneut Kinder bekommen zu können. Später gestand sie ein, dass dies Blödsinn gewesen sei. Sie hätte die erforderlichen äußeren Bedingungen gehabt, ein Kind zu empfangen und es voller Frohsinn und Stolz zu erziehen. Aber sie glaubte nicht an sich als Frau und wagte den Sprung in die Mutterschaft nicht.

Elf Jahre später tat sie dasselbe noch einmal, nun mit 37 Jahren. Die biologische Uhr tickte, es war kurz vor 12, aber Stenius nutzte die Gunst des Augenblicks nicht. Diesmal musste sie sich zwischen dem Posten als Chefredakteurin und der Mutterschaft entscheiden. Doch sie hatte in ihrem inneren Garten des Frauseins im Laufe der Jahre alles so radikal beschnitten, dass die Entscheidung für sie fast eine Selbstverständlichkeit darstellte. Schmerzlos blieb sie nicht, und ihr war sehr wohl bewusst, was sie tat. Jahre später, als eine Schwangerschaft nicht mehr möglich war, stellte sie Überlegungen darüber an, ob es heute nicht zu einfach sei, eine Abtreibung vorzunehmen. Wenn es schwieriger gewesen wäre, hätte sie dann damals alles getan, um das Kind loszuwerden, auf das sie gewartet hatte und für dessen Geburt und liebevolle Betreuung sie alle Voraussetzungen besaß?

Auch bei jenen Frauen, deren weibliches Selbstvertrauen ausgeprägter ist als das ihre, so Yrsa Stenius, ist die Anfangsphase der Schwangerschaft oft mit Gefühlen der Bedrängnis, mit Unruhe und Unsicherheit an der Schwelle zu einer neuen Rolle verbunden. Sie fragt sich, ob die Gefahr besteht, dass unnötige Abtreibungen deswegen geschehen, weil die Frauen unentschlossen sind und anfangs die Schwangerschaft möglicherweise bereuen. Nach ihrer Kenntnis sehen die meisten Frauen eine Schwangerschaftsunterbrechung als schwerwiegende Maßnahme an. Viel von der Trauer, die sie später empfand, als sie über die Sache nachdachte, spürte sie schon damals, als sie die Abtreibung durchführen ließ.

Yrsa Stenius bekennt, dass sie tief in ihrem Inneren immer von eigenen Kindern und davon, einem Mann zu gehören, geträumt hatte. Die Träume waren so intensiv, dass sie sich instinktiv gegen die Predigten der Feministinnen der Siebzigerjahre von der Unabhängigkeit der Frau wandte. Sie wollte trotzdem abhängig sein und sehnte sich nach dem Kind, das sie, obwohl es völlig unnötig gewesen war, in die Mülltonne eines Krankenhauses in Helsinki geworfen hatte. Sie hatte unter Schmerzen jene zentralen Züge ihres Lebens erkannt, die sie mit Simone de Beauvoir und den Intellektuellen in deren Umgebung verbanden. »Deutliches Erwachsensein in allen ‚männlichen' Handlungen und eine naive Unklarheit, Launenhaftigkeit, Überheblichkeit und Ambivalenz in allem, was zum Weiblichen gehört.«[208]

Sie vermutet, dass Frauen, die wie sie bereit sind, die Rolle der »anderen Frau« zu übernehmen, ein Defizit im Selbstverständnis haben, die unbewusste Auffassung, dass es »richtig ist«, sich mit so wenig zufriedenzugeben. Solch eine Überheblichkeit, die glauben lässt, allein zurechtzukommen, blendet auch ihr Gegenteil aus: eine in der weiblichen Standhaftigkeit verborgene Schwäche, die sich übereifrig als irgendein beliebiges maskulines Leistungsvermögen ausgibt. Die Autorin sieht dieses Phänomen insbesondere in den nordischen Ländern, wo es Frauen gibt, die in allem anderen kompetent sind, nur nicht, wenn es um ihr Frausein geht.

Das Leben von Yrsa Stenius, die in die Fußstapfen von Simone de Beauvoir trat, trägt ähnlich saure Früchte. Die freie Sexualität und die Bewunderung und Nachahmung des maskulinen Lebensmodells boten keine Möglichkeit,

---

[208] ebd., S.189-191

das eigene Frausein und die dementsprechenden Träume zu verwirklichen und zu entwickeln. Die Freude der Mutterschaft, die sich darbot, endete im Mülleimer und in Gewissensbissen.

DER SINKENDE WERT
DER WEIBLICHKEIT

Um die sexuelle Revolution erreichen zu können, musste man die mit einer Abtreibung verbundene Schande beseitigen und dafür sorgen, dass sie leicht erhältlich war. Ohne legalisierten Schwangerschaftsabbruch hätte es bedeutend weniger Frauen gegeben, die zu freien sexuellen Beziehungen bereit gewesen wären. Mit dem Erlass des Gesetzes ließ man die Menschen denken, dass etwas, das legal ist, nicht falsch sein kann. Als Folge der zunehmenden Anzahl von Aborten verringert sich der Wert der Weiblichkeit. Zugleich wird die Bindung zwischen Müttern und Kindern geschwächt.[209]

Das Gebären von Kindern unterscheidet die Frau am deutlichsten vom Mann. Es bestimmt ihr Frausein in einer Weise, die nicht bestritten werden kann. Wenn sie sich einer Abtreibung unterwirft, ähnelt sie dem Mann in dem Sinne, dass sie bestrebt ist, die mit der Sexualität zusammenhängende Schwangerschaft und Geburt loszuwerden, die nicht zum männlichen Erfahrungsbereich gehören. Unabhängig davon, wie intensiv der Feminismus versucht, das Trauma eines Schwangerschaftsabbruchs zu minimieren, empfindet sich eine Frau wohl kaum als imposant, wenn sie diesen Eingriff vornehmen lässt. Wahrscheinlich ist die Erfahrung äußerst unmenschlich. Die Verteidiger des Aborts gestehen das gewissermaßen ein, wenn sie den Terminus Abtreibung vermeiden und ihn mit den Worten »Entscheidung der Frau« ersetzen.

---

[209] Graglia, S. 186-189

Eine Abtreibung verringert nicht nur den besonderen Wert der Frau als Gebärerin des Lebens, sondern sie schwächt ihre Hingabe für Kinder. Wenn die Gesellschaft den Müttern das Recht verleiht, über das Leben ihres Kindes zu entscheiden, sendet sie gleichzeitig die versteckte Botschaft, dass die Kinder, denen man erlaubt, geboren zu werden, kaum ein Anrecht auf ihre Mutter haben. Die Verteidiger der Abtreibung geben zu verstehen, dass ein geborenes Kind nicht das Recht hat, von seiner Mutter Opfer zu fordern, oder zu erwarten, dass sie sich für das Kind abmüht oder ihre eigene Freiheit einschränkt. Es reicht, dass es zur Welt kommen durfte.

Als in Finnland das Abtreibungsgesetz erlassen wurde, nach dem eine Schwangerschaft aus sozialen Gründen abgebrochen werden kann, bedeutete das in der Praxis völlige Freiheit. Es ist nun möglich, dass man ein Kind nur dann annimmt, wenn es in die eigene Lebenssituation passt. Laut Margaret Mead denkt man somit, dass ein Kind »in erster Linie Freude und nicht so sehr Pflichten bringen soll«.[210] Wenn wir eine solche Einstellung übernehmen, prägt sie unser ganzes Verhalten gegenüber Kindern. Sie bestätigt die Botschaft der Feministinnen, dass sich Frauen vor allem mit ihren eigenen Bedürfnissen und Interessen beschäftigen müssten, während die Betreuung der Kinder in der Verantwortung der Gesellschaft liegen sollte. Die Gesellschaft muss allen zugängliche und qualitativ hochwertige Dienstleistungen organisieren, damit sich die Mütter außerhalb des Zuhauses selbst verwirklichen können.

Geht man davon aus, dass uns die Kinder vorrangig Freude machen sollen, dann fragen die Mütter sich selbst weniger, welche Pflichten sie ihren Kindern gegenüber haben, sondern vielmehr, was sie außerhalb des Zuhauses Interessantes erreichen können. Wenn Aktivitäten anderswo lohnenswerter sind als das, was man zu Hause tut, dann sieht die Gesellschaft keinen Grund, warum Mütter ihren Nachwuchs nicht anderen zur Betreuung überlassen

---

[210] Mead, S. 364-365 d. engl. Ausg.

sollten. Die Kinder lernen so schon früh die harte Lektion, dass die Hingabe der Mutter für sie gar nicht auf deren Pflichtgefühl beruht, sondern auf der zerbrechlichen Fähigkeit des Kindes, der Mutter Freude zu bereiten.[211] Dagegen wird eine Mutter, die es als ihre Pflicht verinnerlicht hat, ihre Kinder zu betreuen, sehr schnell sehen, wie viel Freude ihr das auch bereitet. Die Liebe der Mutter und ihr Pflichtgefühl schließen einander nicht aus, sondern unterstützen einander.

Wenn über die Abtreibung als Entscheidung der Frau gesprochen wird, nimmt man dem Mann seine Verantwortung, obwohl er der andere Beteiligte war, als die Schwangerschaft begann. Möglicherweise hat er von der Frau verlangt, das Kind abtreiben zu lassen. Es kann jedoch auch umgekehrt so sein, dass der Mann das Kind behalten möchte und die Frau beschließt, die Schwangerschaft abzubrechen. Eine gemeinsame Angelegenheit würde erfordern, dass die Verantwortung gemeinsam getragen wird.

Die geringere Achtung vor dem Leben, die durch Abtreibung verursacht wird, führt auf der anderen Seite zur Akzeptanz von Euthanasie. Wenn das Leben nicht als von Gott gegebenes Geschenk geachtet wird, das in jeder Weise gewahrt werden muss, und zwar ganz besonders im Fall jener, die wie ungeborene Kinder am wehrlosesten sind, dann wird es auch am Ende des Lebens oder bei Behinderten nicht geachtet. Dann kann man die Frage stellen, wohin unsere Zivilisation geht.

DAS LEBEN
ALS GESCHENK GOTTES

Die Frage der Abtreibung trifft den Kern unserer gesamten Existenz: Wer hat das Recht zu leben, und wer bestimmt das? Gott plante den Mutterleib als sichersten Ort der Welt, an dem ein Kind neun Monate vor der Geburt wachsen und sich entwickeln kann. Die Verteidiger der Abtreibung ha-

---

[211] Graglia, S. 188

ben daraus für Millionen ungeborener Kinder den unsichersten Ort gemacht. Mit der Abwendung von Gott als Autorität der Moral und des Lebens hat der Mensch eine Macht an sich genommen, die ihm nicht zusteht.

Niemand von uns hat seinen Anfang genommen, ohne dass Gott es gewusst und geplant hätte. David sagt in Psalm 139, 13-16: »Denn du hast meine Nieren bereitet und hast mich gebildet im Mutterleib. Ich danke dir dafür, dass ich wunderbar gemacht bin; wunderbar sind deine Werke, und das erkennt meine Seele wohl. Es war dir mein Gebein nicht verhohlen, da ich im Verborgenen gemacht ward, da ich gebildet ward unten in der Erde. Deine Augen sahen mich, da ich noch unbereitet war, und alle Tage waren auf dein Buch geschrieben, die noch werden sollten, als derselben keiner da war.«

Mann und Frau können miteinander 64 Trillionen genetisch unterschiedliche Nachkommen erhalten. Somit sind wir kein Zufallsprodukt. Von Gott geplant sind wir einzigartig und einmalig und können durch niemanden ersetzt werden. Gottes Plan und Sinn bestand auch für jene abgetriebenen Embryos, die keine Lebenschance bekamen.

Die Bibel berichtet von vielen Personen, die Gott schon vor ihrer Geburt zu einer bestimmten Aufgabe berufen hatte. Als junger Mann erhielt Jeremia die Berufung zum Propheten der Völker, und dabei sprach Gott zu ihm: »Ich kannte dich, ehe ich dich im Mutterleibe bereitete, und sonderte dich aus, ehe du von der Mutter geboren wurdest, und bestellte dich zum Propheten für die Völker.«[212] Jesaja sagt entsprechend, der Herr habe ihn berufen vom Mutterleibe an und seines Namens gedacht, als er noch im Schoß der Mutter war.[213] Auch Paulus legt in seinem Brief an die Galater Zeugnis davon ab.[214] Zwar stellten diese Personen in Gottes Erlösungsplan Ausnahmen dar, aber sie waren genauso unvollkommene und gewöhnliche Menschen wie

---

[212] Jeremia 1, 5
[213] Jesaja 49, 1
[214] Galater 1, 15

wir. Niemand anders als Gott lenkt, was für ein Individuum aus der Vereinigung von Eizelle und Spermium entstehen wird. Deshalb ist der Abbruch einer Schwangerschaft ein schwerwiegendes Vergehen gegen das Gesetz des Lebens.

JURISTISCH ERLEICHTERTE SCHEIDUNG OHNE SCHULD

David Popenoe sagt: »Noch vor einiger Zeit bedeutete eine Ehe die gegenseitige wirtschaftliche Abhängigkeit, ein soziales Band, das durch eine nun größere Familie aufrechterhalten wurde, und eine religiöse Verpflichtung mit sakramentalem Wert. Heute beschreibt nichts davon eine Ehe. Aus ihr ist eine rein individualistische Unternehmung und Vereinbarung zwischen zwei Menschen geworden, und es ist nicht leicht, ihre Gültigkeit zu erhalten. Sie ist eine Beziehung geworden, deren Zweck darin besteht, die Grundbedürfnisse in Hinsicht auf Nähe, Abhängigkeit und Sex zu befriedigen. Wenn sich diese Bedürfnisse ändern oder sich ein wahrscheinlich besserer Partner findet, kann die Ehe leicht aufgelöst werden.«[215]

Die Familie ist dazu bestimmt zusammenzubleiben, aber leider wird das nicht immer verwirklicht. Darunter leiden alle Beteiligten, der Mann und die Frau genau wie die Kinder. Es geht so viel in die Brüche, dass oft die Hilfe von Außenstehenden gebraucht wird, um den Schaden zu beheben. Die Kontinuität des Lebens ist Gold wert, aber wenn wir Scheidungen und erneute Eheschließungen oder Promiskuität aussäen, gibt es keine Kontinuität. Nichts kann den Schutz ersetzen, den der Mensch in der Gemeinschaft der Familie erhält. Jedes heranwachsende Kind braucht das Bewusstsein, dass es Teil eines Abschnitts der Geschichte ist und dass es dies auch selbst erleben kann.

---

[215] Maher, S. 93; Popenoe, S.28-30

Edith Schaeffer erörtert eine der erschütterndsten Seiten der Sklaverei: Familienmitglieder wurden voneinander getrennt, wenn man sie auf dem Sklavenmarkt verkaufte, und oft geschah es, dass sie sich nie wiedersahen. Erschütternd ist, dass in unserer Zeit viele erwachsene Menschen ihre Verantwortung für den Zusammenhalt der Familie vergessen haben. Was gäbe es für einen Aufruhr, wenn Männer und Frauen heute auf Sklavenmärkten verkauft würden und weinende Kinder und Jugendliche hinterließen, weil die Eltern verschiedene Richtungen einschlagen! Dieselben Menschen aber gehen dennoch freiwillig auseinander und erwarten, dass sie diese fehlende Kontinuität, die ihre Kinder dann erleben, wenn sie ihre Zeit aufteilen müssen und mal mit der Mutter und mal mit dem Vater zusammen sind, irgendwie ersetzen können.[216] Heute zerbrechen Familien aufgrund eigener Entscheidungen und nicht durch äußeren Zwang.

Kaarina Määttä, die sich mit Scheidungen beschäftigt hat, stellt fest, dass »man den Ernst und die menschliche Tragik einer Scheidung oft nicht eingestehen kann, vielleicht, weil Scheidungen so häufig sind«. Kaum jemand, der sich dazu entscheidet, hat vorab eine Ahnung davon, was im Verlauf einer Scheidung geschieht. Die Menschen haben dabei in der Regel zwei Ziele: Sie wollen sich aus einer misslungenen Ehe befreien, und sie wollen ein neues Leben anfangen. Eine Scheidung kann sich als trügerisch erweisen, denn sie ist zwar rechtlich gesehen einfach, aber psychisch ein langer und schwieriger Prozess. Die Zeit heilt bei weitem nicht immer alle Wunden.[217]

Die Menschen erwarten, dass die Schwierigkeiten einer Ehe mit der Scheidung aufhören und die Lebensqualität sich verbessert. Die erste Erwartung wird erfüllt, und die meisten sind zufrieden, dass sie sich aus einer bedrückenden Beziehung befreit haben. Die Lebensqualität verbessert sich jedoch nach einer Scheidung nicht unbedingt. Viele sind mit ihrem neuen Leben nicht zufrieden. Es ist

---

[216] Schaeffer (1990), S. 42-43
[217] Määttä, S. 7, 11-12

im Erwachsenenalter nicht selbstverständlich, dass man sich wieder erholt. In wissenschaftlichen Untersuchungen stützt nichts die Annahme, dass sich alle Betroffenen psychologisch gesehen von einer Scheidung erholen. Jede Krise birgt die Gefahr, dass die Menschen in eine Sackgasse geraten. Es ist unsinnig anzunehmen, die geschiedenen Ehegatten könnten sich nach einer langen Ehe einfach zusammenreißen, die Krise überwinden und von Neuem anfangen, als wäre nichts geschehen. Obwohl Scheidungen heute üblich sind und die Schwelle auf dem Weg zu einer Trennung niedriger geworden ist, sind die Erfahrungen der Menschen, die das durchgemacht haben, nicht leichter und das Leid nicht geringer geworden. Eine Scheidung ist heute nicht leichter zu ertragen als früher.

In den Untersuchungen findet sich keine Bestätigung dafür, dass Paare, die sich für eine Scheidung entschieden haben, eine schlechtere Ehe geführt hätten als jene, die zusammengeblieben sind.[218] Aus einer Studie über einen Zeitraum von fünfzehn Jahren geht hervor, dass nur ein Drittel der Scheidungen Ehen mit schwerwiegenden Konflikten wie Missbrauch und Gewalt betraf. Die meisten Scheidungen erfolgten in Ehen mit wenig Konflikten, die aber aus anderen Gründen unglücklich waren.[219] Nach Informationen von Martti Esko, dem Leiter des Zentrums der Kirche für Familienangelegenheiten, sind 30 bis 40 Prozent der Scheidungen unvermeidlich und über die Hälfte überflüssig. Ein Drittel der Geschiedenen bereut später seine Scheidung.[220]

Begünstigt wird die Zunahme der Scheidungen durch deren Akzeptanz und das Verschwinden der mit einer Scheidung verbundenen Schande. Je mehr Geschiedene es gibt, umso mehr Menschen werden ermuntert, die Schwierigkeiten ihrer Ehe auf dieselbe Weise zu lösen. In der Presse findet man ständig Storys über die erfolgreichen Scheidungen

---

[218] Määttä, S. 205-206
[219] Maher, S. 99
[220] Lipponen, P. & Wesaniemi, P., S. 144; *Kristityn Vastuu* (dt. *Die Verantwortung des Christen*) vom 21.4.2005

sowohl von Prominenten als auch von unbekannten Menschen. Der eine sagt, er habe sich von der Depression befreit, der andere, er habe sich nun selbst gefunden, wieder einer ist durch die Scheidung erwachsen und selbständig geworden. Solche Interviews können natürlich Geschiedene trösten und ihnen Mut zusprechen, aber wenn man sie liest, kommt einem der Gedanke, dass man dieselben Dinge genauso gut lernen könnte, wenn man verheiratet bleibt. Nur wenige sagen die ganze Wahrheit über eine Scheidung, zu der auch anderes gehört: Enttäuschungen, Bedrängnis, Einsamkeit, Selbstvorwürfe und Reue wegen des Entschlusses, sich zu trennen, oder die Schwierigkeit, das eigene Ich nach einer Scheidung wieder aufzubauen.

Es wäre gut, wenn in den Zeitungen mit dem gleichen Eifer über Ehepaare berichtet würde, die ihre Krisen gemeistert haben, indem sie zusammengeblieben sind. Bei 85 Prozent der Eheschließungen ist es für beide Ehepartner die erste Ehe.[221] Wenn die Probleme am schlimmsten sind, gibt es viele Entscheidungen, die einem zunächst Erleichterung verschaffen können. Eine Ehekrise verursacht Leid und die Unsicherheit, welche Richtung man einschlagen soll. Deshalb wäre es wichtig, häufiger Möglichkeiten und Mittel für den Erfolg einer Ehe darzustellen.

Die Erleichterung der Scheidung ist eines der Ziele der Frauenbewegung gewesen. Gefördert wurde das durch die weiter oben behandelte freie Sexualität und die Abtreibung, die den Wunsch und die Fähigkeit von Frauen und Männern verstärkten, die Ehe anderer zu zerstören. Außerdem hat sich der Feminismus dafür eingesetzt, die wirtschaftliche Unabhängigkeit der Frauen von den Männern zu erreichen. Der Prozess der Scheidung wurde juristisch erleichtert, und die Begriffe von Schuld und Verantwortung hat man dabei entfernt.

---

[221] *Kristityn Vastuu* vom 21.4.2005

In den USA wurde 1969 unter tatkräftiger Mitwirkung der Feministinnen ein Scheidungsgesetz erlassen, in dem man Schuld und Verantwortung strich. Das führte zu einer erheblichen Verschlechterung der Stellung jener Frauen, die Mutter und Hausfrau waren, wenn sich ihr Ehemann von ihnen scheiden lassen wollte. Das frühere Gesetz hatte diesen Frauen, wenn sie an der Scheidung schuldlos waren, eine Unterhaltszahlung garantiert, die ihrer Arbeitsleistung im Haushalt entsprach. Das neue Gesetz gibt ihnen nur die Möglichkeit, für kurze Zeit eine »Rehabilitationsunterstützung« zu erhalten. Das hilft ihnen so weit, dass sie sich eine Arbeit und ein Einkommen suchen können.[222]

Das Scheidungsgesetz wurde zu einer starken Waffe in den Händen der Frauenbewegung. Man konnte es wirkungsvoll einsetzen, um die Frauen davor zu warnen, sich auf die im Fall einer Scheidung unsichere Stellung einer Mutter und Hausfrau einzulassen. Das Gesetz vermittelte den Frauen die Botschaft, dass sie sich einer großen Unsicherheit aussetzten, wenn sie sich der Betreuung der Kinder und des Haushalts widmeten. Die Frauenbewegung verbündete sich erneut mit jenen Männern, die ihren Verpflichtungen bei der Versorgung der traditionellen Familie ausweichen wollten. Sie konnten nun behaupten, dass die Frau selbst verantwortlich sei, wenn sie keiner Erwerbstätigkeit nachgehen und keine berufliche Laufbahn einschlagen will. Kommt es zur Scheidung, muss sie sich selbst die Schuld geben, eine falsche Wahl getroffen zu haben. In einem Scheidungsprozess erklärte der Richter, ein Trauschein sei keine Garantie für eine lebenslange Rente. Das müsste er jedoch sein, damit die Rolle der Frau als Mutter und Hausfrau eine lebenslange Aufgabe sein kann. Indem die Gesellschaft das verweigert, hat sie die traditionelle Familie aufgegeben.

---

[222] Graglia, S. 136-138

Das Scheidungsgesetz war ein wirkungsvolles Mittel, Druck auf die Frauen auszuüben, damit sie die unsichere Stellung einer Frau als Mutter und Hausfrau aufgaben, weil sie verständlicherweise Angst hatten, mit leeren Händen dazustehen, wenn der Mann sie verließ. Die in den USA bis zum Jahr 1982 erlassenen Gleichberechtigungsgesetze (in Finnland bis 1987) dienten demselben Zweck. Damals wurden die letzten Gesetze abgeschafft, die den Frauen eine Sonderstellung garantierten. Die Gleichberechtigungsgesetze verwarfen die symbolische Kraft des früheren Geschlechtervertrags, nach dem es die Pflicht des Mannes war, die Frau zu ernähren, die sich wiederum um den Haushalt kümmerte und die Kinder erzog. In dem Kampf ging es um das legitime Recht der Frauen auf die Einkünfte der Männer. Die Frauenbewegung wollte erreichen, dass die Männer dachten, sie seien nicht verpflichtet, eine Frau wirtschaftlich zu unterstützen. Unter dem Einfluss des Feminismus wurde in der Gesellschaft entschieden, dass die Frau kein gesetzliches Recht auf Beteiligung am Verdienst ihres Ehemannes besitzt. Zugleich war es eine Warnung: Wenn sie zu Hause bleiben will, um ihre Kinder hauptberuflich zu betreuen, dann tut sie dies auf eigene Verantwortung und ohne Unterstützung der Gesellschaft.

In Finnland sind wir in Fragen der Scheidung und des Lebens als Hausfrau in die Fußstapfen der Vereinigten Staaten getreten. Die Anhänger der Frauenbewegung haben die gleiche Kampagne geführt, um die Mütter aus dem Haushalt herauszuholen und in die Berufstätigkeit zu führen, damit sie vom Mann wirtschaftlich unabhängig werden. Finnland ist neben Schweden auch in anderer Hinsicht das Musterland bei der Umsetzung der feministischen Ideologie.

In Finnland wurde 1987 das seit 1929 geltende Ehegesetz umgestaltet. Zwischen diesen beiden Gesetzen besteht ein deutlicher Unterschied. Die Verfasser des Gesetzes von 1929 empfanden, verglichen mit dem Gesetz von 1987, mehr Achtung und Wertschätzung für die Ehe als Institution. In dem neuen Gesetz spiegelt sich die Auffassung wider, dass es sich nur um eine gemeinsame Vereinbarung zwischen den beteiligten Seiten handelt, und die kann leicht aufgekündigt werden. Beim Gesetz von 1929 hatten die Verfasser eindeutig die Unterhaltspflicht und die Verantwortung für den Ehepartner bei der Scheidung im Sinn. In jenem Gesetz wurde festgelegt, dass der Ehepartner, der hauptsächlich an der Scheidung schuld ist, dazu verpflichtet werden kann, dem anderen Ehepartner Schadenersatz zu leisten. Ebenso konnte das Gericht, wenn es der Ansicht war, dass einer der Ehepartner (wie eine Mutter und Hausfrau) Unterhaltshilfe benötigte, den anderen dazu verpflichten, diese entweder als einmalige Summe oder zu bestimmten Zeiten zu leisten.[223]

Das neue Ehegesetz garantiert Frauen, die Mutter und Hausfrau sind, bei einer Scheidung keine Unterhaltshilfe. Möglich ist sie lediglich, wenn die Frau Jahrzehnte zu Hause war und der Mann sich von ihr scheiden lässt. Auch in diesem Fall erhält die Ehefrau eine Unterhaltshilfe nur für eine Übergangszeit, damit sie eine Ausbildung absolvieren und einen Beruf ergreifen kann, genau wie in den USA. In den Niederlanden beispielsweise ist die Stellung von Frauen, die Mutter und Hausfrau sind, per Gesetz gesichert.[224]

In dem neuen Gesetz werden beide Partner verpflichtet, zur gemeinsamen Haushaltsführung und zum Lebensunterhalt der Familie beizutragen.[225] Im alten Gesetz hingegen wurde das so ausgedrückt: »Die Ehegatten sollen sich ihren Fähigkeiten entsprechend *mit finanziellen Mitteln, ihrer Arbeit im Haushalt oder in anderer Weise* am Lebensunterhalt der Familie beteiligen« (Hervorhebung von der Autorin).[226] Das Gesetz erkannte den wirtschaftlichen Wert der Hausarbeit an. Im neuen Gesetz wurde das ge-

[223] Avioliittolaki (Ehegesetz) vom 13.6.1929/234, §§ 78, 79, 80

[224] Lipponen, P. & Wesaniemi, P., S. 138

[225] Avioliittolaki (Ehegesetz) vom 16.4.1987/411 §§ 46, 48

[226] Avioliittolaki (Ehegesetz) vom 13.6.1929/234 § 46

strichen. Das ist ein erhebliches Zugeständnis gegenüber der feministischen Ideologie, nach der die Arbeit im Haushalt minderwertig und unbedeutend ist.

Indem sie die traditionelle Familienstruktur zu verändern versuchten, weigern sich die Feministinnen, die Folgen vorauszusehen, die das nach sich zieht. Betty Friedan gab allerdings zu, die Bewegung sei mit dem neuen Scheidungsgesetz, das den Ehefrauen die Unterhaltshilfe entzog und eine von ihrem Mann verlassene Mutter und Hausfrau wirtschaftlich in große Bedrängnis brachte, in eine Falle geraten. Friedan verteidigte die Auffassung der Frauenbewegung damit, dass eine Frau als Mutter und Hausfrau nicht gleichberechtigt am Unterhalt der Familie beteiligt gewesen sei. Somit müsse sie dazu gezwungen werden, sich am Unterhalt der Familie zu beteiligen, und zwar durch eine wirtschaftliche Gefahr, die ihr im Fall einer Scheidung droht. Wahrscheinlich sah die Führung der Frauenbewegung deutlich, welche Folgen das Scheidungsgesetz haben würde.[227]

Eine Folge der Scheidungsreform ist, dass Frauen ihren Ehemännern nicht mehr wie früher vertrauen und zögern, ihre Arbeit aufzugeben. Bevor sich die Gesellschaft den Forderungen der Feministinnen unterwarf, die Berufstätigkeit zum Lebensziel der Frau zu machen, konnten wir finanziell dazu fähige Männer recht gut zwingen, ihre Ehefrauen zu unterstützen, mit denen sie gesetzlich verbunden waren. Jetzt gelingt das nicht, weil wir das feministische Denkmodell übernommen haben, zu dessen Unterstützung das neue Scheidungsgesetz erlassen wurde.[228] Die Gesellschaft glaubt nicht mehr, dass es Aufgabe des Mannes ist, seine Familie zu ernähren.

Hinter der Scheidungsreform stand auch der Gedanke, dass es für die Frauen leicht sein muss, sich vom Mann scheiden zu lassen. Das würde nur dann erreicht, wenn sie über ein ausreichendes Einkommen für sich und die Kinder ver-

---

[227] Graglia, S. 264-265
[228] ebd., S. 265, 153

fügen. Umgekehrt funktioniert das auch, denn wenn ein Mann weiß, dass seine Ehefrau aus eigener Kraft zurechtkommt, fällt es ihm leichter, sie zu verlassen, als wenn sie von ihm abhängig wäre. Somit erhöht die wirtschaftliche Unabhängigkeit das Risiko einer Scheidung bei beiden Ehegatten. Alleinerziehende Mütter haben jedoch oft mit wirtschaftlichen Problemen zu kämpfen, da ihr Einkommensniveau niedriger ist als das von Ehepaaren.

Die wirtschaftliche Abhängigkeit der Frau vom Mann wurde auf die Gesellschaft übertragen, die einen großen Teil der Scheidungskosten trägt. Sie setzen sich zusammen aus den von den Kommunen zu leistenden Unterhaltszahlungen, den Kindergelderhöhungen für Alleinerziehende, dem gestiegenen Wohngeld sowie den Honorarzahlungen an private Anwälte für die unentgeltlichen Prozesse. 1996 wurden in Finnland aus öffentlichen Mitteln gut 43 Millionen Euro für Scheidungskosten ausgegeben. Dazu kommt die wachsende Anzahl der Sozialhilfezahlungen.[229]

Widersprüchlich ist, dass der Feminismus die Frauen, die Mutter und Hausfrau sind, mit den großen wirtschaftlichen Risiken im Fall einer Scheidung eingeschüchtert hat und zugleich mit der Scheidungsreform die Anzahl der darunter leidenden Frauen vervielfacht hat. Anfang der Fünfzigerjahre wurden in Finnland etwa 3.400 Scheidungen pro Jahr ausgesprochen,[230] aber nach der Reform des Scheidungsgesetzes hat sich die Zahl bei etwa 14.000 stabilisiert. Die Einschüchterung war eine Übertreibung der Notwehr, denn nicht alle Männer verließen ihre Frauen, die Mutter und Hausfrau sind, sondern nur wenige. Wäre der Wille da gewesen, dann hätte man ihre Stellung wie in Holland durch das Gesetz sichern können. Jetzt lassen sich zumeist berufstätige Frauen scheiden. Zwei Drittel der Scheidungen werden in Finnland auf Initiative der Frau vollzogen. Das ist in fast allen westlichen Ländern typisch.[231]

---

[229] Lipponen, P. & Wesaniemi, P., S. 146
[230] *Aamulehti* vom 9.12.1954
[231] Määttä S. 13

Wir erleben in der Gesellschaft den Übergang von der Familienorientiertheit zur Orientierung auf das Individuum. In Finnland ist die Familie in der Besteuerung nicht mehr die Grundeinheit, die als Ganzes berücksichtigt wird, sondern die Ehegatten werden gesondert veranlagt. Als Folge davon ist der Zusammenhalt der Familie brüchig geworden, und der maskuline Stolz des Mannes als Versorger der Familie und somit als Verantwortungsträger, der dies als Ehrensache ansieht, ist geschwächt. Wenn der Mann die wirtschaftliche Verantwortung hat und über die Angelegenheiten der Familie entscheidet, fühlt er sich ihr mehr verpflichtet.

JURISTISCH ERLEICHTERTE SCHEIDUNG

Im alten Ehegesetz Finnlands scheint es Grundsatz gewesen zu sein, die Ehe zu schützen und in Ehren zu halten. Anders als heute erreichte man eine Scheidung nicht aus jedem beliebigen Grund, sondern im Gesetz waren die Gründe aufgezählt, bei denen sie gewährt werden konnte: Ehebruch, praktizierte Homosexualität, Sodomie, Erkrankung an einer Geschlechtskrankheit während der Ehe, grobe Gewalttätigkeit eines Ehegatten, eine Gefängnisstrafe von mindestens drei Jahren oder ein Verbrechen, das geeignet war, den Ehegatten der Verachtung auszusetzen, anhaltender Konsum von Betäubungsmitteln, eine unheilbare psychische Krankheit oder Geistesschwäche.[232] Mit dem Gesetz wollte man die hohe Moral der Ehe wahren und die Ehegatten davor schützen, dass sie entehrt oder in anderer Weise geschädigt wurden.

Außerdem konnte man geschieden werden, wenn die Ehegatten zwei zusammenhängende Jahre getrennt gelebt hatten. Dann besaßen beide das Recht, geschieden zu werden. Wenn jedoch ein Ehegatte die Hauptschuld an der Beendigung des Zusammenlebens trug, dann brauchte

---

[232] Avioliittolaki (Ehegesetz) vom 13.6.1929/234 §§ 70-75

die Scheidung, falls sie von ihm eingereicht wurde, nicht ausgesprochen zu werden, sofern dafür keine besonders schwerwiegenden Gründe vorlagen.[233]

Es war somit nicht leicht, sich scheiden zu lassen, und es geschah nicht, ohne die Gründe zu klären. Zwei Jahre getrennt zu leben war eine ausreichende Zeit, in der beide Seiten ihre Situation verarbeiten und sich vergewissern konnten, ob die Fortsetzung des Zusammenlebens möglich war oder nicht. Da dieser Prozess schwierig war, fiel die Entscheidung dafür nicht leicht. Das hielt Familien zusammen. Manche zogen möglicherweise eine Scheidung in Erwägung, wenn große Schwierigkeiten bestanden, setzten ihre Überlegungen aber nicht in die Tat um, weil das einen sehr langwierigen Prozess bedeutete hätte und die öffentliche Meinung eine Scheidung ablehnte.

Im neuen Ehegesetz Finnlands wird eine Scheidung juristisch gesehen sehr leicht gemacht. Ziel ist es, anders als beim alten Gesetz, die Rechte des scheidungswilligen Ehepartners zu schützen und nicht die der Seite, die sich einer Scheidung widersetzt. In dem Gesetz sind keine Gründe aufgeführt, die untersucht werden müssten, bevor eine Scheidung ausgesprochen wird. Es genügt, wenn der Scheidungsantrag eingereicht wird, entweder gemeinsam oder durch einen Ehegatten. Der Prozess nimmt seinen Lauf, unabhängig davon, ob sich einer der Ehegatten der Scheidung widersetzt oder nicht. Per Gesetz ist die Ehe zu einer Institution gemacht worden, deren Verlassen sichergestellt werden soll. Doch der Seite, die den Bund weiterführen will und ihn durch ihr Handeln nicht gebrochen hat, wird kein Schutz gewährt. Die Scheidung wird nach einer Bedenkzeit von sechs Monaten erteilt, wenn sie von einer Seite oder beiden gemeinsam eingereicht wird. Ohne Bedenkzeit bekommt man sie, wenn die Ehegatten die letzten zwei Jahre ununterbrochen getrennt gelebt haben.[234]

---

[233] ebd. § 76
[234] Avioliittolaki (Ehegesetz) vom 16.4.1987/411 §§ 25-26, 28

Sechs Monate als Bedenkzeit sind sehr wenig, verglichen damit, dass ein Ehepaar im Begriff ist, einen Bund zu beenden, der bis an das Lebensende halten sollte. Die menschliche Psyche ist nicht fähig, in so kurzer Zeit all die Konflikte und die Emotionen zu verarbeiten, die sie beschäftigen. Die eine Seite, für die der Scheidungsantrag womöglich überraschend kam oder die ihn ablehnt, gerät in eine innerliche Verwirrung ohnegleichen. In so kurzer Zeit können nur überstürzte Entscheidungen getroffen werden, die man später bereut.

Die juristische Erleichterung der Scheidung und der Verzicht auf eine Untersuchung der Gründe schwächen den Wert der Ehe als Institution. So wird die Botschaft vermittelt, dass der Ehebund keinen hohen Wert hat, denn man kann ihn ja fast mit einer Art Abmeldung beenden. Zugleich entsteht ein irreführendes Bild, als wäre die emotionale und soziale Seite der Scheidung genauso leicht und schmerzlos wie die juristische.

SCHEIDUNG
OHNE SCHULD

Im neuen Gesetz wurde die Suche nach einem Schuldigen gänzlich gestrichen, was Scheidungswillige als Erleichterung empfinden mögen. Die Kehrseite ist, dass bei einer Scheidung keine Verantwortlichkeit mehr besteht. Wenn es keine Schuld und keine besonderen Gründe für eine Scheidung gibt, gibt es auch keine Verantwortung. Die Änderung wurde damit gerechtfertigt, dass es bei einer Scheidung nie nur einen Schuldigen gebe, sondern beide ihren Anteil am Scheitern der Ehe haben. Sicher ist es angebracht, dass jeder von beiden in den Spiegel schaut und herausfindet, was er selbst falsch gemacht oder versäumt hat, aber es kann auch sein, dass ein Partner die Ehe durch sein Handeln eindeutig gebrochen hat. Dass der Gatte schwierig oder die Beziehung nicht befriedigend ist, taugt nicht als Rechtfertigung für Untreue. Niemand zwingt irgendjemanden in die Arme eines fremden Menschen. Es ist die eigene Entscheidung, für die man die Verantwortung tragen muss, und dann ist man schuldig. Der Verlauf einer Scheidung, der sich nach dem alten Gesetz einstellte, berücksichtigte eher die Psyche des Menschen, denn Schuld und andere schwierige Themen wurden berücksichtigt. Mit der scheinbaren Erleichterung einer schwerwiegenden Angelegenheit leistet man dem Menschen einen Bärendienst.

Die Ehepartner werden nicht dadurch von Schuld befreit, dass man behauptet, es gäbe keine oder beide seien schuld. Als Folge von Scheidungen gibt es in Finnland Menschen, die sich auf schmerzhafte Weise mit der Schuld herumplagen und denen es verwehrt ist, sich nun dadurch von ihr zu befreien, dass sie beispielsweise den von ihnen verursachten Schaden gegenüber ihrem ehemaligen Ehepartner wiedergutmachen oder ersetzen.[235] Zugleich gibt es jene verlassenen Ehegatten, die ihre Ehe gern fortgesetzt hätten oder sie nicht durch ihr Handeln gebrochen haben. Sie leiden darunter, dass sich die Gesellschaft nicht für ihre Interessen einsetzt. Wenn im Zusammenhang mit einer Scheidung deren Gründe und die Frage der Schuld nicht untersucht werden, nehmen Verantwortungslosigkeit und eine Schwächung der Moral zu, da die Menschen nun davon ausgehen, sie könnten alles mögliche tun, ohne dass es gesetzliche Konsequenzen nach sich zieht. Auch wenn es die nicht gibt, bleiben doch die Qualen des Gewissens und die Schuld, und das zeigt sich dann in der nächsten Beziehung.

Das neue Ehegesetz ist nicht fortschrittlich, sondern steht für eine Rückkehr zu alten heidnischen Praktiken, zu denen ein Kulturstaat, der auf der Grundlage des christlichen Glaubens errichtet wurde, nicht hätte übergehen dürfen. Bei Israels Nachbarvölkern war die Scheidung etwas ganz Normales. Die Gesetzgebung sowohl der Sumerer und Babylonier als auch der Assyrer erlaubte es dem Mann, sich von seiner Ehefrau zu trennen, ohne Gründe anzu-

---

[235] vgl. Lukas 18, 8

geben. Auch die Israeliten hielten vor dem Gesetz Moses ein solches Verfahren für zulässig.[236] Wegen des niedrigen moralischen Niveaus des Volkes konnte Mose die Scheidung nicht verbieten.[237] Er legalisierte deshalb die frühere Praxis, legte aber einige Einschränkungen fest, um die schädlichen Auswirkungen einer Scheidung abzuwenden. Sie musste begründet sein, denn ohne Grund konnte man sich von seinem Ehepartner nicht trennen.[238]

Zu Jesu Zeiten konnten die Judäer die Vorschriften des mosaischen Gesetzes über die Bestrafung des Ehebruches mit dem Tod nicht umsetzen. Da eine große römische Besatzungsarmee Palästina erobert hatte, war es natürlich, dass dort Unzucht getrieben wurde. Rom ließ nicht zu, dass die Judäer die strengen Bestimmungen dieses Gesetzes auf jene Frauen anwendeten, die mit römischen Soldaten Ehebruch begingen. Da dies nun nicht mit dem Tode bestraft wurde, begann man, es als Scheidungsgrund anzusehen.[239]

Jesus bezog zur Scheidung Stellung, als die Pharisäer zu ihm kamen und ihn danach fragten. Sie wollten ihn auf die Probe stellen und fragten, ob es erlaubt sei, dass sich ein Mann aus irgendeinem Grund von seiner Frau scheiden lässt.[240] Jesus antwortete ihnen mit dem Verweis auf die Schöpfungsgeschichte, nach der die Ehe von Anfang an als eine lebenslange monogame Beziehung bestimmt war. Die Pharisäer fuhren fort und brachten vor, dass Mose die Scheidung erlaubte. Dies geschah, so Jesus, als Zugeständnis wegen der Härte der Herzen der Israeliten, von Anfang an aber sei es nicht so gewesen. Dieselbe Härte und Selbstsucht tritt in unserer Zeit auf, und das erhöht die Anzahl der Scheidungen. Nach der Lehre Jesu war Ehebruch ein triftiger Scheidungsgrund, aber auch er verpflichtete nicht zur Scheidung. Die Kraft und Ernsthaftigkeit der Lehre

---

[236] *Iso Raamatun sanakirja* 1 S. 152

[237] Matthäus 19, 8

[238] 5. Mose 22, 13-19 und 28-29; 5. Mose 24, 1-4; 5. Mose 23, 14

[239] *Iso Raamatun sanakirja* 1 S. 153

[240] Matthäus 19, 3-12

des Neuen Testaments wird dadurch verstärkt, dass sie im Widerspruch sowohl zur pharisäischen und der allgemeinen jüdischen Ansicht als auch zu den nicht-jüdischen Auffassungen jener Zeit stand. Das Neue Testament zieht sogar strengere Grenzen im Vergleich zu dem, wozu Gott zur Zeit des alten Bundes bereit gewesen war.

Gott ist nicht hartherzig. Er weiß, wie schwer und schmerzvoll eine Scheidung für alle Beteiligten ist, und er hatte dazu auch im Alten Testament eine klare Haltung, wo er sagt, dass er die Scheidung hasst, und den Mann warnte, seine Frau zu verstoßen.[241] In der Bibel wird keine Scheidung ohne Begründung gewährt. Somit haben wir uns in dieser Hinsicht weit von ihrer Lehre entfernt.

LEAS
SCHWIERIGE EHE

Die Ehe Leas, der Frau Jakobs, des Stammvaters von Israel, war sehr problematisch.[242] Sie war genauso verworren und kompliziert wie der Charakter und das Schicksal des Patriarchen. Das Grundproblem der Ehe bestand darin, dass es zwei Ehefrauen und zwei Nebenfrauen gab. Daran sieht man deutlich, dass mehr als ein Mann oder mehr als eine Frau nicht gut in eine Ehebeziehung passen. Auch Jakob wollte nichts anderes als seine Ehefrau, Rahel, die er so über alle Maßen liebte, dass er bereit war, für seinen künftigen Schwiegervater sieben Jahre lang zu schuften, um sie zur Frau zu bekommen. Wegen Labans Betrug musste er aber feststellen, dass er die ältere Tochter Lea als Zugabe bekommen hatte.

Ob Laban wohl Schwierigkeiten gehabt hatte, Lea zu verheiraten, und Jakob deshalb betrog? Offensichtlich ist sie nicht so reizvoll gewesen wie ihre jüngere Schwester Rahel, die schön von Gestalt und Angesicht war. Die ältere Schwester hingegen hatte Probleme mit den Augen,

---

[241]   Maleachi 2, 14-16
[242]   1. Mose 29-30

wodurch sie möglicherweise weniger attraktiv wirkte.[243] Deshalb könnte sie schon vor der Ehe im Schatten ihrer schöneren Schwester gestanden haben, aber die Heirat vermehrte ihre Probleme noch.

Zur Tragödie der Familie wurde, dass niemand alles bekam, was er wollte. Die Frauenbewegung behauptet, wir könnten alles erhalten, was wir wollen, ohne auf etwas verzichten zu müssen, aber im realen Leben trifft das nicht zu. Nicht einmal die von späteren Generationen geschätzte Familie des Patriarchen bekam alles, was sie sich wünschte. Jakob wollte nur seine geliebte Rahel heiraten, aber zu seiner Überraschung erhielt er noch Lea und zwei Nebenfrauen, die er ernähren musste. Dafür bekam er jedoch lange Zeit keine Kinder mit seiner Lieblingsfrau. Lea erhielt einen Ehemann und Kinder, aber nicht die Liebe ihres Mannes. Rahel besaß die ungeteilte Zuneigung ihres Ehegatten, Kinder bekam sie aber erst nach vielen Jahren. Ihr Leben endete bei der Geburt des zweiten Kindes tragisch, was Jakob in große Trauer stürzte. Das Schicksal der Nebenfrauen blieb es, Kinder für die Familie zu gebären, die Lea und Rahel gehörten.

Im Familienleben gab es also genug Widersprüche. Leas großer Kummer bestand darin, dass Jakob sie nicht liebte, sondern offen vernachlässigte. Gott sah das, hielt es für schlimm und griff ein, indem er Lea schwanger werden ließ, während Rahel kinderlos blieb. Lea brachte vier Söhne zur Welt, Ruben, Simeon, Levi und Juda, und der Name eines jeden spiegelte Leas Beziehung sowohl zu ihrem Ehemann als auch zu Gott wider. »Der Herr hat angesehen mein Elend«, lautete ihr Hilferuf, als der Erstgeborene zur Welt kam. Die Ehe war ohne die Zuneigung des Ehegatten eine arge Enttäuschung. »Der Herr hat gehört«, war der Seufzer der verschmähten Ehefrau bei der Geburt des nächsten Sohnes. Lea setzte ihre Zuversicht darauf, dass Gott nicht taub ist, sondern gehört hatte, dass Jakob sie vernachlässigte. Bei der Geburt des dritten Sohnes konnte sie hoffen, dass »mein Mann mir nun doch zugetan sein

---

[243] 1. Mose 29, 16-18

wird«. Es hatte sich in der Ehe weiterhin nichts geändert, aber die Hoffnung lebte im Herzen der Ehefrau. Immerhin hatte sie Jakob drei Söhne geboren. Nach der vierten Geburt stellte Lea fest: »Nun will ich dem Herrn danken.«[244] Sie hatte einen harten Kampf geführt, um die Zuneigung ihres Mannes zu gewinnen, aber es war ihr nicht gelungen. Gott antwortete auf ihre Gebete, indem er ihr Frieden in dieser Sache gab.

Lea hatte getrauert, geweint, sich nach Nähe und Wärme gesehnt, doch all das war nur Rahel zuteil geworden, und sie ging leer aus. Die Geburt der Söhne konnte Jakobs Herz nicht erweichen und bewirkte nicht, dass er sich Lea zuwandte. Im Gegenteil, er scheint auch seine ehelichen Pflichten gegenüber seiner Ehefrau nicht erfüllt zu haben.[245] Die Lage verschlechterte sich weiter. Lea beklagte sich bei ihrer Schwester, dass diese ihr den Mann genommen hatte. Zwischen den Schwestern herrschte ein erbitterter Streit um den Ehemann. Lea beneidete Rahel darum, dass Jakob seine ganze Liebe für sie verschwendete, und Rahel beneidete Lea darum, dass sie vier Söhne geboren hatte, während sie selbst kinderlos blieb, was schändlich war. Die ältere Schwester musste die ehelichen Dienste ihres Mannes sogar mit Alraunenbeeren erkaufen, die ihr Sohn gesammelt hatte.

Die Ehe wurde von den Konflikten zwischen den Schwestern geprägt. Rahel sagte, sie hätte mit ihrer Schwester einen harten Kampf ausgefochten und gewonnen. Sie hatte Jakob ihre Sklavin als Nebenfrau gegeben, und diese gebar zwei Söhne, die Rahel als ihre eigenen ansehen konnte. In der Familie wurde eine grimmige Fehde um die Liebe des Mannes und das Gebären von Kindern geführt, um zwei Dinge, die für eine Frau am wichtigsten sind. Rahel quälte und bedrückte die Kinderlosigkeit so sehr, dass sie Jakob aufforderte, ihr Kinder zu besorgen. Das führte zu einem Familienzwist, denn der Mann wurde zornig und sprach: »Bin ich doch nicht Gott, der dir deines Leibes Frucht nicht

---

[244] 1. Mose 29, 31-35
[245] ebd. 30, 14-16

geben will.« Erst als Lea sechs Söhne und eine Tochter geboren hatte, gedachte Gott Rahels, erhörte ihre Gebete und ließ sie schwanger werden. Sie gebar Josef. Rahel dankte Gott dafür, dass er die Schmach der Kinderlosigkeit von ihr genommen hatte.[246]

Die Bibel berichtet nicht, ob Jakob jemals lernte, Lea zu lieben, wenigstens nach dem Tod Rahels. In all ihrer Bedrängnis, ihrem Schmerz und Leid wandte sich Lea an Gott und suchte bei ihm Hilfe. Das ist der Weg, der auch heutzutage in schwierigen Ehen funktioniert. Gott ließ Lea und auch Rahel nicht im Stich, obwohl sicherlich beide fanden, dass es zu lange gedauert hatte. Zwar wurden Leas Eheprobleme nach der Geburt von Juda nicht gelöst, aber sie hatte sich doch anscheinend von ihrem Schmerz befreit und Ruhe gefunden. Sie konnte Gott danken und beklagte ihr schweres Schicksal nicht länger. Rahel bekam ihrem Wunsch gemäß zwei Söhne, aber sie mussten von Lea aufgezogen werden, weil Rahels Leben mit Benjamins Geburt endete.

Gott gab Lea die Kraft, ihre Pflichten als Ehefrau und Mutter zu erfüllen, obwohl das Eheleben nicht das war, was sie sich erhofft hatte. In all ihrem persönlichen Leid und ihrer Bedrängnis wurde sie zur Stammutter von Israel, die im höchsten Maße die Zukunft beeinflusste. Sie gebar und erzog Levi, den Vater eines Priestergeschlechts. Der Führer des Volkes Israel, Mose, und sein Bruder Aaron, der Oberpriester, stammten aus dieser Sippe. Von Juda kam zu seiner Zeit unser Erlöser Jesus Christus.

Jakobs Familie lebte in einer Epoche, in der Ehescheidungen unter den Nachbarvölkern häufig vorkamen. Er hätte sich offensichtlich von Lea scheiden lassen können, wenn er es gewollt hätte, aber er tat es nicht, sondern war bereit, mit ihr zu leben. Leas Geschichte zeigt, wie sie bei all dem Kummer und den wiederkehrenden Enttäuschungen wuchs und reifte, als sie sich immer wieder an Gott wandte und in den Schwierigkeiten ihrer Ehe seine Hilfe

---

[246] ebd. 30, 1-24

suchte. Gott war nicht parteiisch, sondern kümmerte sich um beide Schwestern, obwohl sie miteinander stritten. In der von vielen Widersprüchen zerrissenen Familie, in der man Unrecht beging und die Bedürfnisse und Rechte von Familienmitgliedern vernachlässigte, wurden Gottes Eingreifen und seine Hilfe sichtbar. Er hielt sich nicht fern, sondern antwortete ihnen auf seine eigene Weise und zu seiner Zeit.

Gott sieht unseren Schmerz und Kummer, unsere Enttäuschungen, Widersprüche und Verletzungen in der Ehe. Wenn wir in Bedrängnis sind, können wir uns an ihn wenden. Das garantiert jedoch nicht, dass sich der Ehepartner ändert, aber man kann sich selbst im Laufe des Prozesses ändern und die Kraft finden, in der Situation zu leben, in der man sich befindet. Dieses Wachsen und Reifen beeinflusst mit der Zeit auch die andere Seite. Die Ehe ist eine lebenslange Schule, in der wir Aufopferung, Selbstlosigkeit, Demut und den Dienst am Nächsten lernen können. Wenn wir in erster Linie fragen, was wir selbst bekommen können, dann funktioniert das auf der Ebene der Liebe nicht. Zu deren Wesen gehört das Geben und Verzichten. Genau wie das Vergeben und die Bitte um Vergebung.

Wenn zwei Menschen eine Ehe eingehen und zusammenleben, dann ist es nur natürlich, dass es Krisen und Enttäuschungen gibt. Wo zwei Menschen sind, da sind auch zwei Entschlusskräfte, und die können miteinander im Konflikt stehen. Deshalb wäre es gut, zu lernen, miteinander über alles zu reden, damit man sich auch über schwierigere Fragen unterhalten kann und nicht getrennte Wege gehen muss. Zu uns selbst sind wir barmherzig, und es wäre gut, wenn wir dieselbe Einstellung auch unserem Ehegatten gegenüber zeigen und daran denken würden, dass auch er nur ein Mensch ist. Bei Konflikten hilft ein Blick in den Spiegel, um die Dinge zu relativieren. Es gibt genügend Gründe, die eigene Verantwortung für Fehlverhalten und Versäumnisse zu übernehmen und den Ehepartner die seine tragen zu lassen. Ein drittes Rad im Ehebund ist immer eines zu viel. Untreue beginnt im Kopf, und schon auf dieser Ebene sollte man sie von sich weisen.

Es lohnt sich, bis zuletzt um eine Ehe zu kämpfen, denn »das Leben ist nur sehr selten so unmöglich, dass eine Scheidung die einzige Lösung wäre«, sagt Leena Lehtinen, die eine Scheidung durchlebt hat.[247]

---

[247] Hyvönen

8. FRAUSEIN IN ECHTZEIT: AM SCHEIDEWEG

Francis Schaeffer beschreibt die hohe felsige Wasserscheide unweit seines Wohnortes in der Schweiz. Zu beiden Seiten befindet sich ein Tal. Schaeffer war einmal dort, als Schnee die Gebirgskette bedeckte. Die Schneedecke sah sauber und geschlossen aus, wie eine Einheit. Diese Einheit war jedoch eine reine Illusion, denn die Wasserscheide liegt in der Mitte eines Gewässers. Bei der Schneeschmelze floss ein Teil des Wassers in das eine Tal und der andere in das zweite Tal. Auf der einen Seite ergießt sich das Schmelzwasser in einen kleinen Fluss, der später in den Rhein fließt. Der strömt weiter durch Deutschland und mündet schließlich in die kalte Nordsee. Der geschmolzene Schnee auf der anderen Seite der Wasserscheide fließt hinab ins Rhônetal und von dort in den Genfer See. Dann geht die Reise weiter in der Rhône durch Frankreich bis ins warme Mittelmeer. Die Schneemassen, die ihren Ursprung in der einheitlichen Decke auf der Wasserscheide haben, enden fast 2.000 Kilometer voneinander entfernt im Meer. Entscheidend ist, auf welcher Seite der Wasserscheide sie sich befinden. Der Ausgangspunkt ist derselbe, aber die Wasserscheide verteilt den Schnee in verschiedene Richtungen.[248]

Was hat dieser Vergleich mit dem Frausein zu tun? Es nimmt auch zwei verschiedene Richtungen, die vom traditionellen und vom feministischen Frausein dargestellt werden. Die Wasserscheide ist die Grundlage, auf der sie stehen. Der von einer humanistischen Basis ausgehende Feminismus schlägt eine andere Richtung ein als das traditionelle Frausein, das auf dem Fundament der Bibel beruht. Oberflächlich betrachtet könnte man denken, dass sie beide dasselbe vertreten, nämlich die Interessen und Rechte der Frau, aber ihre Ergebnisse sehen letztlich völlig

---

[248] Schaeffer (1998), S. 51-52

unterschiedlich aus. Das traditionelle Frausein betont das Recht der Frau, feminin zu sein und sich in einer Weise zu verwirklichen, die sowohl ihre eigenen Bedürfnisse als auch die der ihr nahestehenden Menschen befriedigt. Der Feminismus seinerseits fordert die Frau dazu heraus, Verantwortung wie ein Mann zu tragen, und das geschieht dann, wenn wir androgyn werden.

MACHT UND VERANTWORTUNG DER FRAU

Die Feministinnen wollen die Macht und die Verantwortung der Frau in der Gesellschaft erweitern. Sie haben danach in der Welt der Männer gesucht und sich so von dem Bereich abgewendet, in dem die Frau die größte Macht und Verantwortung hat: bei der Geburt und in der Erziehung der Kinder. Als Gott die Frau schuf, schuf er zugleich die Mutterschaft. Was kann eine wichtigere schöpferische Arbeit sein, als neues Leben zu gebären und ein Kind zu erziehen? Eine Mutter erfüllt dann die Aufgabe, die ihr Gott anvertraut hat. Ein Kind ist ein nach Gottes Ebenbild geschaffenes Ewigkeitswesen, in dem das ganze Potenzial für seine Entwicklung vorhanden ist. Mütter erziehen sowohl die Söhne als auch die Töchter und beeinflussen ihre Persönlichkeit, ihr Selbstbewusstsein, ihre Werte, ihre Weltanschauung, ihre Fähigkeit, menschliche Beziehungen zu knüpfen und sich intellektuell, sprachlich, emotional, physisch und geistlich zu entwickeln. Zu Hause lernt man alle grundlegenden Dinge, die im Leben gebraucht werden.

In den Händen der Frau liegt die Zukunft, wenn sie die nächste Generation betreut und erzieht. Aus diesem Grund sind die Geschlechter gleichwertig. Die Macht von Mann und Frau ist unterschiedlich, denn der Einfluss der Frau wirkt über das Zuhause auf die ganze Gesellschaft, während die Macht des Mannes öffentlich ist. Wenn wir

Mütter in unserer Erziehungsaufgabe versagen oder sie vernachlässigen, hat das über viele Generationen hinweg Folgen. Dies gilt auch, wenn uns die Aufgabe gelingt. Deshalb ist es merkwürdig, dass ein Teil der derzeitigen Frauengeneration, der Macht und Verantwortung übernehmen will, aufgeschreckt reagiert, wenn man sie an die Aufgabe bei der Erziehung ihrer eigenen Kinder erinnert.

AKTIVE FRAUEN IM LEBEN MOSES

Mose ist die einflussreichste und wichtigste Person im Alten Testament. Nach Jesus wird er in der ganzen Christenheit am meisten verehrt. Er wäre jedoch kein großer Führer und keine bedeutende Person geworden, wenn nicht mehrere Frauen sein Leben beeinflusst hätten.

Als Mose geboren wurde, befanden sich die Israeliten in Ägypten unter der Herrschaft eines Pharao, der Josef und dessen gute Taten zum Wohl des Landes vergessen hatte.[249] Das Volk Israel war gewachsen und so zahlreich geworden, dass die Ägypter allmählich fürchteten, es könnte ihre Sicherheit bedrohen, wenn ein Krieg ausbräche und die Israeliten sich auf die Seite des Feindes schlagen würden. Aus diesem Grund bedrückte man sie mit Zwangsarbeit, damit sie sich nicht allzu sehr vermehrten. Das Gegenteil trat jedoch ein: Je mehr man sie bedrückte, umso mehr Kinder brachten sie zur Welt und umso weiter breiteten sie sich im Land aus. Die Ägypter begannen sie zu hassen, weil sie Angst vor ihnen hatten. Schließlich zwangen sie die Israeliten, als ihre Sklaven zu schuften, und machten ihnen das Leben mit harter Arbeit sauer.

Als auch die Fronarbeit nicht das gewünschte Ergebnis brachte, beschloss der Pharao, sich an die Frauen zu wenden. Er ließ zwei Hebammen der Israeliten, Schifra und Pua, zu sich rufen, die wahrscheinlich führende Hebammen waren, unter deren Leitung andere Frauen arbeiteten.

---

[249] 2. Mose 1

Er verlangte von ihnen, dass sie sofort nach der Geburt das Geschlecht des Neugeborenen prüften und alle Jungen töteten. Das war ein grausamer Befehl, genauso grausam wie die auf dem heutigen Gesetz beruhende Verpflichtung des Arztes, Abtreibungen vorzunehmen. Schifra und Pua waren nicht zur Zusammenarbeit bereit, denn sie besaßen mehr Mut und Charakterfestigkeit, als der Pharao angenommen hatte. Der Grund dafür lag darin, dass sie Gott mehr fürchteten als den König. Ihnen waren die Heiligkeit und der Wert des Lebens klar. Sie willigten weder ein, Neugeborene zu töten, noch fürchteten sie die Folgen dieser Weigerung.

Der Pharao wunderte sich, warum trotz seines Verbots Jungen zur Welt kamen, und rief die Hebammen erneut zu sich. Diese waren klug und antworteten, hebräische Frauen seien stärker als ägyptische und hätten schon entbunden, ehe die Hebamme gekommen sei. Der Pharao war machtlos gegenüber den starken Frauen, die auf der Seite des Lebens standen: die Müttern, die es wagten zu gebären, und die Hebammen, die der Vorschrift des Pharaos trotzten. Weil die Hebammen Gott gehorchten, führte er ihr Handeln zum Erfolg. Die israelitischen Familien wuchsen, weil Frauen ihre Macht einsetzten. Das Handeln der Hebammen stärkte das moralische Rückgrat des Volkes. Da Schifra und Pua nicht zur Zusammenarbeit mit dem Pharao bereit waren, erteilte der seinem ganzen Volk den Befehl, alle neugeborenen Jungen in den Nil zu werfen.

Mose wurde genau zu jener Zeit geboren, und seine Mutter versteckte den Säugling drei Monate lang, als sie sah, wie schön das Kind war.[250] In den Augen welcher Mutter ist ihr neugeborenes Baby nicht das wunderbarste und süßeste der Welt? Man kann nur mutmaßen, in welcher emotionalen Verwirrung und Bedrängnis die Mutter während ihrer Schwangerschaft und nach der Geburt leben musste. Das Schicksal der Mutter eines vom Tod bedrohten Kindes ist nicht leicht. Sie nutzte ihren ganzen Einfallsreichtum, um den Säugling zu schützen, und als die Mittel nicht mehr

---

[250] ebd. 2

ausreichten, nahm sie einen Schilfkorb, dichtete ihn mit Pech und Teer ab, legte den Jungen hinein und setzte den Korb am Ufer des Nils in das Schilf. Die Gebete und Segenswünsche der Mutter begleiteten den kleinen Schilfkorb und den Säugling darin.

Als nächste kam die ältere Schwester von Mose, Mirjam, zu Hilfe, die ans Ufer geschickt wurde, um aufzupassen, was mit dem kleinen Bruder geschah. Sie war ein kluges Mädchen, das von der Mutter in die Aufgabe eingewiesen worden war. Die Tochter des Pharao trat ans Ufer, um sich zu waschen, und sah den Schilfkorb, den ihre Hofdamen für sie aus dem Schilf holten. Als sie den Korb öffnete, war darin das weinende Kind. Das Herz der Pharaonentochter wurde gerührt, der kleine Säugling tat ihr leid. Sie erriet sofort, dass er zu den hebräischen Kindern gehörte, die in den Fluss geworfen werden sollten. Mirjam näherte sich der Tochter des Pharao und fragte, ob sie eine hebräische Frau herbeiholen solle, die den Jungen für sie stillen könnte. Sie handelte mutig in der Annahme, dass die Tochter des Pharao als Frau gerührt wäre, das Kind verschonte und bereit wäre, den Jungen in ihre Obhut zu nehmen und der Vorschrift des Königs zu trotzen. So geschah es auch, denn die Tochter des Pharao hatte kein hartes Herz, sondern handelte nach dem natürlichen Instinkt einer Frau und schützte den kleinen hilflosen Säugling.

Gott wachte über das Leben des Kindes und ließ die Pharaonentochter Mirjams Vorschlag annehmen. Das Mädchen nahm daraufhin die Beine in die Hand und rannte nach Hause, um der Mutter zu berichten, was geschehen war und dass sie Mose stillen und, so lange wie nötig, versorgen könne. Die Mutter erhielt sogar einen Lohn für diese Arbeit. Als der Sohn groß genug war, brachte man ihn zur Tochter des Pharao, die ihn als ihren Sohn adoptierte. Mose erhielt als Sohn der Tochter des Pharao am Hof die beste Erziehung und Bildung, die es zu jener Zeit gab.

Der Einfluss von Frauen auf das Leben von Mose endete nicht in dieser frühen Zeit, in der es um sein Überleben ging. Mit vierzig Jahren floh er in die Einöde, nachdem er einen ägyptische Mann getötet hatte, und heiratete dort die Tochter eines midianischen Priesters.[251] Er geriet in Lebensgefahr, als er aus der Einöde nach Ägypten zurückkehrte, nachdem Gott ihn zum Führer des Volkes Israel berufen hatte. Mose hatte seinen Sohn nicht beschnitten. Die Beschneidung war aber ein Zeichen für den Bund Gottes mit Abraham.[252] In der Herberge kam der Herr Mose entgegen und wollte ihn töten, aber dessen Ehefrau Zippora beschnitt ihren Sohn schnell, und so wurde ihr Mann gerettet.[253] Erst jetzt war Mose bereit, die von Gott erhaltene Aufgabe auszuführen.

Mose musste die Verantwortung als Führer während der Wüstenwanderung nicht ganz allein tragen, denn ihm standen sein älterer Bruder Aaron, der Oberpriester, und seine Schwester Mirjam zur Seite. Aus ihr war eine Prophetin geworden, sie leitete den Lobpreis und führte die Frauen an, wodurch sie eine äußerst einflussreiche Stellung hatte.[254] Während der ganzen Wüstenwanderung ging sie an Moses Seite und teilte mit ihm all die Ängste und Schwierigkeiten, die ihnen widerfuhren. Sie war für Mose eine unersetzliche Hilfe und Stütze.

Das Schicksal des Volkes Israel ist nicht nur die Geschichte von Männern, sondern auch von Frauen. Mose war in seinem ganzen Leben von Frauen umgeben und wurde von ihnen versorgt und erzogen. Gott nutzte vor allem Frauen, um sowohl Mose als auch das ganze Volk zu retten und zu beschützen. Ohne ihren Beitrag wäre Israel moralisch geschwächt worden und auch als Volksgruppe geschrumpft. Das furchtlose Handeln dieser Frauen zeitigte Ergebnisse. Sie standen in vielen Situationen an der Wasserscheide, am Scheideweg, und entschieden, in welche Richtung die Entwicklung verlief. Der Einfluss der Frauen auf das Leben von Mose beschränkte sich nicht auf die Familie. Er hatte eine Führerin an seiner Seite, durch die Gott sprach,

---

[251] 2. Mose 2, 11-22
[252] 1. Mose 17, 9-14
[253] 2. Mose 4, 24-26, Fußnoten in: Study Bible
[254] 2. Mose 15, 20-21

und das Volk folgte ihr und achtete sie. Auch heute sind die meisten Frauen mutig, entschlossen und in der Lage, privat wie gesellschaftlich das zu erreichen, was sie wollen.

DER EINFLUSS
DES FEMINISMUS IN
UNSERER ZEIT

Feminismus bedeutet nicht dasselbe wie feminin. Ziel und Ideal der Frauenbewegung ist eine androgyne Gesellschaft, in der die Rollen von Mann und Frau möglichst gleich sind. Somit betreffen die Bestrebungen des Feminismus eine grundlegende Frage unserer Existenz: die Verschiedenartigkeit und den Reichtum der Geschlechter. Mit Ausnahme des Gebärens und Stillens sind die Rollen von Mann und Frau nach Ansicht des Feminismus gegeneinander austauschbar.

Das Ergebnis ist, dass Frauen in männliche Bereiche drängen, so dass sich die Geschlechterstruktur im Arbeitsleben verändert. In traditionell männlichen Berufen wie dem des Arztes oder Tierarztes überwiegt nun der Anteil der Frauen. Heutzutage werden vor allem die Technik, die Naturwissenschaften, der kommerzielle Bereich und die Armee von den Männern beherrscht. Frauen haben die humanistischen, gesellschaftswissenschaftlichen, medizinischen und theologischen Fakultäten erobert. Dort stellen sie die Mehrheit der Studenten. Doch nicht alle können oder wollen aus familiären oder anderen Gründen in männlichen Bereichen so wie ein Mann arbeiten. Männer haben in wesentlich geringerem Maße Zugang zu den traditionellen Bereichen der Frauen gesucht, und wenn, dann arbeiten sie auch dort auf eine maskuline Weise, die Kraft oder Macht erfordert. Unter den Lehrern der finnischen Gesamtschule beispielsweise hat ihre Zahl abgenommen, nachdem die Quoten, die Männer begünstigten, abgeschafft wurden.

Die Erziehung der Kinder und der Unterricht werden in der Gesellschaft souverän von den Frauen beherrscht, von der Kindertagesstätte bis zum Gymnasium.

Die Wegbereiterinnen des Feminismus beneideten und bewunderten die Männer, achteten sie aber nicht. Sie versuchten sie nachzuahmen, denn weibliche Werte und deren Verwirklichung waren ihnen fremd oder zuwider, genau wie der Gedanke, dass die Geschlechter einander auf zweckmäßige Weise ergänzen. Dem mag offener Frauenhass zugrunde liegen. Die Frauenbewegung wollte beide Geschlechter ändern. Sie bemühte sich, dem Mann die Macht, die Kraft und die Verantwortung zu nehmen und somit den Wert des maskulinen Mannes herabzusetzen. Sie wollte Männer zu femininen Softies machen, die sich um dieselben Dinge kümmern, wie es Frauen traditionell tun. Dementsprechend sank der Wert der femininen Frau, da die Entwicklung maskuliner Eigenschaften zum Ideal wurde. Die Frau sollte sich auf dem Arbeitsmarkt, auf dem auch die Männer agieren, durchsetzen können. Deswegen hat sich bei den Frauen eine Härte entwickelt, die auch den Männern auffällt. Die Folge davon ist eine Verwirrung und Verfälschung der Geschlechterrollen, da das innere Wesen im Widerspruch zu den äußeren Anforderungen steht. Und auch dadurch, dass sich die Männer mehr an der Arbeit im Haushalt beteiligen, ist der Wert des Frauseins nicht gestiegen.

Die Gleichberechtigung ist zu einem neuen Absolutum und einem politischen Ziel geworden, das nicht in Frage gestellt werden darf. Mit ihr kann man seine eigenen Ziele sowohl in der Gesellschaft als auch in der Kirche verfolgen. Das Problem besteht darin, dass Gleichberechtigung nur denen zugestanden wird, die – politisch korrekt – nicht davon abweichen, was als richtig festgelegt wurde. Frauen sollen nach Art der Männer gesellschaftliche Macht und Führungspositionen anstreben und außerhäuslich am Arbeitsleben teilnehmen. Wenn sie das nicht tun, gelten die Forderungen nach Gleichberechtigung für sie nicht.

Bei den Bestrebungen der Frauenbewegung, die politische und wirtschaftliche Macht in der Gesellschaft mit dem Mann zu teilen, stand ihr die Rolle der Frau als Mutter und Hausfrau im Weg, die nicht in dieses Weltbild passte. Alle Frauen sollten ins Arbeitsleben und in gesellschaftliche Aktivitäten eingespannt werden. Die traditionelle Familie, in der die Mutter für die Betreuung und Erziehung der Kinder und der Vater für den Lebensunterhalt verantwortlich ist, musste weichen. Gegen die traditionelle Familie und gegen die Mutter und Hausfrau als Zentrum der Familie richtete der Feminismus seine heftigen Angriffe. Genau jene Mütter, die viele Kinder zur Welt bringen und die Familie zusammenhalten wollen, indem sie ihr dienen, wurden geringschätzig behandelt. Mütter kann man heute in zwei Klassen unterteilen: Die berufstätige Mutter wird in Finnland in jeder erdenklichen Weise unterstützt; die Mutter aber, die Hausfrau ist, bekommt nur ein paar Krümel ab. Sofern sie auf Arbeitslosenunterstützung angewiesen ist, muss sie sich mit weniger zufrieden geben als eine Arbeitslose, was viel über die Werteskala der Gesellschaft aussagt. In Festreden wird die Familie und Familienorientierung betont, aber die sozialen Maßnahmen stimmen nicht mit den großen Worten überein. Wenn sich der Staat mehr an der Familie als am Individuum orientieren würde, dann ließe er den zu Hause bleibenden Müttern Anerkennung zuteil werden, indem er den Wert der Hausarbeit und der Kindererziehung berücksichtigt, sowohl wenn die Mütter zu Hause sind als auch wenn sie ins Arbeitsleben zurückkehren.

In Finnland wundert und beklagt man sich, warum die Frauen nicht mehr Kinder zur Welt bringen und warum die Arbeit der Frauen zu Hause und auch im Arbeitsleben nicht geachtet wird. Das ist grotesk, weil man jahrzehntelang daran gearbeitet hat, die Frauen davon zu überzeugen, dass nur ein Leben wie das eines Mannes etwas wert ist. Frauen, die Mutter und Hausfrau sind, vertreten genau das, was zum Wesen des Frauseins gehört, und deshalb leiden unter ihrer Geringschätzung letztlich alle Frauen. Es fällt einer Frau schwer, etwas zu tun, das nicht geachtet und unterstützt wird. Eine Frau, die Mutter und Hausfrau sein will, muss in der heutigen Gesellschaft ein starkes Selbstbewusstsein sowie den Wunsch und die Fähigkeit haben, andere Wege zu gehen als die übergroße Mehrheit.

Die Werte und Einstellungen in unserer Zeit sind kälter geworden. Da wir vornehmlich unsere Selbstverwirklichung und unsere eigenen Interessen verfolgen, sind wir narzisstisch geworden. Schon die kleinen Kinder lernen, dass es wichtiger ist, dass die Mutter zur Arbeit geht, als dass sie sich um ihre Kinder kümmert. Es sagt viel über den feministischen Geist unserer Zeit, dass man mit der Aufforderung an die Mütter, ihre Kinder selbst zu betreuen, in der Öffentlichkeit auf Widerstand trifft, so als wäre das eine Bestrafung. Man behauptet, die Frauen nicht wieder zurück an den Herd treiben zu wollen, nachdem man sie gerade erst für das Arbeitsleben befreien konnte. Vermutlich ist es so, dass man den Frauen einfach nicht zugestehen will, zu Hause zu bleiben. Wenn man von den wachsenden Problemen der Kinder jener Eltern, die ihre Aufgaben nicht wahrnehmen, oder von den schwierigen Folgen einer Scheidung spricht, wird einem schnell vorgeworfen, lediglich nach einem Schuldigen zu suchen. Die Menschen in unserer Zeit sind gegenüber Schuld und Schande wahrscheinlich deshalb empfindlich geworden, weil man sich der Schuld und der Schande nicht ehrlich stellt. Man will sie aus dem Leben ausschließen, so wie es im neuen Scheidungsgesetz getan wurde. Schuld und Verantwortung gehören jedoch zusammen und beweisen die Fähigkeit des Menschen, Angelegenheiten verantwortungsvoll zu erledigen. Der Wahrheit ins Auge zu schauen tut weh, aber es befreit auch.

Eine derart massive Übertragung der Erziehungsverantwortung an die Gesellschaft sucht in der Geschichte ihresgleichen. In erster Linie ist das in totalitären Staaten wie im antiken Sparta, während der französischen Revolution, in den kommunistischen Ländern oder während des Nationalsozialismus in Deutschland geschehen. Totalitäre

Bewegungen streben immer danach, Familien zu schwächen, damit Männer, Frauen und Kinder zu gehorsamen Untertanen des Staates werden. Eine patriarchalische autonome Familie ist für das totalitäre System gefährlich, weil sie ihre Mitglieder vor der diktatorischen Administration schützt. Auf den Zusammenbruch der Autorität der Familie folgt eine Gesellschaft, in der wenige die vielen beherrschen. Der autoritäre Feminismus hat das erkannt, denn er hat die patriarchalische Autorität zum schlimmsten Feind der Frau erklärt.[255] Der Zusammenbruch dieser Autorität in den Familien bedeutete den Verzicht des Mannes auf seine Macht. Nach dem Mann hat auch die Frau ihre traditionelle Stellung zu Hause aufgegeben und einen Teil ihrer Pflichten der Gesellschaft überlassen. Diese liegen weiter in der Hand von Frauen, stehen aber nicht mehr unter der Kontrolle der Familien. Somit sind das Selbstbestimmungsrecht und die Entscheidungsfreiheit der Familien in vielen Fragen geringer geworden. Die Gesellschaft betreut, erzieht, bildet aus und unterstützt von der Wiege bis zur Bahre.

Das Zuhause der Familien ist leer geworden, und im Kampf um gemeinsame Zeit für die Familie gibt es viel Konkurrenz wie Arbeit, Produkte der Unterhaltungsindustrie, Hobbys und anderes. Man spricht davon, »Qualitätszeit« mit den Kindern und der Familie zu verbringen. Das ist so, als würde die Mutter ein tolles Gourmet-Essen für die Kinder und den Mann zubereiten, und auf dem Teller läge dann ein kleines Stückchen irgendeiner Delikatesse. Trotz des mit Können und Liebe zubereiteten Essens bliebe die Familie hungrig und wäre wütend. Eine ordentliche Portion Hausmannskost hingegen würde den Magen füllen. Inmitten all der Hektik und der Fülle von Aufgaben, die zu erledigen sind, ist es schwierig, menschliche Beziehungen zum Ehepartner und zu den Kindern aufzubauen.

Die Schwächung der Maskulinität hat den Ehemann und Vater wirkungsvoll aus der wirtschaftlichen Verantwortung verdrängt und zu einer Zunahme der Allein-

---

[255] Graglia, S. 278

erziehenden geführt. Dass die Gesellschaft gewisse
Dienstleistungen garantiert, ermuntert dazu, als Alleinerziehende zu leben. Das System erinnert nach Ansicht von
Margaret Mead an Maßnahmen in Deutschland während
des Dritten Reichs, wo Frauen, die außereheliche Kinder
bekamen, mit besonders sonnigen Heimen für alleinerziehende Mütter und ihre Kinder belohnt wurden. So wollte
der Staat die Bindung des Mannes an die Frau und seine
Nachkommen gänzlich abbrechen. Margaret Mead kommt
zu dem Schluss, dass die Familie am effektivsten in den
großen Kulturstaaten zerstört worden ist und nicht in
primitiven Gemeinschaften, die unter einfachen Verhältnissen gerade an der Grenze der Existenzmöglichkeit leben.[256]

Mit dem Wertverlust der Familie hängt der Verfall der
Sexualethik zusammen, denn sie kann nicht auf hohem
Niveau bleiben, wenn die Bindung zwischen Mann und
Frau schwach ist. Die Frauenbewegung behauptet, dass es
in der Sexualität von Mann und Frau keinen Unterschied
gebe, und hat im Namen der Gleichberechtigung jene Freiheit gefordert, deren Früchte nun in unserer Gesellschaft
sichtbar sind. In Finnland hat die Kirche in überraschend
geringem Maße ihre Besorgnis über den moralischen Zusammenbruch, der sich während der letzten 35 Jahre ereignet hat, und das daraus resultierende Unbehagen öffentlich
zum Ausdruck gebracht. Zumindest hat man keine Lehre
gesehen oder gehört, in der das Leben in offenen Beziehungen gerügt und zum Heiraten sowie zur Verantwortung für
die Familie aufgerufen worden wäre. Es reicht nicht, dass
die Kirche sagt, sie sei für die Ehe. Im Leben der Menschen
bestehen auf Grund des Zusammenbruchs der Moral tief-
greifende Probleme, die auf die nächste Generation übergehen. Die Verantwortungslosigkeit hat zugenommen, da
im Leben der Erwachsenen wie auch der Kinder die Menschen kommen und gehen. Das führt zu Brüchigkeit von
Bindungen, zu Unsicherheit, Aggressivität und Apathie.
Die Unsicherheit der Kinder nimmt zu, weil es in ihrem

---

[256] Mead, S. 185

Leben zu viele Akteure gibt – Ehegatten, Expartner oder Lebensgefährten von Mutter oder Vater, die Betreuerinnen in den Kindertagesstätten und andere – oder weil sie in ihrem Alltag fehlen.

Wenn man am Scheideweg vom Fundament des Humanismus ausgeht und ein dem feministischen Ideal entsprechendes Frausein verwirklicht, endet das in der Androgynie, bei der die Frau auf maskuline Art handelt. Auf der Strecke bleiben dabei sowohl der Mann als auch die Kinder, und die Frau selbst steckt in einer ihr fremden Form. Sie hat alles erreicht, wonach sie trachtete. Als Beigabe hat sie aber auch das bekommen, was sie nicht gesucht hat: die Schwierigkeit, Familie und Arbeit in Einklang zu bringen, die wachsenden Probleme der Kinder, den Zerfallsprozess der Familie und eine androgyne Gesellschaft, die sowohl bei Männern als auch bei Frauen für Verwirrung sorgt. Die Gegner des Feminismus haben schon seit Jahrzehnten vor diesen Folgen gewarnt.

DER CHRISTLICHE GLAUBE FORDERT DEN FEMINISMUS HERAUS

Die feministische Theorie beruht auf zwei Annahmen. Erstens: Die Gleichberechtigung zwischen Mann und Frau bedeutet Gleichheit, und sie verlangt, dass beide die gleichen Dinge tun. Und zweitens: Die meisten Unterschiede zwischen den Geschlechtern werden durch kulturelle Faktoren verursacht. Daraus folgt das Ziel des Feminismus, die Errichtung einer androgynen Gesellschaft, in der die Rollen von Mann und Frau möglichst einheitlich sind. Die grundlegenden Annahmen entscheiden, wie gut eine Theorie funktioniert.

Die Ansicht der Bibel zu diesen Fragen ist ganz anders. Nach ihr sind das Frausein und das Mannsein auf einer Ebene festgelegt, die viel tiefer liegt als kulturelle Strukturen. Es handelt sich um einen ewigen Gedanken Gottes, der Bestand hat, weil wir sein Schöpfungswerk nicht ändern können. Wir haben von unserer Geburt an X- und Y-Chromosomen, die unser biologisches Geschlecht und eine damit übereinstimmende psychische Geschlechtsidentität bestimmen. Außerdem besitzen wir männliche und weibliche Hormone, die eine entscheidende Wirkung auf unser Leben haben. Wenn das Fundament einer Ideologie auf falschen Annahmen beruht, dann gerät die darauf errichtete Theorie ins Wanken. Die grundlegenden Annahmen des Feminismus von der Gleichheit von Mann und Frau treffen nicht zu. Im Grunde handelt es sich dabei um einen Aufstand gegen die Schöpfungsordnung Gottes, zu der die Verschiedenartigkeit der Geschlechter und die daraus abgeleiteten unterschiedlichen Aufgaben ebenso gehören wie die Fähigkeit, sich gegenseitig auf zweckmäßige Weise zu ergänzen.

Die Bibel hebt den Wert der Frau als Frau hervor, als diejenige, die das Leben gebärt, aufrechterhält, stützt und gleichwertiger Partner des Mannes ist. Die Gleichberechtigung beruht nicht auf Taten oder auf Verhältnissen, sondern auf der Schöpfung. Deshalb braucht die Frau nicht dieselben Dinge zu tun, um mit dem Mann gleichwertig zu sein. Im Hinblick auf menschliche Beziehungen und Arbeit betont die Bibel Liebe, Fürsorge, Gerechtigkeit, Treue, Geduld, Ehrlichkeit usw. Wichtiger als das, was man tut, ist, wie man es tut.

Vor Gott sind wir alle gleich sündig und brauchen die Erlösung, egal ob wir Männer oder Frauen sind, arm oder reich, Direktor oder Mitarbeiter. Wir alle haben unseren Ursprung in Gottes Gedanken. In der Gemeinde Christi sind wir alle Glieder eines Leibes, und Gott hat uns verschiedene Talente gegeben, mit deren Hilfe wir einander dienen und einander Liebe erweisen können. Paulus hebt in diesem Zusammenhang den Reichtum und die Fülle der Verschiedenartigkeit hervor. Er sagt sogar: »Gott hat den Leib zusammengefügt und dem geringeren Glied höhere Ehre gegeben, *damit im Leib keine Spaltung* sei, sondern die Glieder in gleicher Weise füreinander sorgen« (Hervorhebung von der Autorin).[257] Diese Weisung gilt für uns in der christlichen Gemeinde, in der Familie und in der ganzen Gesellschaft. Als Folge der feministischen Ideologie herrscht bei uns ein Unbehagen, und man streitet sich unnütz, weil Mann und Frau versuchen, sich in eine Form zu pressen, für die sie nicht bestimmt sind und die nicht funktioniert. Doch in der Bibel werden wir nicht dazu angehalten, unsere eigenen Interessen aggressiv zu verfolgen, sondern zu Liebe und Fürsorge, die einschließt, dass wir uns für andere aufopfern, ihnen dienen, helfen und verzeihen.

CHRISTLICHE WERTE
GEGEN DIE KÜMMERLICHEN
HUMANISTISCHEN WERTE

Überall und immer leben die Menschen in einer Gesellschaft, in der es die verschiedensten Probleme gibt. Eine Epoche oder eine Staatsform, die in jeder Hinsicht ideal gewesen wäre, hat es nicht gegeben. Dennoch findet man Unterschiede vor allem darin, auf welcher Grundlage die Gesellschaft errichtet wurde. Wo Gesetzgebung, Wissenschaft und Kultur auf einem christlichen Wertefundament beruhten, waren die gesellschaftlichen Verhältnisse in der Regel stabil, Familien blieben zusammen, und es gab weniger Kriminalität und weniger andere gravierende Probleme.

In unserer Zeit haben die Entwicklung der Technik sowie das Wissen und Können ungeheure Fortschritte gemacht. Gleiches gilt für den materiellen Wohlstand, der in einem starken Anstieg des Lebensstandards sichtbar wird. Bei uns müsste alles in Ordnung sein, und das ist es auch weitgehend. Uns scheint es jedoch genauso ergangen zu sein wie vielen anderen Völkern im Strom der Geschichte. Mit der zunehmenden Prosperität haben wir Gott und die christli-

---

[257] 1. Korinther 12, 24-25

che Grundlage, auf der unsere Gesellschaft errichtet wurde, vergessen. Die Geschichte des Volkes Israel zeigt, dass es in den Zeiten seiner Blüte anfing, nur auf sich selbst zu vertrauen. Es wandte sich den Götzen der Nachbarvölker zu und vergaß Gott und seine Ordnungen. Dies führte zum Verfall der Kultur und des Volkes, bis es in der Zeit der nationalen Katastrophen wieder nach Gott suchte.

Mit der Schwächung des christlichen Konsens' hat die Mehrzahl der Männer und Frauen zwei kümmerliche Werte übernommen: persönlichen Frieden und Wohlstand. Persönlicher Frieden bedeutet, dass die Unantastbarkeit des eigenen Lebensmodells am wichtigsten ist, unabhängig davon, wie es die Zukunft unserer Nächsten beeinflusst. Wohlstand bedeutet einen ständig zunehmenden Besitz, ein Leben, das aus Waren besteht, und einen Erfolg, der mit wirtschaftlichen Kriterien gemessen wird. Der Humanismus, bei dem der Mensch der Ausgangspunkt ist, hat die auf der Grundlage des christlichen Glaubens errichtete Werteordnung zerstört, ist jedoch nicht fähig gewesen, an deren Stelle neue Werte zu entwickeln. Das entstandene Vakuum haben die kümmerlichen Werte vom persönlichen Frieden und vom Wohlstand ausgefüllt.[258] Der eigene Vorteil, die eigene Bequemlichkeit, der eigene Wohlstand sind die Werte der Menschen, insbesondere der Feministinnen unserer Tage.

Charakteristisch für unsere Zeit ist der starke Wunsch nach Freiheit, der sich in der Beseitigung von Einschränkungen auf dem Gebiet von Moral und Ethik äußert. Es ist eine Freiheit ohne Grenzen, weil sie von der Wahrheit des christlichen Glaubens getrennt wurde. Deshalb wird sie zu einer zerstörerischen Kraft, die ins Chaos führt. »Wenn die Freiheit die Ordnung zerstört, wird das Verlangen nach Ordnung die Freiheit zerstören«. Die Gesellschaft ist dann bereit für ein totalitäres System, das sie allmählich in eine strenge Form zwingt, damit sie nicht vollkommen im Chaos versinkt. Die meisten Menschen werden das akzeptieren, weil sie entweder ihren persönlichen Frieden

---

[258] Schaeffer (1977), S. 204, 209

und Wohlstand behalten wollen oder weil sie apathisch sind und eine Ordnung möchten, die garantiert, dass die Wirtschaft, das politische System und das alltägliche Leben weitergehen können. So geschah es im antiken Rom unter Kaiser Augustus.[259]

Als autoritäre politische Bewegung hat der Feminismus stark zu dieser Entwicklung beigetragen. Es ist sein Verdienst, dass bei uns Gesetze, die das Leben der Frau beeinflussen, auf der Grundlage der öffentlichen Meinung und Erfahrung und nicht als Antwort auf die Frage nach richtig und falsch, wie wir es in der Bibel finden, erlassen wurden. Wenn man die objektive Wahrheit beiseite geschoben hat, ist alles relativ, ist alles Erfahrung und Gefühl. Die Menschen tun das, was zu funktionieren scheint, unabhängig von den Grundsätzen, die Gott uns in seinem Wort gegeben hat und die besagen, was richtig und was falsch ist. Seine Botschaft ist die Wahrheit, und sie verlangt von uns, dass wir uns ihr verpflichten.[260]

In der Bibel werden uns die Grundsätze des Lebens gegeben, bei deren Einhaltung wir sowohl in den Familien als auch in der Gesellschaft in Frieden miteinander leben können. Wenn wir diese Prinzipien verwerfen, bleibt nur das Streben nach dem eigenen Vorteil um jeden Preis übrig. Der christliche Glaube bietet die wahre Freiheit und die Grundlage für Moral, Ehe, Sexualität, Ethik, Gleichberechtigung und die Menschenwürde.

Das Streben nach Autonomie gegenüber Gott hat auch zur Unabhängigkeit von den uns nahe stehenden Menschen geführt. Die Gesellschaft funktioniert jedoch so nicht, denn Gott hat uns dazu bestimmt, dass wir einander brauchen. Die Familie beruht auf der Grundlage der gegenseitigen Wechselwirkung und Abhängigkeit. Die Frau braucht ihren Mann und der Mann seine Frau und die Kinder bei-

---

[259] ebd., S. 247
[260] ebd., S. 252

de. Wenn wir in der Familie nicht voneinander abhängig sind, nehmen die Gesellschaft und ihre Dienstleistungen diesen Platz ein.

Die schwachen humanistischen Ideale versagen im Augenblick der Heimsuchung. Schaeffer beschreibt eine kleine römische Brücke, die den Schritt von Menschen aushält, unter dem Gewicht eines Lastkraftwagens jedoch zusammenbrechen würde. Ebenso ergeht es uns Menschen, wenn weltweit in Krisenzeiten die wirtschaftlichen Probleme zunehmen, Terrorismus und Kriege drohen, Nahrungsmittel und Energieressourcen knapp werden und die Gefahr besteht, dass unser persönlicher Friede und Wohlstand beeinträchtigt werden. Dann haben wir zwei Möglichkeiten zu handeln: Wir können eine autoritäre Ordnung einführen oder zu jener Grundlage zurückkehren, die uns eine Freiheit ohne Chaos einmal ermöglicht hatte – zu der Offenbarung Gottes in der Bibel und den sich daraus ergebenden Werten.

Die christlichen Werte kann man jedoch nicht allein als ein unvergleichliches Nützlichkeitsdenken, als Mittel zum guten Zweck, übernehmen. Die biblische Botschaft ist die Wahrheit, und das erfordert, dass man sich ihr verpflichtet. Das ganze Sein ist nicht das Produkt von etwas Unpersönlichem, von Zeit und Zufall, sondern es gibt den persönlichen Gott, den unendlichen Schöpfer und Erhalter des ganzen Universums. Davon gingen die Begründer der modernen Wissenschaft aus. Da wir in der von Gott erschaffenen Welt leben, haben wir eine dauerhafte Grundlage für Moral, für Werte und den Sinn des Lebens. Die Menschen sind keine Maschinen und keine statistischen Durchschnittswerte. Das ist kein bloßes Nützlichkeitsdenken und kein Sprung des Glaubens weg von Verstand und Logik. Es handelt sich um Wahrheit, die Wissen und Leben zu einer Einheit verbindet.[261]

Die Gruppe jener, die an der Wahrheit festhalten, muss nicht groß sein, um Einfluss auf die Gesellschaft auszu-

---

[261] ebd., S. 254-255

üben. Jesus hatte nur zwölf Jünger, und sie stellten mit ihrer Lehre die ganze damalige Welt auf den Kopf. Der Apostel Paulus traf Menschen auf allen Ebenen, Arme und Reiche, Gelehrte und Ungebildete, Gouverneure, Vertreter der Regierung, religiöse Führer. Er disputierte mit den Philosophen seiner Zeit und bewies, dass ihre menschliche Klugheit verglichen mit Gott nichts wert war. Die Urgemeinde lebte in einer Welt, die keinesfalls einfacher war als unsere. Das Fundament, auf dem die christliche Kirche errichtet wurde, hält schon zweitausend Jahre, der Feminismus aber erst ein paar Jahrzehnte. Alle Ideologien verschwinden eines Tages, und neue treten an ihre Stelle, aber den christlichen Glauben hat nichts besiegt, weil er auf dem Fundament der Wahrheit steht.

DIE EINFLUSSREICHSTEN FRAUEN DER GESCHICHTE

Im Lauf der Geschichte hat es in der Welt zahlreiche einflussreiche Frauen gegeben, deren Verdienst es ist, mit ihrem Handeln und Leben vieles verändert zu haben. Man findet sie unter den Herrschern, Künstlern, Schriftstellern, Politikern, Wissenschaftlern, unter dem Personal des Gesundheitswesens, unter Missionsmitarbeitern usw. Man könnte aus der Geschichte viele Namen herausgreifen. Wenn man nur zwei Frauen auswählen dürfte, die das Schicksal der Menschheit am meisten beeinflusst haben, dann wäre die Aufgabe meiner Ansicht nach einfach. Eva tritt hervor, unsere Stammmutter, und Maria, die Mutter von Jesus. Beide waren »nur Mutter und Ehefrau«, und bei ihnen erkennt man, wie unpassend dieser Zusatz »nur« ist. Gerade sie haben am Scheideweg das Schicksal der Menschheit in eine neue Richtung gewendet. Durch Eva kam der Sündenfall, durch Maria die Erlösung. Beide hatten auch einen Ehemann als Stütze und Schutz, aber Adam war im entscheidenden Augenblick erlahmt oder nicht anwesend. Josef wachte und tat gehorsam alles, was Gott ihm gebot.

Wir sind alle Evas Töchter, im Guten wie im Bösen. Gott wählte Maria für die wertvollste Aufgabe auf der Erde aus, sie gebar, versorgte und erzog den Erlöser. In ihr sehen wir die gesegnetste Frau auf der Erde.

EVA,
UNSERE STAMMMUTTER

John Stott gliedert die Bibelgeschichte in vier Teile: die Schöpfung, den Sündenfall, die Erlösung und das Ende. Eva ist in allem dabei, am Ende in dem Sinne, dass das ganze Menschengeschlecht in ihr seinen Ursprung hat. Für Eva werden in der Bibel drei verschiedene Namen verwendet. Zuerst erhielt sie vom Mann den Namen »Issa«, was soviel bedeutet wie »Männin« oder Frau.[262] Das ist ein Gattungsname, der mit dem Verhältnis der Frau zum Mann zusammenhängt. Dafür wurde sie geschaffen. Er zeigt die Sehnsucht im Herzen des Mannes, weil ihm ein gleichwertiger Partner fehlte. Zweitens werden sowohl Eva als auch ihr Mann als Menschen bezeichnet, was auf Hebräisch Adam heißt.[263] Das war der von Gott gegebene Name. Der Bibel lässt sich nicht entnehmen, ob das Wort Adam als Eigenname verwendet wurde oder ob es allgemein Mensch bedeutet.[264] Der gemeinsame Name verweist darauf, dass Gottes Plan für den Mann und die Frau nicht nur die Vereinigung vorsah, sondern eine feste und dauerhafte Einheit.[265]

Den Namen Eva hatte Adam nach dem Sündenfall und den darauffolgenden Prophezeiungen gewählt. Der Name beschrieb ihr Handeln und Schicksal in der geistlichen Ge-

---

[262] 1. Mose 2, 23
[263] ebd. 5, 2
[264] ebd. 3, 21
[265] Lockyer, S. 55-60

schichte, deren Anfang sie war. Eva bedeutet »leben«, »die Leben Gebende« oder »Mutter aller Lebenden«. Warum änderte Adam den Namen seiner Ehefrau, der zunächst sein eigener Name war, nämlich »Adam«? Der Mann gab ihr einen Namen, der von dem prophetischen Leben zeugt, das die Frau repräsentiert. Der aus seinem Samen geborene Erlöser wird einmal die Sünde zerstören und den Tod besiegen. In seiner großen Gnade hielt es Gott für richtig, auch die Erlösung durch eine Frau zur Menschheit kommen zu lassen, so wie der Sündenfall durch sie geschehen war.

Eva war die erste Frau, die vollkommene Frau, die als Gottes Schöpfungswerk auf der Welt erschien. Sie war nie Kind oder Jugendliche oder Tochter. Eva war die erste Ehefrau, geistlich, geistig und sozial ein gleichwertiger Partner für Adam. Die rabbinische Literatur verwendet für Eva das Wort »havvah«, was »erklären« bedeutet. Es beschreibt die Frau als Ratgeberin und Helferin des Mannes. Eva war die schönste Frau der Welt, denn als Gottes Geschöpf konnte sie nichts anderes sein als ein vollkommenes Wesen ohnegleichen. Alle anderen Frauen, die zur Welt gekommen sind, tragen Spuren des Sündenfalls, und die Menschenrasse ist im Vergleich zu dem, was sie ursprünglich war, degeneriert. Eva wird als das beste und letzte Geschenk des Himmels beschrieben.

Die erste Frau war nicht sündig, als sie geschaffen wurde. Sie war rein und heilig und trug in sich das unverdorbene Abbild Gottes. Sie brauchte sich nicht anzustrengen, um besser zu werden oder sich irgendwie zu ändern, weil sie in vollkommener Weise das war, wozu Gott sie bestimmt hatte. Wir können uns nur schwer einen Zustand vorstellen, in dem der Mensch ohne Sünde und frei von Schuld, Leid und Schmerz ist, ein Zustand, in dem er völlig zufrieden, geliebt und anerkannt jene Aufgaben erfüllt, für die Gott ihn geschaffen hat. Evas Unschuld und Unwissenheit in Bezug auf das Böse lässt sich auch schwer erfassen, weil wir in einer Welt leben, in der überall der Einfluss des Bösen zu sehen ist und in der es sehr wenig Unschuld gibt.

Es fällt schwer, zu begreifen, wie Eva psychisch diese gewaltige Erschütterung überstand, die der Betrug des Erzfeindes bei ihr und Adam verursachte. Eben noch hatte die Sonne geschienen und das Leben ihnen zugelacht, und nun herrschten nichts als Dunkelheit und Angst, von denen die ersten Menschen zuvor nichts gewusst hatten. Jetzt traten Schande, Verbergen, Angst, Vorwürfe, Fluch, Zorn, Schmerz, Unterdrückung, harte Arbeit, Vertreibung aus dem Paradies und schließlich der letzte Feind, der Tod, in ihr Leben.

Eva wurde erst nach der Vertreibung aus dem Paradies Mutter. Sie nannte ihren Sohn Kain und sagte dabei: »Ich habe einen Mann gewonnen mit Hilfe des Herrn«.[266] Die Mutterschaft brachte Eva sowohl Freude als auch Kummer, so wie auch den Frauen unserer Zeit. Der erste Sohn, Kain, wurde Bauer, der zweite, Abel, Schafhirt. Die Söhne waren recht unterschiedlich, sie hatten unterschiedliche Berufe und Interessen, Charaktere und Werte.

Mit dem Sündenfall kam es in der ersten Familie zunächst zu einer Ehekrise und später, nachdem die Söhne erwachsen waren, zum Brudermord. Kain wurde zum Mörder, Abel zum ersten Märtyrer. Evas tragisches Schicksal hat somit gemeinsame Züge mit dem der Maria, der Mutter Jesu, denn beide verloren ihren Sohn durch Gewalt. Enttäuschung und Trauer müssen immens gewesen sein, denn Eva erwartete durch ihre Söhne Hilfe und Erlösung in ihrem Leben. Wie viele Mütter haben ihre Söhne beweint, die in Kriegen, Krawallen und Konflikten eines gewaltsamen Todes gestorben sind? Eva musste dem Tod auf so erschütternde Weise ins Auge sehen, als sie am Grab ihres Sohnes stand. Es ist unnatürlich, wenn ein Kind vor seinen Eltern stirbt.

Nach diesen Ereignissen wurde Eva erneut schwanger und gebar einen dritten Sohn, dem sie den Namen Set gab. »Gott hat mir einen andern Sohn gegeben für Abel, den

---

[266] 1. Mose 4, 1

Kain erschlagen hat«, sprach sie.[267] Trotz alledem vertraute sie voller Zuversicht auf Gottes Liebe, Gnade und Fürsorge. Mit Set fand der geistliche Stammbaum Adams seine Fortsetzung. Danach verschwand Evas Name aus dem Alten Testament, und sie wird später zweimal im Neuen Testament erwähnt.[268]

Eva hörte als erste die Prophezeiung vom Kreuz und vom künftigen Erlöser. Damit begann ein jahrtausendelanger Opferweg, auf dem viel Blut vergossen wurde, und der am Kreuz von Golgatha endete. Nachdem der Tempel von Jerusalem um 70 n. Chr. zerstört worden war, brachten die Juden keine Opfer mehr dar. Das konnte nicht getan werden, weil Gott ein vollkommenes Opfer gesandt hatte. Als Jesus am Kreuz rief: »Es ist vollbracht!«[269] wurde das Haupt des Erzfeindes, der Macht und Kraft vertreten hatte, zerschmettert. Die Prophezeiung, die Eva erhalten hatte, war in Erfüllung gegangen, die Sünde war vergeben und der Tod bezwungen.

Maria,
die Mutter Jesu

Es vergingen etwa 4500 Jahre, bis Maria ein Engel erschien und ihr die verwirrende Nachricht verkündete, die alle Frauen seit Eva erwartet und für sich erhofft hatten. Der Engel grüßte Maria und sagte, sie brauche sich nicht fürchten, und dann folgte die tief bewegende Botschaft: »Du wirst schwanger werden und einen Sohn gebären, und du sollst ihm den Namen Jesus geben. Der wird groß sein und Sohn des Höchsten genannt werden; und Gott der Herr wird ihm den Thron seines Vaters David geben.«[270] Marias Antwort an den Engel spiegelt ihren Charakter und

---

[267] ebd. 4, 25
[268] 1. Timotheus 2, 13-14; 2. Korinther 11, 3
[269] Johannes 19, 30
[270] Lukas 1, 28-38

ihre Einstellung wider: »Ich bin des Herrn Magd; mir geschehe, wie du gesagt hast.« Maria stellte nichts in Frage, zweifelte nicht, spekulierte nicht und lehnte nicht ab. Sie wunderte sich nur und nahm die Berufung an, Mutter des Erlösers zu werden.

Als sie allein zurückblieb, bewegte sie so vieles, dass sie die Hilfe und den Rat einer reiferen Frau brauchte. Ein paar Tage später machte sie sich auf den Weg und eilte in eine Stadt im Gebirge von Judäa, um dort ihre Verwandte Elisabeth zu treffen. Die hatte lange unter der Schande der Kinderlosigkeit gelitten, denn sie war schon alt, aber Gott hatte ihre Gebete erhört, und sie war überraschend schwanger geworden und befand sich schon im sechsten Monat.

Als sich diese beiden Frauen begegneten, befand man sich am Wendepunkt der Weltgeschichte. Elisabeth würde Johannes den Täufer zur Welt bringen, der in der Zeitspanne zwischen dem Alten und dem Neuen Testament zum Propheten und zum Sendboten Jesu, zum Vorboten der neuen Zeit, wurde. Maria würde den Erlöser und Messias zur Welt bringen, in dem sich alle Prophezeiungen des Alten Testaments verwirklichten. Gott war bei dem Treffen anwesend, denn als Elisabeth hörte, dass Maria sie grüßte, hüpfte das Kind in ihrem Leib vor Freude, und sie wurde vom Heiligen Geist erfüllt. Elisabeth wusste in dem Augenblick, dass Maria den versprochenen Messias unter ihrem Herzen trug.

Freude und Dankbarkeit im Herzen beider Frauen waren gewaltig. Maria sprach den Lobesgesang, in dem sie sagt, dass alle Generationen sie selig preisen werden. Beide würden große Freude und Erfüllung erleben, als sie Mutter wurden, aber keine von beiden ahnte wohl die tiefen Schmerzen und das Leid, die damit auch verbunden sein würden. Beide würden erleben, wie ihr Sohn eines gewaltsamen Todes stirbt, so wie es auch Eva erlebt hatte. Im Leben sind Freude und Trauer, Wonne und Schmerz miteinander verknüpft.

Maria war mit Josef verlobt. Als der von der Schwangerschaft erfuhr, beabsichtigte er, von der Ehe in aller Stille Abstand zu nehmen. Doch Gott hatte andere Pläne mit ihm, denn er war dazu auserwählt, nach dem Gesetz als irdischer Vater von Jesus zu handeln. Auch zu ihm wurde ein Engel als Überbringer der Botschaft geschickt. Diesmal geschah es im Traum. Er beruhigte Josef und sagte ihm, er solle sich nicht fürchten, Maria, seine Frau, zu sich zu nehmen, denn was sie empfangen habe, sei vom Heiligen Geist, und sie trage in ihrem Leib den Messias. Josef war genauso gehorsam wie Maria und nahm sie zur Frau, wie er es ursprünglich geplant hatte.[271]

Wert und Bedeutung der Familie werden dadurch hervorgehoben, dass auch Gottes Sohn in einer irdischen Familie aufwuchs. Er brauchte eine fürsorgende Mutter und einen Schutz bietenden Vater. Gott vertraute diese Aufgabe Josef an, und der wurde seiner Verantwortung in lobenswerter Weise gerecht. Er war ein wahrhafter Mann, ein Held des Glaubens, der angesichts der von Gott erhaltenen Aufgabe nicht zweifelte und nicht zögerte. Er war verantwortungsvoll und treu. In den entscheidenden Augenblicken ließ er seine Frau nicht im Stich, sondern schützte und stützte sie in jenen Gefahren, denen die kleine Familie sofort nach der Geburt Jesu ausgesetzt war. Gott führte sie durch Josef, denn der erhielt dreimal im Traum durch einen Engel Weisungen. Zuerst bekam er den Befehl, vor den Mordplänen des Herodes nach Ägypten zu fliehen, als zweites den Befehl, nach dem Tod des Königs zurückzukehren, und als drittes die Aufforderung, sich in der Stadt Nazareth in Galiläa niederzulassen.[272]

Maria war oft verwirrt und verblüfft über das, was Jesus sagte und tat oder was die anderen Menschen über ihn sprachen. Sie verbarg viele Dinge in ihrem Herzen und dachte später darüber nach.[273] So denken auch wir gewöhnlichen Mütter über die Angelegenheiten unserer Kinder und ihre Zukunft nach und machen uns um sie Sorgen. Maria hörte die Worte, die auch sie selbst betrafen: »Und auch durch

---

[271] Matthäus 1, 18-25
[272] ebd. 2, 13-15 und 19-23
[273] Lukas 2, 19

deine Seele wird ein Schwert dringen.«[274] Sie verwirrten Maria bestimmt und machten ihr sogar Angst. Was würde aus diesem Kind werden?

Das Leben war Alltag, aber bei den regelmäßigen Besuchen in Jerusalem an den großen Festtagen wurde auch gefeiert. Die Anwesenheit Gottes heiligte die alltägliche harte Arbeit in ihrem Heim. Maria versorgte und erzog Jesus genau wie ihre anderen Kinder, sie unterwies ihn in den Gebräuchen und im Benehmen eines jüdischen Jungen. Josef wiederum brachte ihm den Beruf des Zimmermanns bei, so dass er zusammen mit seinem irdischen Vater arbeiten konnte. Dreißig Jahre lang lernte Maria ihren Sohn in einer Weise kennen und lieben, die nur Müttern möglich ist. Sie konnte oft über all das nachdenken, was man über ihn gesagt hatte und was geschehen war, seit ihr der Engel erschienen war.

Maria hatte als Mutter schmerzliche Zeiten zu durchleben. Als Jesus sein Wirken in der Öffentlichkeit begann, musste sie zusehen, wie sich ihr Sohn von ihr entfernte und von ihrem Einfluss löste. Wenn Jesus als Sohn Marias zu Hause war, war er ihr gegenüber gehorsam, aber wenn er als Gottes Sohn in die Öffentlichkeit trat, um die Aufgabe zu erfüllen, für die man ihn in die Welt geschickt hatte, mussten sich die Rollen verkehren. Eine Mutter wäre jedoch keine Mutter, wenn sie sich nicht Sorgen um die Gesundheit ihres Sohnes und darum machen würde, wie es ihm erging. So war es auch für Maria.[275] Jesus wies die Fürsorge seiner Mutter ab, und das war ein Schritt auf Marias Weg zu einem neuen Verhältnis zu ihrem Sohn.

Der Augenblick des tiefsten Schmerzes kam für Maria, als sie still am Fuß des Kreuzes stand. Für diese Trauer gibt es keine Ausdrucksform. Zugleich zeigte sie unglaublichen Mut, Kraft, Glauben und Kühnheit. Jesus war für die Fürsorge der Mutter völlig unerreichbar. Aber der Erlöser der Welt, der leidende Messias, kümmerte sich um seine

---

[274] ebd. 2, 21-40
[275] Markus 3, 21 und 31-35

Mutter, indem er sie der Obhut seines liebsten Jüngers, Johannes, anvertraute. Maria war seit dem Augenblick, als der Engel Gabriel ihr etwa vierunddreißig Jahre zuvor erschienen war, einen langen Weg gegangen. Im Augenblick ihres tiefsten Schmerzes wurde das Grundproblem der ganzen Welt und auch Marias, die Vergebung der Sünden, entschieden.

Das letzte Mal sehen wir Maria kurz, als sie zusammen mit den anderen Jüngern im Obergemach nach der Himmelfahrt Jesu betet.[276] Der Kummer hatte sich in gewaltige Freude verwandelt. Maria erwartete zusammen mit den Jüngern und ihren Söhnen, die zum Glauben gefunden hatten, die Ausgießung des Heiligen Geistes. Als Maria aus dem Mund des Engels von ihrer Schwangerschaft erfuhr, dankte sie im Lobgesang. Als wir sie das letzte Mal auf den Seiten des Neuen Testaments erleben, betet sie zusammen mit den Jüngern.

Die gesegnetste aller Frauen war keine Führerin, keine Frau, die mit dem Mann um die Wette die Karriereleiter hinaufhastet, sondern eine bescheidene Mutter, die nicht eigene Ehre, Ruhm oder eine bedeutende Stellung suchte. Sie wurde in unermesslicher Weise von Gott erhoben. Denn es ist der verborgene Mensch des Herzens im unvergänglichen Schmuck eines sanften und stillen Geistes, der köstlich vor Gott ist.[277] Maria, die einwilligte, bei der Verwirklichung von Gottes Erlösungsplan für die ganze Menschheit Werkzeug zu sein, war in ihrer Aufgabe gehorsam und treu. Sie konnte voller Dankbarkeit zurückschauen und feststellen, dass alles, was ihr zuteil geworden war, eine tiefe Bedeutung hatte. Genauso konnte sie nach vorn schauen, in die Ewigkeit, die Erfüllung von allem Endlichen, die sie erwartete. Die Früchte ihres Lebens schmeckten süß.

---

[276] Apostelgeschichte 1, 12-14
[277] 1. Petrus 3, 3-4

EHRE
FÜR DIE WEIBLICHKEIT

Suzanne Brøgger sagt: »Wenn eine Frau nur Erfolg haben
kann, indem sie die Männer nachahmt, dann ist das meiner Ansicht nach ein großer Fehler, und es wird letztlich
nicht gelingen. Ziel der Frau ist es nicht nur, Erfolg zu haben, sondern auch ihr Frausein zu bewahren und es auf die
Gesellschaft wirken zu lassen.«[278]

Das erste, das die Frau nach ihrer Erschaffung hörte, war die
Lobpreisung des Mannes, die er ihr entgegenbrachte, weil
er von jenem Wesen begeistert war, dass Gott ihm als Partner gegeben hatte. Dass die Frau sich in ihrem Menschsein
von ihm unterschied, ihm aber gleichzeitig auch ähnelte,
ließ den Mann in Verzückung geraten. Die Krönung von
Gottes Schöpfungswerk war der Mensch, Mann und Frau,
die einander ergänzen und in vollkommener Weise zuei-
nanderpassen. Die Geschichte der Menschheit bestätigt,
dass die Schöpfungsordnung funktioniert. Alle Versuche,
die Geschlechter gleichzumachen, verzerren dagegen den
Reichtum, der mit der Verschiedenartigkeit entsteht. Die
Sexualität reicht bis in einen metaphysischen Bereich, tiefer als die Biologie.

Ich habe in diesem Buch das traditionelle Frausein, das
auf der Grundlage der Bibel steht, und das vom Feminismus idealisierte androgyne Frausein, erörtert. Sie führen
in verschiedene Richtungen, so wie der geschmolzene
Schnee an der Wasserscheide verschiedene Wege nimmt.
Die Unterschiede sind mit der Weisheit und der Torheit
im Buch der Sprichwörter vergleichbar, für beide wird in
den englischsprachigen Übersetzungen die feminine Form
verwendet. Das Buch warnt davor, der Torheit zu verfallen.
Eine ihrer Formen ist eine zum unmoralischen Lebens-
wandel verführende Frau.[279] Folge des vom Feminismus

---

[278] Doyle, S. 173
[279] Sprichwörter 5, 7, 8, 9

idealisierten Frauseins ist ein Zusammenbruch der Moral, der weitreichende Auswirkungen in der Gesellschaft hat und zu vielerlei Unzufriedenheit führt.

In den Sprichwörtern ist viel von der Weisheit die Rede, und auch da findet sich eine Gleichsetzung mit der Frau. Der Wert der Weisheit wird gepriesen: »Denn es ist besser, sie zu erwerben, als Silber, und ihr Ertrag ist besser als Gold. Sie ist edler als Perlen, und alles, was du wünschen magst, ist ihr nicht zu vergleichen.«[280] Fast mit denselben Worten wird am Ende des Buches die ideale Frau gepriesen: »Wem eine tüchtige Frau beschert ist, die ist viel edler als die köstlichsten Perlen«.[281] Eine Frau, die nahezu eine Verkörperung der Weisheit ist, fürchtet Gott und hat gelernt, ihn zu kennen. Ihr Wert ist unermesslich groß, nicht so sehr wegen all ihrer außerordentlichen Taten, als vielmehr aufgrund ihres Wesens. Charakteristisch für sie sind Demut, Festigkeit im Glauben, das rechte Wissen, Selbstbeherrschung, Ausdauer, Gottesfurcht, Zuneigung und Liebe; das alles sind christliche Tugenden.[282] Ein Mann, der solch eine Ehefrau findet, hat ein Geschenk von Gott erhalten.[283]

Die im letzten Kapitel des Buchs der Sprichwörter gepriesene geschickte, intelligente und tugendhafte Frau handelt zum Wohl ihres Ehemannes und der anderen ihr nahestehenden Menschen.[284] Man vertraut ihr und baut auf sie, sie tröstet, ermutigt, tut ihrem Mann Gutes und bringt ihm Ehre. Sie arbeitet fleißig für die Familie und beschafft für sie sowohl materielle als auch geistliche Nahrung. Sie verrichtet gern die traditionellen Hausarbeiten der Frauen, beschränkt sich jedoch nicht darauf, sondern treibt selbständig und mit Erfolg Handel und erledigt Geschäftliches. Sie ist tatkräftig und voller Unternehmungsgeist, und ihre

---

[280] ebd. 3, 14-15
[281] Study Bible Sprichwörter 31, 10
[282] 2. Petrus 1, 5-7, Amplified Bible; Sprichwörter 31, 29 Fußnote
[283] Sprichwörter 18, 22; 19, 14
[284] ebd. 31

Arbeit trägt Früchte. Sie ist empathisch und gutherzig gegenüber denen, die leiden und in Not leben und hilft ihnen auf verschiedene Weise.

Ihre Stellung in der Familie und in der Gesellschaft ist stabil und gesichert, und sie ist im Hinblick auf ihre Familie zuversichtlich, weil sie für künftige Tage Vorkehrungen getroffen hat. Bei Problemen, Enttäuschungen und Trauer hat sie gelernt, ihren Kummer und ihre Sorgen vor Gott zu bringen. Sie ist ein geschickter Ratgeber und Gesprächspartner, der mit Klugheit sowohl seine Kinder als auch andere anleitet, die einen Rat brauchen. Erfolg bedeutet für sie die Verwirklichung von Gottes Willen im Leben.

Ihre Kinder und ihr Mann sind stolz auf sie und segnen sie. »Lieblich und schön sein ist nichts; eine Frau, die den Herrn fürchtet, soll man loben!« Die Früchte ihrer Arbeit sprechen für sich. Sie hat großen Einfluss nicht nur auf die Familie, sondern auf die ganze Gesellschaft und die Zukunft. Sie handelt selbständig und aktiv, nicht unterdrückt und unterworfen, sondern im Gleichgewicht mit sich und ihrer Weiblichkeit. Die Grundlage des Wesens solch einer Frau ruht in der Beziehung zu Gott, die ihre Lebenshaltung beeinflusst und ihre Persönlichkeit entwickelt. Ihre Kraft liegt in der Demut, in der Treue, Selbstlosigkeit und Nächstenliebe. Sie ist es wert, dass ihr Lobpreisung, Dank und Ehre entgegengebracht werden.

LITERATURVERZEICHNIS

Ahola, Martina. (2004, 7. März). Johtajanainen on miestä useammin eronnut. *Aamulehti.*

Anttonen, Anneli. (1994), Hyvinvointivaltion naisystävälliset kasvot. In Anttonen, A., Henriksson, L. & Nätkin R. (Hrsg.) *Naisten hyvinvointivaltio.* Tampere: Vastapaino.

Baxter, Sarah. (2004, 23. Mai). Superäidit pitkästyivät kotiin. *Aamulehti.*

Bowlby, John. (2008). *Bindung als sichere Basis: Grundlagen und Anwendung der Bindungstheorie.* Übers. von Hillig, A. und Hanf. H. München, Basel: E. Reinhardt. (Im Original erschienen 1995: A Secure Base. Clinical Applications of Attachment Theory).

Crabb, Larry. (1992). *Als Mann und als Frau.* Übers.von Findeisen, Anja. Basel, Giessen: Brunnen. (Im Original erschienen 1991: Men and Women, Enjoying the Difference).

Crabb Larry. (2006). *Glück suchen oder Gott finden?* Übers. von Trebing, Barbara M. Basel, Gießen: Brunnen-Verlag. (Im Original erschienen 2000: Finding God. Glasgow: Alpha, Omnia Books Ltd.).

Crichton-Miller, Emma. (2004, 11./12. September). Mothers in the middle. *Financial Times.*

de Beauvoir, Simone. (1975: 14. Juni). Sex, Society, and Female Dilemma: A Dialogue Between Simone de Beauvoir and Betty Friedan. *Saturday Review.*

de Beauvoir, Simone. (1968). *Das andere Geschlecht.* Übers. von Rechel-Mertens, E. & Montfort, F. Reinbek b. Hamburg: Rowohlt. (Im Original erschienen 1949: Le Deuxième Sexe. Finnische Ausgabe (1980): Toinen sukupuoli. Helsinki: Kirjayhtymä.)

Doyle, Laura. (2001). *Einfach schlau sein, einfach Frau sein.* Übers. von Bischoff, U. München: Goldmann. (Im Original erschienen 1999: The Surrendered Wife.).

Elliot, Elisabeth. (2008). Das Wesen der Feminität. In John Piper & Wayne Grudem (Hrsg.), *Die Rolle von Mann und Frau in der Bibel.* Friedberg: 3L. (Im Original erschienen 1991: Recovering Biblical Manhood and Womanhood).

Evans, Mary. (1986). *Simone de Beauvoir: Ein feministischer Mandarin.* Übers. von Brigitte Heinrich Rheda-Wiedenbrück: Bielefeld: Daedalus (Im Original erschienen 1985: Simone de Beauvoir. A feminist mandarin.).

Friedan, Betty. (1986). *Der Weiblichkeitswahn oder die Selbstbefreiung der Frau.* Übers. von Carroux, M. Reinbek bei Hamburg: Rowohlt (Im Original erschienen 1963: The Feminine Mystique. Finnische Ausgabe (1967): Naisellisuuden harhat. Helsinki: Kirjayhtymä.)

Gilligan, Carol. (1999). *Die andere Stimme.* Übers. von Stein, B. München, Zürich: Piper. (Im Original erschienen 1982: In a Different Voice).

Graglia, F. Carolyn. (1998). *Domestic Tranquility. A Brief Against Feminism.* Dallas: Spence Publishing Company.

Graham Lotz, Anne. (1997). *The Glorious Dawn of God's Story. Finding Meaning for Your Life in Genesis.* Dallas: Word Publishing.

Humm, Maggie. (1992). *Feminisms. A Reader.* Edited and introduced by Maggie Humm. Harvester Wheatsheaf. BPCC Wheatons, Exeter.

Hyvönen, Heli & Lehtinen, Leena. (2005) Eron hetkellä Jumala tuli pimeyteeni. *Vie Sanoma/Uusi Tie 1.*

Iso Raamatun tietosanakirja. (1989). Ristin Voitto ry. Eskilstuna.

Julkunen, Raija. (1994), Suomalainen sukupuolimalli – 1960-luku käänteenä. In: Anttonen, A., Henriksson, L. & Nätkin R. (Hrsg.) *Naisten hyvinvointivaltio.* Tampere: Vastapaino.

Junkkari, Kaija Maria. (1994). *Naiseksi joka olet.* Helsinki: Kirjapaja.

Kauppinen-Toropainen. K. & Kandolin, I. (1991). Perhevalta: puolisoiden palkkaero ja vuorovaikutuksen laatu. *Työ ja ihminen 5, 3,* 313-325.

Keltikangas-Järvinen, Liisa. (1994). *Hyvä itsetunto.* Porvoo, Helsinki, Juva: WSOY.

Kettunen, Raili. (2004, 27. August). Elättäjä-isän kuva elää edelleen vahvana yhteiskunnassa. *Kotimaa.*

Koskinen, Anu Leena. (2004, 20. Oktober) Yli joka kolmas naistyöntekijä näkee ongelmia tasa-arvossa. *Aamulehti.*

Lehtovaara, Riikka. (2004, 24. April). Erityistukea saavien oppilaiden määrä kasvaa nopeasti. *Aamulehti.*

Lipponen, P. & Wesaniemi, P. (Hrsg.) (2003), *Nainen ja ero. Kertomuksia parisuhteen päättymisestä.* Helsinki: Kirjapaja.

Lockyer, Herbert. (1988). *All the women of the Bible.* Grand Rapids, Michigan: Zondervan Publishing House.

Maher, Bridget. (ed.) (2002). *The Family Portrait. A compilation of Data, Research and Public Opinion on the Family.* Washington, DC: The Family Research Council. 20001.

Mead, Margaret. (1985). *Mann und Weib.* Übers. von Holler, A. Reinbek bei Hamburg: Rowohlt (Im Original erschienen 1977: Male and Female. New York: Morrow Quill Paperbacks).

Mulari-Ikonen, Anja. (2004, 28. April). Rokotuksella kohdunkaulan syöpää torjumaan. *Aamulehti.*

Määttä, Kaarina. (2002), *Avioeron tuska ja helpotus.* Helsinki: Tammi.

Ortlund, Raymond C (2008). Die Gleichheit von Mann und Frau und das Hauptsein des Mannes. In John Piper & Wayne Grudem (Hrsg.). *Die Rolle von Mann und Frau in der Bibel*. Friedberg: 3L. (Im Original erschienen 1991: Recovering Biblical Manhood and Womanhood).

Piirola, Johanna. (2004, 15. Oktober). Uskoa ei voi mieskään purkaa osiin. *Kotimaa*.

Pirttijoki, Markus. (1998, 23. September). Vasara miehelle, tiskiharja naiselle. *Aamulehti*.

Popenoe, David. (1999). Can the Nuclear Family Be Revived? *Society, 5,* 28-30

Posner, Richard A. (1992). *Sex and Reason*. Cambridge, Mass.: Harvard University Press.

Rajamäki, Tiina. (2004, 4. März). Ehkäisypillereistä on tullut nuorille tytöille arkipäivää. *Aamulehti*.

Reflecting God Study Bible (2000). New International Version. Grand Rapids: Zondervan PublishingHouse.

Reinikainen, Pekka. (2003). *Nooan päivät. Hätähuuto Suomen kansalle!* Saarijärvi: Kuva ja Sana.

Rogers, Joyce. (1988). *The Secret of a Woman's Influence*. Nashville, Tennessee: Broadman Press.

Räsänen, Päivi. (1991). *Jumala loi naisen*. Helsinki: Uusi Tie.

Saarisalo, Aapeli. (1965). *Raamatun sanakirja*. Porvoo, Helsinki: WSOY.

Schaeffer, Edith. (1990). *Lebensraum Familie*. Wuppertal, Kassel: Oncken. (Im Original erschienen 1976: What is a Family).

Schaeffer, Francis. (1977). *Wie können wir denn leben? Aufstieg und Niedergang der westlichen Kultur.* Neuhausen-Stuttgart: Hänssler. (Im Original erschienen 1976: How Should We Then Live? The Rise and Decline of Western Thought and Culture).

Schaeffer, Francis. (1998) *Die große Anpassung.* Übers. von Maikranz, C. &. Knüppel, P.C. Bielefeld: CLV. (Im Original erschienen 1984: The Great Evangelical Disaster).

Sinkkonen, Mirja. (2001). *Äidiksi lapselleni.* Helsinki: Kirjapaja.

Stenius, Tiina. (2002). Valintojen kirjo ahdistaa. *Kotiliesi 8.*

Stenius, Tiina. (2003). Nainen vastaan mies – mies vastaan nainen? *Kotiliesi 2.*

Stenius, Tiina. (2004) Vallan huipulla Sinikka Salo. *Kotiliesi 20.*

Stenius, Yrsa. (1994). *Valta ja naiseus.* Helsinki: Kirjayhtymä

Ulkoasiainministeriö. (2003, 19. Dezember) *Sukupuolten tasa-arvon edistämisen strategia ja toimintaohjelma Suomen kehitysmaapolitiikassa 2003-2007.* http://formin.finland.fi/Public/Print.aspx?contentid=84306&nodeid=154 57&culture=fi-FI&contentlan=1

Suomalainen, S., Kokkonen, M. & Pulkkinen, L. (2004) Neuroottisuus ja mustasukkaisuus parisuhteen laadun heikentäjinä. *Psykologia 5,* 370-381.

Tietojätti 2000. Tietosanakirja A-Ö. (2001, 6. Auflage) Jyväskylä: Gummerus.

Tolkki-Nikkonen, M. (1990) *Parisuhde, perhesuhde, olosuhde. Mikä pitää avioliiton koossa 15 vuoden jälkeen.* Tampere: Gaudeamus.

Trobisch, Walter. (1973). *Liebe ist ein Gefühl, das man lernen muss.* Wuppertal: Brockhaus.

Vehkoo, Johanna. (2004, 30. April) Ei mitään aikuisen naisen hommaa. *Aamulehti.*

Wallis, Claudia. (2004, 10. Mai). *The Case for Staying Home.* Time.

Ylönen, Mia (2004, 11. August). Tutkimus: Joka kymmenes päiväkotilapsi tarvitsee erityistukea. *Helsingin Sanomat.*

Ylönen, Seppo (2004, 14. Oktober). Mies ei halua olla kuin velliä rätissä. *Uusi Tie.*